코 즈 모 폴 리 턴

칭기즈칸

팍스몽골리카, "수레가 통하는 길이 끊기지 않게 하라"

코 즈 모 폴 리 턴
칭 기 즈 칸

서정록 지음

학고재

차례

프롤로그

신뢰와 존중과 소통을 강조한 칭기즈 칸

몇 년 전 국내에서는 촛불혁명이 있었다. 그것은 기존의 정치를 불신한 민초들이 '혁신과 개혁'의 기치를 내걸고 새로운 민주 정권을 세우려는 움직임이었다. 그 덕으로 정권 변화가 있었다. 이런 변화의 바람은 국내에서만 일어난 것이 아니다. 세계 금융의 중심인 월가에서도 젊은이들이 금융자본가들의 횡포에 반기를 드는 시위를 벌였으며, 프랑스에서는 고통받던 대다수 노동자들이 이대로는 안 되겠다며 노란 조끼를 입고 거리로 나섰다. 홍콩에서는 학생들과 주민들이 민주와 자유를 외치며 중국 정부에 반기를 들었다. 중국으로 반환되는 동안, 사회주의의 그림자가 드리워지자 홍콩시민들이 들고 일어난 것이다. 모두 밑으로부터 올라온 개혁과 개방의 요구였다.

이런 변화는 놀랍게도 800여 년 전, 몽골고원에서 일어났던 하층 유목민들에 의한 변화의 요구와 정확히 일치한다. 내가 칭기즈 칸에 대한 책을 쓴 이유는 세계 정복자에 대한 이야기를 하기 위해서도, 한 영웅의 일대기를 쓰기 위해서도 아니다. 800여 년 전

몽골초원에서 일어난 변화의 흐름을 정확히 되짚어보고, 하층 유목민들의 변화 요구를 받아들인 칭기즈 칸이 어떻게 동시대 사람들의 마음을 잡았는지, 그리고 800여 년이 흐른 지금까지도 그가 몽골인들로부터 절대적인 신뢰와 추앙을 받는 이유가 무엇인지 알아보기 위해서다.

사람들은 칭기즈 칸 하면 야만적인 군주, 사람들을 무자비하게 살육한 자, 또는 기마 군단으로 세계를 정복한 자 등으로 인식하는 경향이 있다. 그러나 칭기즈 칸을 공부하면 할수록 분명해지는 것은, 그가 정복 군주의 이미지와 달리 영적으로 대단히 심지가 깊은 사람이었다는 사실이다.

인간관계에서 가장 중요한 두 가지는 무엇인가? 하나는 신뢰와 존중(Respect)이고, 다른 하나는 소통(Communication)이다. 칭기즈 칸은 사람들 앞에서 자신을 낮출 줄 알았으며, 전쟁터에서는 병사들과 똑같이 식사하고, 똑같은 모포를 덮고 이슬을 맞으며 생사고락을 함께했다. 약속을 하면 반드시 지켰고, 병사들과 백성들에게 대칸의 칭호가 아닌 자신의 이름을 부르게 했다. 그리고 함께 그들의 꿈과 이상에 대해 이야기를 나누었다. 순박하고 정직한 하층 유목민들을 통해 인간의 참된 모습이 무엇인지 깨닫고 감격했으며, 그들을 '평생 동지'로 삼았다. 많은 재물을 소유했음에도 늘 소박한 생활을 했으며, 종교 지도자들의 말에 귀를 기울였다. 그의 말에는 조금도 가식이 없었으며, 언제나 진정성이 있었다. 그러므로 칭기즈 칸을 한낱 전쟁 영웅이나 정복 군주로 간주하는 것은 그의 진면목을 놓치는 것이다.

그는 신뢰와 존중이 무엇인지, 소통이 왜 중요한지를 알았던 사람이다. 사람을 신뢰하고 존중한다는 것은 상대방을 나와 똑같은 사람으로 인정하고 공정하게 대우하는 것이다. 거기에 신분, 혈통, 가문, 지연 등의 요소는 끼어들 틈이 없다. 오직 정직과 진정성만으로 다가가는 것이다. 소통은 서로 마음을 터놓고 대화하는 것이다. 몽골인들이 쿠릴타이(부족회의)를 할 때처럼, 서로를 정화한 뒤 같이 허심탄회하게 대화하는 것이다. 칭기즈 칸은 힘없고 백 없고 가난한 사람들의 꿈과 이상을 보았고 그것을 자기 것으로 받아들였다. 그가 몽골을 통일할 수 있었던 힘은 바로 거기에 있었다.

칭기즈 칸에 대해서 신뢰와 존중을 말하면, 그는 전쟁만 하다 간 사람이라며 거부 반응을 보이는 사람들이 있다. 그들은 그가 유목 사회의 군주라는 것을 이해하지 못한 것이다. 유목 사회는 개인보다는 공동체 중심으로 돌아간다. 개인은 아무 힘이 없다. 그리고 사회의 모든 규범도 공동체 또는 씨족이나 부족 단위로 규정되어 있다. 그러므로 개인은 공동체를 떠나면, 그리고 씨족이나 부족을 떠나면 모든 것을 잃는다. 그들에게는 전쟁도 공동체 간의 싸움인 것이다. 개인 간의 싸움은 아무것도 아니다.

그러므로 공동체에서 떨어져 나온 사람들, 씨족과 부족의 기반이 없는 힘없고 백 없고 가난한 하층 유목민들이 몽골 통일의 중심이 되었다는 것은 기존의 구질서를 완전히 뒤엎는 것이다. 1206년 몽골 통일을 이룩한 칭기즈 칸의 업적은 그런 것이었다. 그는 귀족이었지만 하층 유목민들의 꿈과 이상을 자기 것으로 받아들이고 그것을 관철해냈다. 그것은 자기 혼자만의 꿈과 이상이 아니라 몽골인들 모두의 꿈과 희망이었기 때문이다. 그들은 자유와 평화, 그리고 신뢰와 존중과 소통이 없으면 삶은 의미가 없으며, 모든 것이 허황된 꿈에 불과할 수 있다는 것을 알았다.

오늘날 민주 사회의 근간이 무엇인가? 신뢰와 존중과 소통이다. 그것이 없으면 우리는 현대 사회의 문제 어느 것도 해결할 수 없다. 소통은 신뢰와 존중을 바탕으로 하는 것이다.

당시 몽골고원의 상황은 그 어느 봉건사회보다도 열악했다. 전쟁에 패한 씨족이나 부족들은 귀족들의 '예속민(隸屬民)'으로 전락했으며, 지배자들의 창과 칼이 되어 싸워야 했다. 몽골고원은 끝없는 다툼과 갈등과 시기와 배반으로 점철되었다. 당시 몽골고원의 상황을 《몽골비사》는 이렇게 말하고 있다.

하늘의 별들마저 돌아눕고
사람들은 서로 다투었다.
사람들은 서로 노략질했으며,
대지 또한 잠 못 이루고 뒹굴고 있었다.
온 나라가 서로 다투었다.
사람들은 편안히 이불 속에 들어가 눕지 못하고
서로 공격하였다.

형제가 서로 다른 편이 되어 창과 칼을 겨누고, 아버지와 아들이 서로 적이 되어 창과 칼을 겨눈다고 생각해보라. 그 서러움과 괴로움과 비참함이 어떠했겠는가!

칭기즈 칸은 그런 무한 경쟁에서 벗어나려면 무엇보다 사람들이 본래의 소박한 심성을 회복해야 된다는 것을 알았다. 그러기 위해서는 무엇보다 서로 믿고 신뢰하는 관계가 회복되어야 했다. 그는 자신을 따르는 유목민들에게 틈날 때마다 믿음과 신뢰를 잃어버린 자는 새 시대의 주인공이 될 수 없다고 역설했다. 그리고 믿음과 신뢰를 지킨 자는 적군일지라도 포상했으며, 믿음과 신뢰를 저버린 자는 아군일지라도 징벌했다.

다음으로 칭기즈 칸은 귀족과 평민의 신분제도를 철폐하고, 각자의 능력만큼 대접받는 새로운 세상을 열고자 했다. 그것은 신뢰와 존중을 바탕으로 한 문화를 건설하는 것이다.

그리고 쿠릴타이 문화를 귀족들과 특권층이 아니라 모든 백성들에게 확대했다. 그것이 칭기즈 칸이 생각한 소통이며, 1204년 동몽골의 어르 노오(거북바위)에서 선포한 '천호제(千戶制), 만호제(萬戶制)'의 궁극적 목표였다. 그러므로 몽골은 어르 노오에서 재탄생했다고 말할 수 있다. 그것은 혁명이었다. 몽골 사회를 짓누르던 신분제와 봉건주의를 일거에 타파했기 때문이다. 칭기즈 칸은 귀족들이 누려오던 모든 권리를 평민들에게 돌려주었으며, 모든 사람이 능력에 따라 대접받는 새로운 열린 사회를 열었다.

당시 전 세계의 인류가 봉건 체제하에서 신음하고 있었다는 것을 고려할 때, 그것은 경천동지(驚天動地)할 대 사건이었다. 하지만 몽골인들은 누구도 그것을 혁명이라고 말하지 않았다. 사람이 사람을 신뢰하고, 서로 존중하고 소통하며, 능력만큼 대접받는 사회. 그것은 너무도 절박하고 간절한 그들의 염원이었기에, 그것이 실현되었을 때 그들은 당연한 것으로 받아들였다.

당시 테무친이 그처럼 성공할 수 있었던 데는 몇 가지 중요한 사실들이 있었다.

우선, 테무친이 하층 유목민들의 꿈과 이상을 기꺼이 자신의 꿈과 희망으로 받아들였다는 점이다. 테무친은 신분상으로 귀족 출신이었다. 그의 아버지 예수게이가 죽은 뒤로 몰락한 귀족이긴 했지만, 귀족이라는 신분이 굴레가 된다는 것을 깨닫고 과감히 버렸다. 하층 유목민들은 그런 테무친을 믿고 신뢰하며 끝까지 함께 했다.

다음은 테무친과 하층 유목민들이 서로의 생각을 터놓고 꿈과 야망을 공유할 수 있는 쿠릴타이라는 회의제도가 있었다는 점이다. 쿠릴타이는 본래 귀족들이 자기들 씨족들의 이해 다툼을 조정하기 위한 회의 제도였다. 그것을 테무친은 자신을 따르는 하층 유목민들과 대화하는 장으로 바꾸었다.

귀족들이 테무친에게 끝까지 반발했던 주요한 원인 중 하나는 바로 이 쿠릴타이의 운영에서 자신들의 역할이 줄어들었기 때문이라고 할 수 있다. 과거에는 모든 결정을 귀족 중심의 쿠릴타이에서 했는데, 테무친이 쿠릴타이를 확대하여 하층 유목민들의 의견과 주장이 반영될 수 있게 하면서 쿠릴타이가 민주적으로 바뀐 것이다. 그러자 키야트족 귀족들은 더는 테무친 곁에 있을 필요가 없다고 생각하고 이탈했다. 키야트족 귀족들은 모두 테무친의 친인척들이었다. 코차르 베키(베키는 추장인 동시에 샤만인 최고위층의 직함)

만 해도 예수게이의 형인 네쿤 타이시의 아들이므로, 따지고 보면 사촌 형제였다. 그렇지만 테무친은 그들보다는 몽골 전체의 미래를 생각했다.

테무친은 전쟁터에 나가면 하층 유목민들과 똑같은 식사를 하고, 그들과 똑같이 야전생활을 했다. 그리고 수시로 그들과 어울리며 쿠릴타이를 열어 이야기를 나누었다. 이런 쿠릴타이와 관련해서 테무친이 늘 하던 말이 있다.

양들도 모여 회의를 하는데 어찌 사람이 함께 모여 회의를 못 하겠는가.

그는 이런 말도 했다.

좋다고 했으면 고통을 말할 수 없다.

한번 결정한 내용에 대해서는 번복할 수 없다는 것이다. 자기가 한 말에 책임을 져야 한다는 뜻이다. 결국 테무친의 그런 확고한 태도가 귀족인 테무친 자신을 변하게 한 동력이라고 할 수 있다. 그것은 민초들 속으로 들어간 테무친과 민초들 위에 군림하려고 했던 자무카의 차이점이기도 했다.

하층 유목민들의 꿈과 이상을 받아들이고, 그들의 생각을 과감히 쿠릴타이를 통해 표현하게 한 칭기즈 칸은, 그로부터 2년 뒤인 1206년, 마침내 서부 알타이 지역의 나이만족을 평정하고 몽골고원을 통일했으며, 모래알처럼 흩어졌던 몽골 사람들을 단단한 바위처럼 하나로 뭉치게 하는 데 성공했다. 더욱 놀라운 것은 몽골고원에서 전쟁이 끝났을 때, 심각한 갈등과 분열을 겪던 몽골 사람들이 예전의 소박한 삶의 상태로 돌아갔다는 사실이다.

그것은 어르 노오 거북바위에서 기존의 모든 구(舊)질서를 타파하고, 자유와 평등을 보장하였으며, 모든 사람이 자신의 능력만큼 대접받는 완성된 시스템이 아니면 설명하기 어렵다. 그만큼 몽골 사회는 놀라울 정도로 짧은 시간에 서로를 신뢰하고 믿어주는 존중과 소통의 공동체로 변해갔다. 자유와 평등이 최고조에 이르렀다.

몽골을 통일한 후 칭기즈 칸은 밖으로 시선을 돌려 주변국들과의 교역과 정복에 나섰다. 그가 그렇게 한 데에는 두 가지 요인이 있었다.

하나는 몽골고원은 기후가 불안정하여 자급자족이 어렵다는 점이다. 모든 유목 사회가 그와 같은 문제를 안고 있다. 그러므로 주변 국가들과 교역을 통해 생필품을 확보하지 않으면 안 되었다. 하지만 그동안 주변국들은 교역을 빌미로 오히려 몽골을 정치적으로 지배하려고 했다. 따라서 이웃 나라들과 안정적인 교역을 하려면 몽골에 우호적인 국제 환경을 조성하지 않으면 안 되었다. 이를 위해서 칭기즈 칸은 먼저 상대 국가에 정중하게 교역 사절단을 보냈다. 몽골의 교역 제의를 받아들인 국가들은 즉시 몽골제국의 일원이 되었으며, 자신의 제도와 문화, 관습, 종교 등을 그대로 보존할 수 있었다. 그러나 교역 제의에 응하지 않거나 거부한 나라들은 그대로 두면 몽골에 위협이 될 것이므로 정복에 나서지 않을 수 없었다.

다른 하나는 칭기즈 칸은 사람답게 사는 세상에 대한 하층 유목민들의 꿈과 이상을 주변 국가로 확대하고자 하는 바람을 갖고 있었다는 점이다. 그는 분명 전 세계가 봉건제도를 철폐하고 사람답게 사는 세상이 되기를 바랐다. 하지만 자신의 꿈과 이상을 다른 나라에 전파하는 것은 간단한 일이 아니었다. 그는 그들의 꿈과 이상을 다른 나라에 강제로 이식할 생각이 없었다. 아니, 할 수가 없었다. 새로운 세상을 열려면 각 나라 백성들의 의식이 깨어 있어야 하는데, 주변국 백성들의 의식 수준이 아직 거기까지 이르지 못했다고 생각되었기 때문이다.

그는 아시아의 다른 나라들이 변화되려면 좀 더 오랜 시일이 걸려야 한다는 것을 알았다. 그래서 그는 자신의 열망이 자손 대에서 이루어지기를 바랐다. 하지만 칭기즈 칸의 후손들은 그의 깊은 뜻을 헤아리지 못했고, 몽골제국은 무너졌다.

몽골의 거친 바람이 휩쓸고 지나가자 유럽은 중세의 암흑에서 깨어나기 시작했다. 그와 함께 몽골제국과 주변 세계에 대한 정보와 지식이 폭발적으로 증가했다. 몽골제국을 여행했던 마르코 폴로의 《동방견문록》은 베스트셀러가 되었고, 유럽인들은 팍스몽골리카의 부와 풍요의 혜택을 누리고 싶었다. 그러나 오스만튀르크에 의해 유라시아로 통하는 길목이 막히자—오스만튀르크는 자기 땅을 지나는 대가로 비싼 통행료를 요구했다—과감하게 바다로 우회하는 길을 선택했다. 그들의 야심 찬 모험은 신대륙의 발견으로 이어졌고, 신대륙으로부터 거둬들인 막대한 은과 재물은 유럽의 자본주의를 발전시켰다. 그리고 자본주의의 모순은 마침내 서구 민주주의를 출현시켰다.

서구 민주주의는 비록 제국주의의 깃발 아래 확산되었으나, 인류를 구시대의 봉건 체제로부터 해방시켜주었고, 사람들은 모두 주인이 되는 민주주의 이념 속에서 자유로운 세상을 꿈꾸었다.

그러나 최근 신자유주의가 전면에 등장하면서 사람들의 꿈과 이상이 깨지고 있다. 과거 봉건시대와는 비교할 수 없을 정도로 생산성이 높아지고 물질이 풍요로워졌음에도 불구하고, 삶의 질은 점점 더 열악해지고 있다. 세상은 빠르게 상위 1퍼센트와 나머지 99퍼센트의 세상으로 재편되고 있는 것이다. 상위 1퍼센트가 지배하는 사회는 구(舊)체제의 신분 사회와 다를 바 없다. 그것은 일찍이 칭기즈 칸과 하층 유목민들이 꿈꾸었던 '사람답게 사는 세상', '사람들이 서로 믿고 신뢰하며 더불어 사는 세상'과는 거리가 멀다.

오늘날 우리 사회는 인류가 애써 이룩한 민주 사회라지만 온갖 문제로 가득 차 있다. 그런 점에서 BTS의 공연이 청소년들에게 열광적인 인기를 끄는 것은 결국 신뢰와 존중, 소통의 문제라 할 수 있으며, 영화 〈기생충〉이 사회현상으로 부각되는 것 역시 신뢰와 존중, 소통의 문제다. 남북 문제도 결국은 신뢰와 존중, 소통의 문제라 할 수 있으며, 국제무역의 문제들 역시 신뢰와 존중, 소통의 문제다.

칭기즈 칸은 자본주의와 사회주의의 이념 없이도 몽골고원에 정치 경제적 평등과 자유를 가져온 사람이다. 그는 말한다. 사람은 누구나 사람답게 살 권리가 있다고, 또 자신의 능력을 발전시키고 펼칠 자유가 있다고. 그 말은 지금 이 시대에도 그대로 적용된다.

그러므로 이 책은 다른 사람들을 신뢰하고 존중하고 소통하는 사람들을 위한 책이다. 꿈과 이상을 가지고 있는 사람들을 위한 책이다. 자신의 미래를 남에게 의지하지 않고 스스로의 힘으로 개척하고자 하는 사람들을 위한 책이다. 사람을 한번 믿었으면 끝까지 신뢰할 줄 아는 사람들을 위한 책이다. 더 많은 부를 축적하기 위해 사람들을 착취하고 자연을 파괴하기보다는 생명을 공경하고 자신을 낮출 줄 아는 사람들을 위한 책이다. 이웃을 사랑하고 가진 것을 함께 나눌 줄 아는 사람들을 위한 책이다.

왜? 그것들이야말로 몽골의 하층 유목민들이 꿈꾸었던, 사람 사는 세상에 없어서는 안 될 가장 소중한 리더십의 가치들이기 때문이다.

이 책은 전작인 《마음을 잡는 자, 세상을 잡는다》를 새로 쓴 책이다. 그 책은 칭기즈 칸의 일생과 관계된 몽골, 중국, 러시아의 현장들을 서너 차례에 걸쳐 답사한 것을 기록한 책이다. 그러나 그 책은 현장의 분위기를 전해주는 장점에도 불구하고 좀 더 깊이 칭기즈 칸의 사상과 행적을 따라가고 싶어 하는 독자들에게 방해가 되는 점이 있었다. 마침 학고재에서 새로 내기로 하면서, 칭기즈 칸의 사상과 행적과 관련된 사료만을 모아서 정리하고 보충하여 재집필했다.

남과 북이 믿음과 신뢰를 바탕으로 서로 존중하고 소통하면, 그리하여 남북이 평화 체제를 이루면, 우리는 기차를 타고 몽골초원을 달릴 수 있을 것이다. 그때 우리는 몽골초원을 통일한 칭기즈 칸의 마음과 포부를 헤아릴 수 있을 것이다.

이 책이 칭기즈 칸이 모든 어려움을 극복하고 몽골을 통일한 과정을 이해하고, 한반도에 갇혀 있는 우리들의 문제들을 신뢰와 존중과 소통을 통해 좀 더 넓은 시각으로 바라보는 데 조금이나마 도움이 된다면 더 바랄 것이 없겠다. 그리고 이 원고를 편집하느라 수고한 학고재에 감사드린다.

서정록

1.
초원을 차지하려는
사람들

허더 아랄은 몽골에서 풀이 가장 좋은 곳 중의 하나다. 또 초원의 고속도로가 한곳으로 모이는 터미널과 같은 곳이다. 따라서 허더 아랄을 장악하면 몽골초원 사방 어디든지 사통오달하게 된다. 게다가 허더 아랄 남쪽에는 수백 킬로미터에 걸쳐 광활한 초원이 펼쳐져 있다. 거기서 더 아래로 내려가면 몽골의 대표적인 말 목장 중의 하나인 다리강가와 내몽골의 실링골에 이르게 된다. 츠펑(赤峰)과 베이징(北京)이 바로 코앞이다. 그런가 하면 북쪽으로는 바가노르를 거쳐 몽골제국의 자궁이라고 할 수 있는 보르칸 칼돈산에 갈 수 있고, 헤를렌강과 함께 허더 아랄을 둘러싸고 있는 쳉헤르강을 따라 올라가면 빈데르와 다달에 갈 수 있다. 동으로는 헤를렌강을 타고 가다 동몽골의 보이르 호수에 이르게 되는데, 그곳에서 동남쪽으로 가면 만주가 나오고, 남쪽으로 내려가면 달란 네무르게스를 넘어 츠펑 지역으로 내려갈 수 있다. 또 서쪽으로는 사아리 케에르 평원을 거쳐 옹 칸이 있던 울란바토르의 카라툰과 고비 지방, 알타이 지방으로 직행할 수 있으니 그야말로 천혜의 요충지라 할 수 있다. 그러므로 몽골초원의 최종 승자가 되려면 반드시 이곳을 차지해야만 한다.

실제로 칭키즈 칸은 1206년 몽골제국을 통일한 후 이곳 허더 아랄을 중심으로 제국을 운영했다. 이곳의 옛 이름은 '아오로크

(A'urug)'. 그러나 몽골제국 붕괴 후 사람들의 기억에서 사라져 그 본래의 이름조차 남지 않고 전설의 땅이 되었다. 이곳 칭기즈 칸의 행궁터가 세상에 알려진 것은 1990년부터 1992년까지 몽골과 일본 고고학자들의 연합으로 이루어진 '고르반 골 프로젝트(세 강 프로젝트)' 덕분이다. 세 강은 칭기즈 칸의 성지인 보르칸 칼돈산에서 발원하는 톨강, 오논강, 헤를렌강을 말한다. 당시 조사단은 인공위성을 이용해 보르칸 칼돈산에서 허더 아랄에 이르는 곳까지 칭기즈 칸의 무덤으로 생각되는 곳들을 탐사했는데, 그때 이곳에 큰 행궁 터가 존재한다는 사실이 밝혀졌다. 그리고 새 천 년 들어 본격적으로 발굴한 결과, 세 개의 유적층이 확인되었는데, 맨 아래층에서는 칭기즈 칸 시대의 유적이, 중간층에서는 오고타이 시대의 유적이, 맨 위층에서는 라마교 사원의 유적이 확인되었다.

나는 10여 년 전 지인들과 함께 이곳에서 하룻밤을 묵은 적이 있다. 그 터는 한눈에 보아도 신성한 기운이 느껴지는 명당이었다. 동쪽으로는 토노산이 병풍처럼 둘러싸고 있고, 서쪽 지평선 위로는 키야트족의 강자인 주르킨 씨족의 거주지였던 칠형제봉이 나란히 시야에 들어왔다. 남쪽으로는 끝없는 초원이 이어져 있고, 북쪽도 마찬가지였다. 4장에서 보겠지만, 1189년 테무친이 키야트계의 칸이 되고 나서 가장 공을 들인 것은 허더 아랄을 지배하고 있던 주르킨 씨족을 복속시키는 것이었다. 그러나 테무친이 주르킨 씨족을 누르고 칠형제 봉과 허더 아랄을 차지한 것은 그로부터 7년이 지난 뒤였다. 1196년, 마침내 주르킨 씨족을 치고 이곳을 차지했지만, 테무친은 이 땅을 갖지 못하고 옹 칸에게 내줬다. 아직 옹 칸의 힘이 필요했기 때문이다.

몽골비사 기념비에는 당시 몽골고원의 모든 씨족들의 문장(紋章)이 4면에 걸쳐 빽빽하게 새겨져 있다. 당시 몽골 씨족들이 말이나 가축에 새기던 문장으로, 몽골어로는 '탐가'라고 한다. 각 부족마다 자기 문장이 있어, 그것을 말에 새겨 자기 말과 다른 사람의 말을 구별했다. 지금도 몽골 사람들은 말 문장을 보면 어느 씨족의 말인지 단번에 알 수 있다고 한다. 비문에는 그런 인장이 400~500개 정도 새겨져 있다.

카라툰에서 안다를 맺은 옹 칸과 예수게이

몽골의 첫 기착지는 언제나 울란바토르다. 모든 몽골 여행이 그곳에서부터 시작되기 때문이다. 그러나 몽골초원을 보려면 수도 울란바토르 밖으로 나가야 한다. 초원에 가면 늘 꽃이 있다. 그러나 봄이 되는 5월이면 무수한 꽃들이 한꺼번에 피고 진다.

그래서 몽골을 이해하려면, 봄의 초원에 피는 꽃을 보아야 한다고 말한다. 꽃들이 피는 초원이라니! 말만 들어도 가슴이 설렌다. 그런데 왜 하필이면 초원에 꽃이 피는 계절인가? 그것은 바로 이 시기에 초원의 가장 변화무쌍한 모습을 볼 수 있기 때문이다.

몽골초원은 봄이 늦다. 9월부터 눈이 오고 얼음이 얼기 시작해 이듬해 5월 초까지 얼음이 남아 있다. 봄이 왔다고 해도 눈발이 날리는 날도 있다. 그런데 5월 중순이 되어 누런 초원에 초록빛이 돌기 시작하면 곧바로 여기저기서 꽃들이 무더기로 피기 시작한다. 그리고 보름 후면 곧바로 뙤약볕이 내리쬐는 여름이 닥친다. 때문에 꽃들은 봄비가 온 뒤 우후죽순처럼 경쟁적으로 핀다. 마치 꽃 그림을 그려 넣은 도미노 블록을 쭉 세워놓은 다음, 한쪽 끝을 건드리면 블록이 차례로 쓰러지면서 눈 깜짝할 사이에 꽃으로 가득 차듯이.

그래서 몽골초원의 꽃은 삽시간에 퍼져나가는 소문처럼 민첩하고 재빠르다. 마치 천리마를 타고 오듯 꽃이 초원을 달려오는 것이다.

초원에서는 속도가 생명이다. 꽃들도 마찬가지다. 비 온 뒤 하루이틀 사이에 꽃을 피우지 못하면 다른 꽃들이 우르르 피기 때문에 다음 해를 기약할 수밖에 없다. 그런 이유로 몽골초원에서는 봄에 어떤 꽃이 필지 아무도 모른다고 한다. 그해의 날씨에 따라 이 꽃이 피기도 하고 저 꽃이 피기도 하기 때문이다. 어떤 사람은 몽골초원에 몇 년을 다녔는데, 매번 꽃이 달랐다고 한다. 왜 아니랴. 자기가 개화해야 할 때 날씨가 좋지 않으면 고개조차 내밀 수 없는 곳이 몽골초원인 것을.

그래서 꽃들은 시간을 다툰다. 때를 놓치면 안 되기 때문이다. 그렇게 몽골초원의 꽃들이 다투어 피고 지는 모습을 보아야 비로소 초원에 사는 사람들의 삶이 보인다.

옹 칸의 초기 이름은 토오릴이다. 그는 케레이트부(部)의 칸이었던 코르차코스 보이로크의 장남이었다. 그에게는 한배에서 난 동생 자카 감보 외에 38명의 이복형제가 있었다. 아버지 코르차코스 보이로크가 죽을 당시 그는 변방에 나가 군대를 지휘하고 있었다. 이복동생 에르케 카라 또한 군주가 되려는 생각을 갖고 있었다. 아버지가 사망하고 칸의 계승권이 장남인 자신을 제쳐두고 이복동생들에게 돌아가자 분노한 토오릴은 군대를 몰고 회군하였다. 그리고 에르케 카라와 연합했던 형제들을 제거하려고 했다. 그러자 에르케 카라는 나이만으로 도망쳤다. 토오릴은 미처 도망가지 못한 이복형제들과 조카들을 살해한 뒤 칸에 올랐다. 그에게 붙은 '옹 칸'이란 칭호는 1196년 금(金)나라가 하사한 '왕'이란 칭호에 '칸(Khan)'을 결합한 이름이다.

그의 아버지 코르차코스 보이로크가 칸으로 있을 당시 케레이트부는 그리 강성하지 못했다. 그래서 칸의 아들임에도 불구하고 토오릴은 일곱 살 때 북쪽의 메르키트족에게 납치되어 그곳에서 방아 찧는 일을 했으며, 열세 살 때는 보르칸 칼돈산 일대까지 진출한 타타르족에게 습격을 당해 토오릴과 그의 할머니 일마 카톤(칸의 부인을 이르는 칭호)이 그들에게 사로잡히기도 했다.

타타르족은 내몽골의 실링골 초원과 동몽골을 본거지로 삼은 몽골고원의 대표적인 부족으로, 그들이 단합하면 그 어떤 민족도, 심지어 중국인조차 맞설 수 없다고 사가들이 기록할 만큼 강력한 부족이었다. 훗날 몽골족을 칭하는 이름으로 널리 사용된 '타타르', '달단(達靼)', '달달(達怛)' 등의 명칭이 모두 이 민족의 이름에서 유래되었다.

당시 타타르와의 전투에서 죽은 케레이트부의 전사자가 4만 명이라고 하니 케레이트부가 얼마나 큰 타격을 입었는지 짐작할 수 있다. 타타르족에게 끌려간 토오릴은 낙타를 키우는 일을 하며 지내다 한 양치기의 도움으로 천신만고 끝에 케레이트부로 돌아왔다. 그 뒤 케레이트부는 서쪽 알타이 지방에 있던 나이만부의 도움을 받아 가까스로 타타르족을 동몽골로 쫓아냈다.

이렇게 옹 칸은 어려서부터 온갖 고초를 겪으며 위기를 넘긴 사람이다. 이복동생들을 살해하고 칸이 되었지만, 그의 칸위 계승은 순탄치 않았다. 그가 이복형제들을 제거한 것을 문제 삼아 숙부인 구르 칸이 공격해온 것이다. 구르 칸은 옹 칸에게 이렇게 말했다고 한다.

형의 눈물이 채 마르기도 전에,
형의 등짝이 아직 굳기도 전에
조카들을 죽이다니
이래 가지고 나라꼴이 뭐가 되겠는가!

숙부와의 전쟁에서 패한 옹 칸은 겨우 100여 명의 추종자만 데리고 도망쳤다. 다급했던 옹 칸은 바이칼 남쪽 셀렝게강의 중하류에 있는 메르키트부의 족장 토크토아 베키에게 자신의 딸까지 바치며 도움을 요청했지만 거절당했다.

그러자 옹 칸은 당시 몽골족의 강자였던 예수게이에게 도움을 청했다. 예수게이. 그가 누구인가? 훗날 칭기즈 칸이 되는 테무친의 아버지다. 당시 테무친의 아버지 예수게이는 몽골의 코톨라 칸 다음 칸의 자리를 노리고 세력을 확장해가던 중이었다. 그때 숙부 구르 칸에게 쫓기던 옹 칸이 한 가닥 희망을 걸고 예수게이를 찾아온 것이다.

당시 몽골고원의 정세를 살펴보면, 서쪽으로 알타이 지방에는 나이만족이, 그리고 중부의 톨강과 오르콘강 유역에는 케레이트부가, 그리고 헨티 아이막의 오논강과 헤를렌강 일대에는 몽골부가, 그리고 동몽골의 헐런보이르와 보이르 호수 주변에는 옹기라트나 카타킨 등 또 다른 몽골계 부족들이, 그리고 보이르 호수에서부터 다리강가와 내몽골의 실링골 지방 일대에는 강력한 타타르족이 웅거하고 있었다.

대체로 나이만부와 케레이트부, 그리고 타타르부가 강자로서 자리를 잡고 있는 반면, 몽골족의 대표적인 두 계보인 키야트족과 타이치오드족은 서로 반목하면서 갈등을 빚고 있었다. 몽골족의 초대 칸인 카불 칸과 2대 칸인 암바카이 칸 때 하나로 통합되어 역사에 처음으로 '몽골 올로스', 즉 몽골국의 이름을 세상에 알렸지만, 암바카이 칸이 금나라에 잡혀가 나무 형틀에 눕혀 못에 박혀 살해당하는 참극을 겪으면서 몽골족은 혼란에 휩싸였다. 그에 대한 복수를 하기 위해 뽑은 3대 코톨라 칸은 금나라의 용병 노릇을 하고 있던 타타르족과 13차례에 걸친 혈전을 벌였지만 별 성과 없이 끝났다. 그 결과 코톨라 칸의 권위는 유명무실해지고, 테무친의 아버지 예수게이가 다음 칸의 자리를 노리고 실세로 군림하고 있었다.

옹 칸은 예수게이에게 간절하게 도움을 요청했다.

"예수게이여, 구르 칸에게서 나의 백성을 찾아달라."

예수게이는 흔쾌히 그의 요청을 수락하며 이렇게 말했다.

"타이치오드족의 코난과 바가지 두 사람을 데리고 가서 너의 백성을 구해주겠다."

그리고 예수게이는 군대를 끌고 가서 구르 칸을 내쫓고 옹 칸의 백성들을 되찾아주었다. 그런 다음 두 사람은 이곳 카라툰에서 '안다' 맹약을 맺었다. '안다(Anda)'는 몽골 말로 '영혼의 친구'라는 뜻이다. 몽골 사람들은 아주 가까운 친구들끼리 '태어난 곳은 달라도 죽을 때는 한날한시에 같이 죽자'라는 뜻으로 안다 맹약을 맺었다. 이때 옹 칸은 크게 감격하여 이렇게 말했다고 《몽골비사》는 선한다.

"네 자손의 자손에 이르기까지 반드시 은혜를 갚겠다. 하늘과 땅의 가호 아래 맹세한다."

예수게이의 도움으로 자신의 백성을 되찾은 옹 칸은 예수게이가 죽은 뒤 세력을 크게 확장해 몽골고원의 절대 강자가 되었다. 그리고 카라툰은 내내 그의 본거지였다.

절대 강자 옹 칸의
카라툰 행궁 터

옹 칸의 카라툰 행궁 터는 어디에 있었을까? 그의 행궁 터는 뜻밖에도 울란바토르 시내 외곽에 있었다. 울란바토르 시내에는 톨강이 흐른다. 그리고 그 남쪽에 버드나무 숲이 울창한 카라툰이 있었다. 카라툰은 검은 숲이란 뜻이다. 그만큼 버드나무 숲이 우거졌다는 것을 말한다.

그런데 울란바토르 서쪽에는 좁은 협곡이 있다. 지금도 울란바토르 서쪽으로 나가거나 서쪽에서 울란바토르로 들어오려면 그 협곡을 반드시 통과해야 한다. 그 협곡은 그리 높지는 않지만 우람한 수문장처럼 위압적이다. 협곡 양쪽의 두 산 사이로 통로가 나 있어 그곳을 틀어막으면 아무도 들어올 수 없다.

그러므로 울란바토르는 천혜의 요새였다. 울란바토르 서쪽에서 적이 침공해오면 울란바토르 서쪽의 그 협곡을 지키면 더는 공격해오지 못했다. 옹 칸은 울란바토르 동쪽의 테렐지산 쪽에도 군대를 주둔시켰는데, 울란바토르를 방비할 목적도 있지만, 적군이 울란바토르로 들어오면 동쪽 입구를 막고 협공하려는 것이다. 따라서 이 협곡은 옹 칸 군대의 전략적 요충지라 할 수 있다. 어느 쪽에서 공격해와도 방어하기 쉽기 때문이다.

그런데 울란바토르 서쪽의 좁은 협곡을 빠져나가면 순식간에 드넓은 초원이 펼쳐진다. '아니, 이럴 수가!' 싶을 정도로 광활한 초원이 열리는 것이다.

옹 칸의 카라툰 행궁 터는 울란바토르 동쪽의 협곡을 빠져나간 바로 그곳에 있다. 그곳에는 옹 칸의 행궁 터였음을 알려주는 오보(돌을 쌓아놓은 제사터로 우리나라의 성황당과 같음)가 하나 서 있다. 초원의 땅을 1, 2미터 돋운 곳으로 사방 100여 평 정도 되는 곳이었다. 주위에는 보호를 위해 나무와 철로 울타리를 둘러놓았다. 테무친은 어려움이 있을 때마다 이곳 카라툰 행궁으로 옹 칸을 찾아왔다.

예수게이가 죽고 여러 해가 지난 뒤, 그의 아들 테무친이 찾아와 도움을 청했을 때, 옹 칸은 한눈에 그가 예사롭지 않은 인물임을 알아보고 기꺼이 도와주겠다고 했다. 자신의 정치적 야심 때문에 테무친을 견제하긴 했지만, 그는 자신이 늙으면 의지할 사람은 총명하고 정직한 테무친뿐이라는 것을 알고 있었다. 하지만 그는 케레이트부의 칸 자리를 넘겨달라는 철부지 아들 셍굼의 애원을 끝내 물리치지 못했다.

하지만 옹 칸은 칭기즈 칸의 아내 버르테가 메르키트부에 약탈되자, 그녀를 되찾아주기 위해 군대를 일으켰다. 그리고 고작 몇명의 추종자만 있던 테무친으로 하여금 동몽골의 신흥 세력인 자무카와 어깨를 겨룰 수 있도록 기회를 만들어주었다. 만일 옹 칸이 없었다면 칭기즈 칸이란 영웅이 탄생할 수 있었을까? 아마도 불가능했을 것이다.

테무친에게 그는 아버지였고, 경쟁자였으며, 노회한 술책가였다. 그는 테무친을 강철처럼 단단하게 벼렸고, 테무친이 몽골초원을 통일할 수 있도록 시대를 준비한 인물이었다.

세계사가 시작된 몽골초원

사람들은 초원이라고 하면 아무 데나 가도 되는 줄 안다. 하지만 그렇지 않다. 초원에도 길이 있다. 아무 데나 함부로 갔다가는 길을 잃을 수 있다. 또 식수를 구하지 못해 위험에 빠질 수도 있다. 초원의 길은 길도 좋아야 하지만, 가축이 먹을 수 있는 풀이 풍부해야 하고, 또 근처에 강이나 호수가 있어야 한다. 그런 조건을 갖춘 길을 '초원의 길'이라고 한다. 그중에서도 대규모 군대가 이동할 수 있는 넓은 초원의 길은 흔치 않다. 때문에 그런 길을 특별히 '초원의 고속도로'라고 부른다.

1368년 코빌라이의 후예들이 중국 지배를 포기하고 몽골초원으로 돌아가자, 주원장의 뒤를 이어 명나라 황제가 된 영락제는 초원으로 돌아간 몽골군을 치기 위해 군대를 이끌고 이곳 울란바토르까지 진군해온 적이 있었다. 이 전투는 놀랍게도《조선왕조실록》에도 실려 있다.《태종실록》은 이 전투에서 명나라가 패했다고 기록하고 있다. 조선도 당시 이곳의 상황을 잘 알고 있었다는 이야기다.

몽골초원의 고속도로 터미널인 허더 아랄에서 중국으로 내려가는 길은 두 갈래였다. 하나는 허더 아랄에서 헤를렌강을 타고 동쪽으로 가 동몽골의 '보이르 호수'를 거쳐 남쪽으로 내려간 뒤 내몽골의 '실링골 초원'으로 해서 츠펑과 베이징으로 내려가는 길이고, 다른 하나는 허더 아랄에서 곧장 남쪽으로 내려간 뒤 '다리강가 초원'을 거쳐 실링골 초원으로 해서 츠펑과 베이징으로 가는 길이었다. 반대로 중국에서 몽골로 올라오는 길도 마찬가지였다. 두 길중 하나를 택해 올라오면 되었다.

영락제가 군대를 이끌고 온 길은 후자였다. 그의 군대는 베이징을 출발한 뒤 내몽골의 실링골 초원을 지나 몽골의 다리강가 초원에 이른 다음, 그곳에서 북진하여 허더 아랄에 도착한 후 계속 서진해서 울란바토르까지 왔다.

몽골초원을 지배하려면 먼저 초원의 고속도로와 물이 있는 강을 장악해야 한다. 몽골 북부의 산림 지대나 동부의 흥안령 기슭

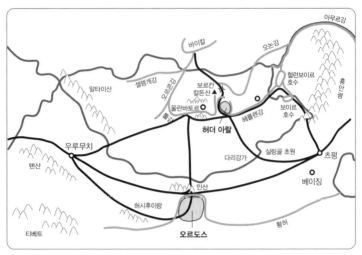

몽골고원의 초원의 고속도로

에 사는 사람들이 힘이 커지고 대량의 말을 확보하기 전까지 초원에 나올 수 없었던 것도 그 때문이다. 초원은 텅 비어 있고 마냥 자유로울 것 같지만, 강력한 힘을 가진 세력들이 패권을 겨루는 격전지기 때문이다.

몽골 사람들 역시 몽골초원으로 나오기 전까지는 흥안령 북부 서쪽 자락에서 살았다. 당시 몽골초원은 강력한 돌궐족과 위구르족이 장악하고 있었다. 몽골 사람들이 흥안령을 떠나 몽골초원으로 이동하기 시작한 것은 돌궐족과 위구르족이 몽골초원을 떠난 뒤인 8세기 무렵이었다.

초원의 고속도로는 울란바토르에서 다시 서쪽과 남쪽으로 이어지는데, 칭기즈 칸 당시 크게 세 갈래 길이 있었다. 하나는 서쪽의 알타이 지방으로 해서 지금의 중국 신장(新疆) 지역으로 넘어

가는 길이고, 다른 하나는 고비 사막 아래의 인산(陰山)으로 내려
간 뒤 내몽골초원을 따라 서쪽으로 가는 길이었다. 고대 유목민들
과 대상들이 가장 빈번하게 왕래한 길이다. 또 하나는 인산에서
황허(黃河)를 건너 오르도스 초원으로 들어간 뒤 그곳에서 다시
황허를 건너 간쑤성(甘肅省)의 허시후이랑(河西回廊)으로 가는 길
이었다.

허시후이랑은 중국에서 서역으로 가는 '실크로드'의 중국 쪽
기점이 되는 곳이다. 남쪽의 눈 덮인 치롄산(祁連山)과 북쪽의 사
막 사이에 난 좁은 길로, 그곳을 지나 둔황(敦煌)으로 빠지면 톈산
(天山) 남쪽으로 들어가게 된다. 고대 실크로드의 톈산 남로가 바
로 그 길이다. 하지만 유목민들은 그 길보다는 지금의 신장성 수도
인 우루무치로 올라가 톈산 북쪽의 광활한 초원으로 나아갔다. 지
금의 카자흐스탄이 바로 그곳이다.

진시황이 기원전 221년 중국을 통일할 수 있었던 것은 북방
유목민들을 대거 용병으로 채용했기 때문이다. 그러나 중국을 통
일하자마자 진시황은 만리장성을 쌓기 시작했다. 북방 유목민들이
장차 중국에게 큰 위협이 될 거라는 것을 알았기 때문이다.

항우를 무너뜨리고 한나라를 세운 유방은 점점 그 세력이 커
지는 흉노를 제압하겠다며 기원전 200년 32만 대군을 동원하여
흉노를 쳤다. 그렇지만 유목민족 특유의 치고 빠지는 전법에 걸려
들어 유방이 이끄는 선두 부대 10만 병사는 평성(平城)의 백등산에
서 포위되었다. 유방의 군사들은 7일간 추위와 굶주림으로 고생하
였다. 결국 유방은 흉노의 묵특선우(頭曼單于) 부인 연지(關氏)에게

후한 뇌물을 주어 포위망 한쪽을 풀어주게 함으로써 겨우 목숨만 건져 장안으로 돌아왔다. 이후 한나라는 흉노의 기세에 밀려 매년 공물을 바치고 형제의 맹약을 맺어 화친을 도모해야 했다. 이후 묵특선우는 인산에서 오르도스를 거쳐 허시후이랑에 머물던 월지족을 내쫓고 그곳으로 진출했다. 그리고 동서무역을 장악했다.

유라시아 북위 50도 근방의 스텝 지역에는 몽골고원에서 시작해 중앙아시아를 거쳐 유럽의 헝가리 평원까지 이어지는 초원의 고속도로가 고대부터 잘 발달해 있었다. 칭기즈 칸 이전의 군대들은 그 길을 통과하기만 했으나, 칭기즈 칸의 군대는 그 길을 장악함으로써 세계 제국을 건설했다. 역사학자들이 몽골제국으로부터 '세계사'가 시작되었다고 말하는 것은 그 때문이다.

흥미롭게도 유라시아 대륙에서 있었던 대규모 유목민들의 이동은 모두 중앙아시아의 초원에서부터 시작되었다. 유라시아 역사에서 대표적인 유목민인 스키타이가 알타이 초원에서 서쪽으로 이동을 시작했고, 그 뒤를 이은 사르마트도 그랬고, 흉노족도 그랬고, 돌궐족도 모두 몽골초원에서 서쪽으로 이동을 시작했다. 그들이 이동할 때마다 유라시아 대륙은 격동했다.

기원전 8세기 아리안 계통의 스키타이 유목민들이 알타이 지방에서 러시아 남부의 흑해 연안(지금의 우크라이나 지방)으로 옮겨 갔을 때, 그곳에서 처음으로 말 탄 기마병들이 말 위에서 허리를 돌려 활을 쏘는 법이 등장했다. 그것을 '안식기사법(安息騎射法, Parthian Shot)'이라고 하는데, 유목민 파르티아인들이 페르시아 지방으로 들어갈 때, 그러한 전법을 구사한 것을 두고 가리키는 말이다. 그런데 스키타이인들에게 밀려 발칸반도로 내려간 마케도니아 민족으로부터 알렉산드로스란 걸출한 영웅이 출현했다. 그는 기원 전 313년 이웃의 강력한 제국 페르시아를 무너뜨리고 오늘날 아프가니스탄 지방의 박트리아까지 진출했다. 그 여파는 동아시아까지 이어져 기원전 3세기에 갑자기 몽골초원에 말 타고 활을 쏘는 흉노족이 나타났다. 그 전까지 동아시아에서 말은 짐을 수송하는 용도로만 사용되었다.

그즈음 스키타이와 이웃해 살던 사르마트 유목민들이 남러시아를 거쳐 흑해 북부의 초원으로 진출했다. 그들은 스키타이의 명성에 가려져 일반인들에게는 잘 알려져 있지 않지만, 스키타이와 마찬가지로 이란 계통의 아리안족이다. 그들이 흑해 북부 초원으로 들어가자 그곳 주민들은 앞서 스키타이인들이 그랬던 것처럼 약탈을 일삼을 것을 두려워해 모두 도망가거나 숨었다. 간절히 원하던 흑해 북부 초원에 도착했지만, 아무것도 할 수 없자 사르마트인들은 소와 양을 기르는 목동으로 돌아갔다. 하지만 그들은 흑해 북부 초원에 머무는 동안 주변의 슬라브인들에게 큰 영향을 미쳤다. 사르마트인들이 그곳의 슬라브인들에게 영향을 미친 데는 몇 가지 이유가 있었다. 우선 그들은 지역민들 위에 군림하기보다는 지역민들의 언어를 배웠다. 보통은 지배자들이 피지배인들에게 자신의 언어를 강요하는 것을 고려하면 그들의 대응은 전혀 달랐다. 또한 지역민들에게 자신들의 종교를 강요하지 않았다. 이런 그들의 열린 태도는 그 뒤에 들어온 폭력적인 훈족(흉노족)과도 달랐고, 유럽의 전통 지배층인 그리스, 로마와도 달랐다. 자연히 그들의 통치방식

은 지역민들의 환영을 받았다.[*]

흉노족은 한때 유방의 한나라를 제압할 정도로 강성했지만, 한족(漢族)과의 오랜 전쟁으로 피폐해지자 기원후 2, 3세기에 서쪽으로 이동하기 시작했다. 5세기경 흑해 북부 초원을 거쳐 헝가리 벌판에 훈족이 출현하자 유럽은 공포에 휩싸였다. 마침내 그들에게 밀린 '게르만족의 대이동'이 시작되었다. 로마는 동서로 갈라졌고, 서로마는 훈족을 용병으로 고용했지만 계속되는 게르만족의 침입으로 붕괴되었다.[**]

그러는 동안 동유럽에서는 '사르마트 귀족층들'과 '슬라브의 하층 농민들' 사이에 맹세공동체가 확립되었다. 다른 유라시아의 유목민들과 달리 그들의 지배층은 서민들의 생계를 돌보고 챙기는 데 책임감을 갖고 행동했다. 그리하여 게르만족의 대이동 뒤 혼란에 빠진 유럽 사회는 그들을 중심으로 빠르게 안정되기 시작했다.

한편 알타이 지방에서 발원한 돌궐족은 수나라와 당나라 때 몽골초원을 호령했지만, 그들 역시 당나라와의 오랜 전쟁에 지치자 8세기에 중앙아시아를 거쳐 지금의 터키 지방으로 이동했다. 그들은 그곳에서 셀주크튀르크(1037~1157), 오스만튀르크(1299~1922)라는 강력한 이슬람 제국을 세웠고, 그들에게 위협을 느낀 유럽은 마침내 십자군 원정을 단행했다. 그러나 11세기에 시작된 십자군 원정은 실패했고 오히려 이슬람 세력이 1453년에는 아시아와 유럽을 잇는 콘스탄티노플을 함락시키고, 1492년에는 이베리아반도의 무

●　　Reinhard Schmoeckel, *Sarmaten: Unbekannte Väter Europas*, 2016.
●●　페터 아렌스, 《유럽의 폭풍―게르만족의 대이동》, 이재원 옮김, 들녘, 2006.

어인들을 몰아내고 그라나다를 정복했다.

놀랍게도 이 모든 발단이 중앙아시아의 초원과 몽골초원에 살던 유목민들의 대규모 이동에서 비롯되었다. 한마디로 몽골초원은 유라시아 대륙의 '태풍의 눈'이었다.

그런데 왜 그곳이 태풍의 눈이 되곤 했던 것일까? 거기에는 그럴 만한 이유가 있다.

가장 큰 이유는 몽골초원의 생태계가 불안정하다는 점이다. 지금도 몽골초원에는 11년 내지 12년을 주기로 한 번씩 큰 가뭄이 든다. 만일 가축들이 새끼를 낳는 봄철에 그런 가뭄이 닥치면 가축들은 떼죽음을 당한다. 가뭄으로 풀이 부족해지면 어미들의 젖이 나오지 않아 새끼들이 무더기로 굶어 죽는다. 심지어 탈진한 어미들까지 죽기도 한다. 한마디로 대재앙이다. 그런데 그런 가뭄 못지않은 또 다른 재앙이 있으니, 수년마다 한 번씩 닥치는 강추위다. 몽골 말로 '조드'라고 부르는 강추위가 닥치면 수많은 가축들이 얼어 죽는다.

그 옛날 스키타이나 흉노족, 돌궐족 등이 몽골초원을 떠나야 했던 가장 큰 이유도 몽골초원의 가뭄과 한파가 가장 큰 요인이었던 것으로 알려져 있다. 하지만 가뭄이나 한파가 닥쳤을 때 그들이 그곳에서 순순히 물러났던 것은 아니다. 누구나 자기가 살던 땅을 쉽게 포기하지 않는 법. 도저히 극복할 수 없는 재앙이 닥치거나 다른 세력에 밀려났을 때만 어쩔 수 없이 자신의 터전을 떠났다.

스키타이족은 서쪽으로 이동하기 전 중국의 변경에 출몰해 약탈을 일삼았고, 흉노족 역시 서쪽으로 이동하기 전까지 한나라

를 괴롭혔다. 돌궐족도 마찬가지여서 당나라와 오랫동안 갈등을
빚었다.

이처럼 한 번씩 찾아오는 가뭄과 한파로 몸살을 앓는 곳이지
만, 몽골초원은 지정학적으로 대단히 중요한 위치에 있었다. 동쪽으
로는 만주가 있고, 남쪽으로는 중국 그리고 북쪽으로는 바이칼의
산림 지대가 넓게 자리하고 있었다. 또 서쪽으로는 초원의 길이 열
려 있었다. 따라서 몽골초원에 재앙이 오면, 그 파급이 주변 지역으
로 빠르게 확산될 수밖에 없는 조건을 갖고 있다.

반대로 몽골초원에 강력한 세력이 들어서면 주변 지역은 두려
움에 떨었다. 강력한 기마 군단의 말발굽에 짓밟힐 위험에 놓였기
때문이다. 따라서 몽골초원의 변화는 좋든 싫든 주변 지역에 직간
접으로 영향을 미치게 마련이었다.

그런 점에서 몽골은 유라시아 역사의 '키워드'라고 할 수 있다.
몽골의 상황이 어떻게 변하느냐에 따라 주변 각국의 상황 또한 달
라지기 때문이다. 이런 까닭으로 주변국들은 어떻게든 몽골에 대한
지배력을 행사하려 했다. 한편으로는 몽골로부터 오는 재앙을 막기
위해서이고, 다른 한편으로는 몽골을 지배함으로써 다른 아시아
각국들에 대한 영향력을 확대하기 위해서였다.

몽골이 과거에 청나라에 복속됐던 역사를 근거로 중국이 몽골
의 모든 영토가 자기네 땅이라고 주장하는 것이나, 러시아가 몽골
을 자기 땅이라고 주장하는 것은 다 그 때문이다. 20세기 전반에
만주와 몽골을 지배하려 했던 일본이 자기들의 뿌리가 몽골이라고
주장하며 몽골을 자기 역사에 끌어들이려 했던 것도 같은 이유에

서다.

하지만 우리나라는 현재 고려 삼별초의 대몽 항쟁을 크게 부각시키는 교육 정책을 쓰고 있다. 이는 결과적으로 몽골을 우리 역사에서 밀어내는 것이라 할 수 있다. 그런 탓에 대다수 국민들은 몽골을 우리와 상관없는 먼 나라로 생각한다. 하지만 몽골을 알지 못하면 아시아에서 주변부로 밀려날 수밖에 없다. 그만큼 몽골의 위치는 중요하다.

사실 우리나라는 대륙에서 일어나는 변화로부터 늘 한 발 비켜서 있었다. 고구려가 멸망한 이후로 대륙적 사고에 제한이 생겼기 때문이다. 그 대가는 몽골의 침입이나 청나라의 침입에서 보듯이 늘 국가의 존망을 위협하는 것이었다.

혹자는 그건 과거 이야기가 아니냐고 할지도 모르겠다. 지금의 몽골은 인구가 300만도 안 되는 조그만 나라가 아니냐고. 그들이 유라시아 대륙에 무슨 영향을 미치겠느냐고. 그러나 놀랍게도 몽골은 다시 세계사의 중심적 위치를 회복해가고 있다.

근대 이후에는 유럽의 해양 세력이 세계를 제패해왔지만 근래에 아시아가 세계 경제의 중심으로 부상하면서 다시 몽골의 지정학적 위치가 부각되기 시작한 것이다. 생각해보라. 만일 중국이 몽골을 차지한다면 러시아는 큰 위협을 느낄 것이다. 당장 바이칼 일대가 중국의 군사적 위협에 놓이기 때문이다. 바이칼 일대가 중국에 점령될 경우 러시아는 양분될 수밖에 없다. 반대로 러시아가 몽골을 차지한다면 중국 역시 큰 위협을 느낄 수밖에 없다. 사회주의 시절 마오쩌둥(毛澤東)이 러시아에 굴욕적인 자세를 취했던 것은 몽골초원에 러시아 군대와 비행기가 주둔해 있었기 때문이다. 만에 하나 미국이 몽골에 군사기지를 건설한다면, 미국은 중국과 러시아에 대해 강력한 지렛대 역할을 할 수 있다. 마침내 중국, 러시아, 미국, 일본 등 강대국들이 몽골을 장악한 나라가 동아시아의 패권을 차지해왔다는 역사적 사실을 깨닫기 시작했다.

그런 이유로 이들 강대국은 몽골에 코를 박고 치열한 외교전을 펼치고 있다. 몽골은 비록 인구는 적지만, 땅덩어리가 한반도의 일곱 배나 되는 큰 나라다. 게다가 그 땅에는 어마어마한 자원이 매장된 것으로 알려져 있다. 2019년 기준으로 1750억 톤의 석탄(세계 4위)과 45억 배럴의 석유, 5500만 톤의 구리(세계 2위)를 비롯해 3000톤의 금과 3만 톤의 몰리브덴, 15억 톤의 철광석에 형석(세계 3위), 우라늄, 인, 아연, 그리고 반도체 산업의 진주로 불리는 희토류(전 세계 매장량의 16%)까지. 현대의 외교는 자원 외교다. 강대국들이 그런 몽골의 땅을 그냥 지나칠 리 없다.

《몽골비사》의 탄생지 허더 아랄

칭기즈 칸은 대칸에 오른 1206년 이후 겨울에는 주로 허더 아랄 행궁에 와서 머물렀다. 그리고 봄에는 카라툰으로 갔고, 여름에는 헤를렌강 서쪽의 사아리 케에르 평원에서 머물렀다. 2대 오고타이 칸 때 울란바토르 서쪽의 카라코룸으로 수도를 옮겨가기 전까지 이곳 허더 아랄은 몽골제국의 정치, 경제, 문화의 중심지였다.

허더 아랄이 그 특별한 이름을 역사에 남기게 된 것은 오고타이 칸의 등극과 관계가 깊다. 칭기즈 칸은 1227년 죽기 전에 셋째 아들 오고타이를 후계자로 정했다. 하지만 칭기즈 칸이 죽은 뒤 오고타이는 곧바로 칸으로 등극하지 못했다. 그의 등극은 2년이나 미뤄졌다. 대칸을 선출하려면 쿠릴타이(부족회의)를 열고 몽골의 귀족들과 중심 인물들이 모두 모여 회의를 하고, 그 회의에 참석했던 사람들로부터 인정을 받아야 했다. 그런데 많은 사람들이 오고타이의 능력을 의심했다.

몽골에서 가장 오래된 역사책인 《몽골비사》는 칭기즈 칸과 고락을 함께하며, 옆에서 지켜보았던 장로들의 생생한 이야기를 모아 놓은 책으로 문체도 구어체로 되어 있다. 몽골족이 푸른 늑대와 흰 암사슴으로부터 시작되었다는 건국신화에서부터 칭기즈 칸에 이르기까지의 몽골족의 계보와 칭기즈 칸의 어린 시절, 그리고 칭기즈 칸이 대칸에 이르기까지의 갖가지 사건들이 자세히 기록되어 있다. 몽골사를 연구하는 사람이면 반드시 읽어보아야 할 첫손 꼽히는 중요한 책이다.

현재 학계에서는 《몽골비사》의 편찬 연도에 대해 1228년과 1240년으로 입장이 갈려 있다. 《몽골비사》 말미에 보면, "대大쿠릴타이를 열어 쥐띠 해 고라니 달(7월), 헤를렌강 동쪽의 허더 아랄의 칠형제봉(돌로안 볼다크)과 실긴체크 두 지점 사이에 오르도(이동식 행궁)를 세우고 있을 때 이 책의 집필을 마쳤다"라고 되어 있다. 그 쥐띠 해를 1228년과 1240년 중 어느 해로 보는가가 중요한데, 1228년이면 오고타이가 대칸으로 등극하기 한 해 전이고, 1240년이면 오고타이가 대칸으로 등극한 지 11년이 되는 해다.

　이 책이 1228년에 쓰였을 거라고 주장하는 학자들의 견해는 이렇다. 오고타이는 칭기즈 칸 사후 바로 대칸으로 등극하지 못했다. 그가 대칸으로 지명되었다는 사실을 의심하는 사람들이 있었기 때문이다. 오고타이는 자신이 칭기즈 칸의 후계자로서 정통성을 갖고 있다는 것을 사람들에게 보여줄 필요가 있었다. 그래서 나이 든 장로들이 죽기 전에 칭기즈 칸의 육성을 전할 책을 편찬할 필요를 느꼈다. 그렇게 해서 서둘러 세상에 나오게 된 것이《몽골비사》라는 것이다.

　실제로《몽골비사》254~255절에는 칭기즈 칸이 장남 조치와 차남 차가타이를 제치고 오고타이를 후계자로 정하는 이야기가 나와 그들의 주장을 뒷받침하는 듯한 인상을 준다. 그 이야기는 다음과 같다.

　때는 바야흐로 칭기즈 칸이 호라즘(Khwarezm, 이슬람 왕국)에 보냈던 사신들과 대상들이 모두 피살되었다는 소식을 듣고, 호라즘으로 원정을 떠나기 직전이었다. 칭기즈 칸 말년에 옆에서 그를 모시던 예수이 카톤이 슬쩍 칭기즈 칸에게 말했다.

　"칸은 오랫동안 전투를 치러왔습니다. 태어난 모든 것은 언젠가 죽습니다. 큰 나무와 같은 칸의 몸이 갑자기 쓰러지기라도 하면 초원의 풀과 같은 백성들은 누가 다스립니까?"

　그녀의 말이 옳다 여긴 칭기즈 칸은 아들들을 불러놓고 큰아들 조치에게 말했다.

"너는 나의 장남이다. 어떻게 생각하는지 말해보라."

그때 차남인 차가타이가 끼어들며 항의했다.

"조치에게 말하라고 하는 것은 대칸의 자리를 물려주시려는 겁니까? 조치는 메르키트 부족의 혈통을 갖고 있습니다. 그런 이에게 어떻게 몽골의 통치를 맡기려 하십니까?"

조치가 어머니 버르테가 메르키트부에 약탈당했을 때 임신해서 낳은 아들임을 지적한 것이다. 그러자 조치가 차가타이의 멱살을 움켜쥐고 말했다.

"칸께서는 단 한 번도 내가 아들이 아니라고 말씀하신 적이 없다. 너는 어찌 이리 나를 능멸하는 것이냐?"

그렇게 조치와 차가타이가 서로 멱살을 잡고 있을 때 칭기즈 칸은 묵묵히 듣기만 할 뿐 말이 없었다. 그때 옆에 있던 텝 텡그리가 일어나 그들을 꾸짖었다. 텝 텡그리는 칭기즈 칸이 늘 옆에 둔 대샤만으로, 테무친이 온 세상을 지배할 것을 예언하면서 그에게 '칭기즈 칸'의 칭호를 준 인물이다.

"차가타이! 너는 어찌 그리 성질이 급한 것이냐. 네 어머니는 결코 원해서 끌려간 게 아니었다. 결코 다른 남자를 사랑해 떠난 것이 아니었다. 너희는 어찌하여 어머니 버르테의 마음을 아프게 하느냐. 너희들은 모두 버르테의 자궁에서 태어나지 않았느냐…."

텝 텡그리가 조치와 차가타이를 크게 나무라자, 그제야 가만히 듣고만 있던 칭기즈 칸이 차가타이를 꾸짖으며 말했다.

"차가타이는 앞으로 형에게 그리 말하지 마라. 조치는 누가 뭐라해도 나의 맏아들이다."

잠시 후 조치와 이야기를 나눈 차가타이가 칭기즈 칸에게 말했다.

"오고타이야말로 온후한 성품을 갖고 있습니다. 우리는 오고타이를 후계 대칸으로 천거하고자 하니 부디 오고타이를 아버지 칸 옆에 두고 훌륭한 대칸이 되도록 가르침을 베풀어주시기 바랍니다."

그러자 칭기즈 칸은 오고타이에게 말했다.

"형들이 너를 지목했다. 하고 싶은 말이 있으면 해보아라."

오고타이가 말했다.

"형님들께서 그리 말씀하셨는데, 제가 무슨 말씀을 드릴 수 있겠습니까. 다만, 나중에라도 저의 자손들 중에 신선한 풀에 둘러싸여 있어도 소가 먹지 않고, 비곗덩어리에 싸여 있어도 개가 먹지 않는 아무짝에도 쓸모없는 자가 태어날까 두렵습니다. 또 사슴이 눈앞을 가로질러 가는데도 맞히지 못하고, 초원의 다람쥐가 머리를 내미는데도 맞히지 못하는 서툰 사냥꾼이 나오지 않을까 두렵습니다."

칭기즈 칸은 오고타이를 지그시 바라보며 말했다.

"그렇다면 네가 형들의 말을 받아들인 것으로 알겠다."

칭기즈 칸은 다시 막내 톨로이에게 말했다.

"너도 하고 싶은 말이 있으면 해보아라."

톨로이가 대답했다.

"저는 아버지 칸이 지명한 형님 곁에 머무르며 형님이 잊어버린 게 있으면 그것을 일깨워주고, 형님이 잠들면 깨워주는 듬직한 동지가 되겠습니다."

이에 칭기즈 칸이 크게 기뻐하면서 말했다.

"너희들은 나의 뜻을 어기지 마라. 만일 오고타이의 자손 중에 신선한 풀에 싸여 있어도 소가 먹지 않고, 비곗덩어리에 싸여 있어도 개가 먹지 않는 그런 무능한 자가 태어난다면, 나의 다른 자손들 중에서라도 어찌 훌륭한 자가 태어나지 않겠느냐."

이렇게 해서 칭기즈 칸은 오고타이를 다음 대칸으로 내정했다. 따라서 이 대목만 보면 오고타이가 자신이 대칸으로 내정되었음을 세상에 알리기 위해《몽골비사》를 집필케 했다고 생각할 수 있다.

그러나《몽골비사》269절에는 오고타이가 쿠릴타이에서 대칸으로 추대되었다는 분명한 구절이 나온다. 오고타이가 대칸으로 추대된 것은 1229년이다. 또 칭기즈 칸의 호위 병사들인 케식텐을 오고타이가 넘겨받았다는 구절이 나온다. 이는 오고타이가 이미 대칸으로 공식적인 활동을 했다는 것을 뜻한다. 따라서《몽골비사》는 1228년보다는 1240년에 쓰였을 가능성이 높다. 몽골 정부도 이런 점을 고려하여 공식적으로 1240년에 쓰였다고 하고 있다.

허더 아랄은 이처럼 칭기즈 칸의 행궁이 있었던 곳이자, 장로들의 입을 빌려 몽골제국의 성립 과정을 기록한《몽골비사》가 탄생한 곳이다.

칭기즈 칸이 죽고 2년 뒤인 1229년, 허더 아랄에서 열린 쿠릴타이에서 마침내 오고타이는 대칸에 올랐다. 하지만 오고타이는 허더 아랄의 행궁을 서쪽에 있는 카라코룸으로 옮겨야 했다. 칭기즈 칸이 죽으면서 허더 아랄이 막내 톨로이의 소유가 되었기 때문이다. 몽골에서는 막내아들에게 아버지의 가산을 물려주는 전통이 있었다.

그러나 허더 아랄은 칭기즈 칸의 웅대한 포부가 고스란히 담긴 곳이며, 몽골의 세계 경영의 토대가 된 곳이다. 그는 1207년 주변 국가들의 정복에 나서면서 몽골제국 내에 수많은 연방 국가들을 거느리게 되자 허더 아랄을 중심으로 제국을 거미줄처럼 잇는 '역참(驛站) 제도'를 실시했다. 40~50킬로미터 단위로 제국 내에 역참을 설치해 상인들과 물류의 이동을 쉽게 한 것이다.

역참에 대하여

역참을 몽골 말로는 '잠(jam)'이라고 한다. 본래 초원을 지나다가 잠시 쉬어갈 수 있는 숙소를 지칭했는데, 이것이 제국의 교통과 통신 네트워크로 채택되어 체계적인 모습을 갖추게 된 것이다. 컴퓨터도 없고, 전화도 없는 상황에서 정보 전달과 소통의 기능을 해결하려면 어떻게 해야 할까? 우선 각 네트워크, 또는 잠끼리 연결해주는 기관이 있어야 한다. 그런 다음 사람이 직접 뛰어 전달하거나 말을 타고 달려가서 전달해야 한다. 그것이 고대의 역참 제도다. 역참 제도는 지금으로 치면 정보의 인프라이자, 우편 시스템이며, 상인들의 물류 시스템이며, 군사물자의 수송망이라고 할 수 있다.

이때 역참 사이를 달린 것은 파발들만이 아니었다. 군대나 외교관도 역참을 따라 이동했다. 그러므로 역참 제도는 물자를 운송하고 배급하는 수송로이기도 했다. 역참의 파발들이 전달하는 방식은 릴레이 방식이다. 정보를 갖고 달리는 자들이 직접 최종 수신자에게 달려가 전달하는 방식이 아니라, 다음 역까지만 전달하면 되었다. 그러면 다른 파발이 다음 역참까지 달려가 전달했다. 그러므로 전달자는 짧은 거리를 전속력으로 달릴 수 있었고, 수천 개의 역참이 거미줄처럼 이어져 있으므로 최단거리로 전달 경로를 단축할 수 있었다.

마르코 폴로는 《동방견문록》에서 몽골제국의 역참에 대해 다음과 같이 말하고 있다.

각 지방으로 가는 주요 도로변에 40~48킬로미터마다 역참이 설치되어 있었다. 이것을 '얌(yamb)'이라고 부르는데, 말이 준비된 역이란 뜻이다. 이 역참에서 전령은 명령을 기다리며 대기 중인 200마리에서 400마리의 말을 볼 수 있었다. 이러한 방식으로 대군주의 전령은 온 사방으로 파견되었으며, 그들은 하루 거리마다 숙박소와 말을 찾을 수 있었다. 집도 숙소도 없는 곳을 갈 때조차 똑같은 역참이 세워져 있으며, 역참이 없는 경우에는 하루에 56~72킬로미터 가야 했다. 이것은 정말로 지상의 어떤 사람, 어떤 국왕, 어떤 군주도 느낄 수 없는 최대의 자부심과 최상의 웅장함이라고 할 수 있다. 이렇듯 군주는 자신의 전령들이 사용할 수 있는 20만 마리 이상의 말들을 역참에 배치하여 놓았다. 또한 멋진 가구들이 갖추어진 숙사도 1만 곳 이상에 이르렀다.

각 역참들 사이에는 대략 5킬로미터 간격으로 40여 가구가 살고 있으며, 그곳에는 파발꾼들이 살고 있었다. 모든 파발은 달리는 동안 종이 울리는 허리띠를 차고 있으며 다음 역이 있는 마을까지 5킬로미터를 달렸다. 다음 역이 있는 마을에 도착하면 준비하고 있는 다른 파발에게 가지고 온 물건과 발신자가 써준 조그만 표 등을 전달했다. 그러면 인계받은 그는 다음 마을을 향해 곧바로 출발했다. 이런 식으로 군주의 파발은 열흘 거리를 하루 낮과 밤 만에 주파했으며, 100일 거리를 10일 만에 달려서 소식을 전달했다.

역참에는 서기가 하나씩 배치되어 파발꾼이 도착한 날짜와 시간을 기록하고, 다른 파발꾼이 떠난 날짜와 시간도 기록했다. 또 이들 역참을 돌아다니면서 검사를 해서 부지런하지 않은 파발꾼이 있으면 그들을 처벌하는 일을 수행하는 관리도 있었다. 군주는 그들의 모든 세금을 면해주었으며, 필요한 것들이 있으면 지원해주었다.

군주는 각 도시에 필요한 말들을 역참에 배치하라고 지시했으며, 모든 읍과 촌락도 얼마나 많은 말을 내놓을 수 있는지 살핀 뒤 그 말들을 역참에 갖다놓게 했다. 이런 식으로 군주는 모든 역참들을 운영하며, 부족한 경우에는 자기 말들을 지급하기도 했다. 그리고 강이나 호수가 있는 지역이 있으면, 파발꾼이나 기마 전령사가 그곳을 통과할 수 있도록 근처의 도시나 읍에서는 항상 서너 척의 배를 대기시켜놓아야 했다. 또 여러 날 거리의 사막을 건널 때는 그 근처에 있는 도시나 읍에서는 전령들이 사막을 다 건널 때까지 말과 필요한 용품을 공급해주었다. 그러한 비용에 대해서는 군주가 보상해주었다.

이 파발들은 반란이 일어나거나, 신하나 군주가 필요로 하는 물건을 빠른 속도로 전달하거나 소식을 전할 때는 말을 타고 달렸다. 그들은 하루에 320킬로미터에서 400킬로미터까지 달려가며, 특급으로 간다는 것을 알리기 위해 매가 그려진 해청패(海靑牌)를 차고 갔다. 만일 전령이 두 사람 있으면 그들은 각기 다른 강하고 빠른 말을 타고 출발했다. 그들은 배를 묶고 머리카락을 동여맨 뒤 최대한의 속도로 40킬로미터 떨어진 다음 역참을 향해 달려갔다. 역참 가까이 가면 멀리서도 들을 수 있는 뿔피리를 불어서 역참에 있는 사람들이 말을 준비하게 했다. 그리고 거기서 건강한 말 두 필의 준비된 말로 갈아탔다. 이런 식으로 역참에 도착할 때마다 말을 갈아타고 밤이 될 때까지 달렸다. 만일 사태가 위중하다 싶으면, 밤에도 말을 달리며, 달이 밝지 않은 경우에는 역참에 있는 사람들이 앞에서 횃불을 들고 다음 역참까지 달리면서 길을 밝혀주었다. 이때는 낮처럼 빨리 달리지는 못했는데, 횃불을 들고 가는 사람을 따라가야 했기 때문이다.

각 역참마다 400마리의 말이 준비되어 있다고 했는데, 한꺼번에 400마리의 말을 모두 파발이 타고 갈 수 있도록 준비하는 게 아니라 한 달에 200마리의 말만 내놓았다. 그리고 나머지 200마리의 말들은 쉬게 해 살을 찌웠다. 그달 말이 되면 살찐 말들을 역참에 내놓고, 다른 말들은 쉬게 하는 식으로 교대했다.

페르시아나 중국에도 비슷한 제도가 있었지만, 역참의 기능과 수에서 비교가 되지 않는다. 이를 통해 사람과 물자와 정보의 전달 체계가 획기적으로 빨라졌을 뿐 아니라 동서양이 하나로 연결되었다. 또한 모든 나라에서 통용될 수 있는 역법(曆法)을 만들었으니 그것이 수시력(授時曆)이다. 수시력은 이란 지방과 중원 지방의 학자들이 공동으로 만든 것으로 1년의 길이를 364.2425일까지 계산한 당대 최고의 달력이다.

그 결과 중국과 인도, 중앙아시아, 중동 등 이제까지 각기 독립적으로 존재하던 경제권들이 하나의 경제체제로 통합되었다. 또 유라시아 각국에 대한 정보와 문물이 넘쳐나면서 다양한 문화가 서로 융합되었다. 그와 함께 인류사에서 처음으로 '세계'에 대한 인식이 싹텄다. '세계지도'도 등장했는데 1402년 조선에서 만든 〈혼일강리역대국도지도(混一疆理歷代國都之圖)〉가 그 최초의 지도다.

또 페르시아에 있던 일한국의 재상 라시드 앗딘이 최초의 세계사 책인 《집사(集史)》를 펴냈다. 《집사》는 그 규모의 광대함, 기획의 방대함에서 전례가 없는 책이다. 몽골족의 주요 부족들과 역사는 물론 세계 각 지역의 지리까지 기록하고 있다.

한편 1237년 유럽까지 쳐들어간 몽골 군대에 혼쭐이 났던 유럽인들은 팍스몽골리카의 열기 속에 새롭게 '동양'을 발견하며 중세의 암흑에서 깨어났다. 그때까지 외부 세계에 대해 거의 무지했던 유럽인들은 몽골제국으로부터 밀려들어오는 온갖 정보와 지식과 문물을 통해 '세계 인식의 대전환'을 이루었다. 교황의 사절로 몽골을 여행했던 카르피니나, 대상을 따라 몽골제국을 여행했던 마르코 폴로 같은 이들의 저술은 베스트셀러가 되었다. 또 몽골제국으로부터 들어오는 호화로운 교역 물품은 사치품의 대명사가 되었다. 나침반과 화약, 무기 등 몽골제국의 기술 혁신 결과들 또한 속속 유럽으로 전파되었다.

그와 함께 16세기쯤 총이 등장했다. 당시는 총이라고 하지만 쇠로 만든 통에 화약과 동그란 탄환을 밀어넣고 불을 붙여 발사하는 대포의 방식을 그대로 적용한 화승총이었다. 이 화승총은 현대식의 총과 비교하면 사용하기가 너무 불편했고, 성능도 보잘것없었다. 150센티미터나 되는 긴 총신에 사용법도 복잡한 탓으로 2분에 한 발 쏘는 것이 고작이었다. 그나마 비라도 오면 심지가 물에 젖어 제대로 발사할 수 없었다. 초기의 총이 이처럼 불편했지만, 총의 발명이야말로 몽골제국의 퇴각을 알리는 신호탄이 되었다. 몽골 유목민이 세계를 정복한 무기는 기마병사들의 기동성과 스피드였다. 그러나 총이 등장하면서 유목군대는 그 스피드를 따라갈 수 없었다.

하지만 그런 것들은 현상적으로 드러난 결과에 불과할지도 모른다. 정작 중요한 것은 몽골고원을 통일한 칭기즈 칸 군대가 그런 세계사적인 변화를 가져올 수 있었던 동력이 무엇이냐는 것이다.

역사에서 비약은 결코 그냥 오지 않는다. 반드시 사람들의 마음을 부글부글 끓게 만드는 비등점이 있었을 것이다. 그것이 무엇일까. 나는 오랫동안 몽골을 공부하면서, 그것은 바로 칭기즈 칸과 그를 따르던 '하층 유목민들'이 품었던 꿈과 이상이라는 것을 알게 되었다. 꿈과 이상이 있는 사람들은 죽음을 두려워하지 않는다. 자신들이 간절히 원하는 것을 추구하는 데 무서울 게 없기 때문이다. 그들의 꿈과 이상은 자신들은 물론 주변의 모든 것을 변화시켰다. 그들은 오직 자신들의 꿈과 이상을 위해 앞으로 나아갔다.

칭기즈 칸의 군대가 무적이었던 것은 그들이 꿈과 이상으로 단단한 돌처럼 뭉쳐 있었기 때문이다. 그리고 신뢰와 존중과 소통이 있었다. 그러므로 그들의 꿈과 이상을 아는 것, 그리고 그들의 신뢰와 존중과 소통의 문화를 진지하게 바라보는 것이야말로 칭기즈 칸을 이해하는 지름길이라고 할 수 있다. 왜냐하면 칭기즈 칸이야말로 몽골인들의 꿈과 이상 한가운데에 있었던 사람이고, 그 꿈과 이상을 현실로 만들기 위해 신명을 바친 사람이기 때문이다.

2.
몽골인들의
성지(聖地)
보르칸 칼돈산

몽골사를 하는 이들은 말한다. 칭기즈 칸을 이해하려면 보르칸 칼돈산을 보아야 한다고. 그렇게 말하는 이유는 보르칸 칼돈산을 알지 못하고서는 칭기즈 칸과 몽골제국을 제대로 이해할 수 없기 때문이다.

보르칸 칼돈산은 몽골의 성산으로, 몽골인의 출현에서부터 칭기즈 칸의 몽골제국 탄생에 이르기까지 몽골의 각종 신화와 전설이 깃든 산이다. 칭기즈 칸은 이 보르칸 칼돈산 부근에서 살았고, 평생 이 산을 섬겼다. 이 산은 수많은 고비에서 그를 보호하고 그와 하늘을 이어주었으며, 칭기즈 칸의 고난과 야망이 깃든 산이다. 그는 몽골족을 하나로 통일한 후 그들에게 이 산을 영원토록 기억하게 했다. 칭기즈 칸의 무덤은 물론 그의 직계 가족들도 모두 이곳 보르칸 칼돈산 일대에 무덤을 쓴 것으로 알려져 있다. 따라서 보르칸 칼돈산은 몽골제국의 신화와 전설이 된 산이다.

몽골인들의 성산 보르칸 칼돈산에 가려면 울란바토르에서 일단 헨티 아이막의 멍건모리트까지 가야 된다. 거기서부터 본격적인 보르칸 칼돈산의 여행이 시작된다. 5월, 국립공원 초소를 지나 보르칸 칼돈산에 가는 길의 초원에는 보라색 꽃이 쫙 깔려 있었다. 놀랍게도 할미꽃이었다. 할미꽃이라면 무덤가에 피는 꽃으로만 알고 있었는데, 이렇게 초원 전체를 뒤덮고 있다니! 그러고 보니 이곳은 몇 년 전 여름에 왔을 때, 에델바이스가 들판을 뒤덮었던 바로 그곳이었다. 몽골 할미꽃은 우리나라의 할미꽃보다 보랏빛이 더 선명하고 기품이 있어 보인다. 보랏빛만 있는 게 아니다. 흰 꽃도 있다. 크림 빛이 도는 흰 꽃은 백합처럼 정결하고 아름답다. 과연 몽골초원에는 비가 오면 눈 깜짝할 사이에 꽃들이 활짝 핀다더니. 비가 온 뒤 할미꽃이 만발한 것이다

보르칸 칼돈산은 1992년부터 신성불가침 지구로 지정되어 허가를 받지 않은 사람은 출입할 수 없다. 이 산은 몽골제국 시대부터 '이흐 호리크', 즉 대금구(大禁區)로 정해 사람들의 출입을 금지시켰다.

1991년 사회주의가 붕괴되자 몽골 정부가 공식적으로 표명한 최초의 방침은 바로 칭기즈 칸의 부활이었다. 소련 정부는 칭기즈 칸이 몽골 민족주의의 상징이 될 것을 두려워해 그에 대한 참배조차 금지시켰다. 하지만 칭기즈 칸은 몽골 사람들에게 절대적인 신뢰와 추앙을 받고 있었다. 사회주의 시절에는 내놓고 말할 수 없었지만 몽골 사람들은 변함없이 칭기즈 칸을 흠모하고 있었다.

마침내 문지방 오보가 보이기 시작했다. 이 오보는 몽골 말로는

'보스고 텡게린 오보'라고 한다. 그다지 높지 않으나 보르칸 칼돈산에 가려면 반드시 통과해야 하는 고개다. 마지막 관문인 셈이다. 문지방 오보 너머에는 헤를렌강이 동쪽에서 서쪽으로 흐르면서 거대한 습지를 이루고 있다.

문지방 오보 건너편으로는 헨티의 산자락들이 늠름하게 서 있다. 보르칸 칼돈산에 가려면 헤를렌강의 이 거대한 습지를 건너야 한다. 습지를 건너 골짜기로 접어들면 마침내 보르칸 칼돈산이 그 장대한 모습을 드러낸다. 그 앞쪽에 다시 조그만 강이 나오는데, 알랑 고아가 오논강 상류 쪽에서 보르칸 칼돈산을 넘을 때 지났던 바로 그 퉁겔리크강이다. 이 강을 따라 올라가면 알랑 고아가 넘어다니던 '이흐 가자린 다와'란 고개가 나오고, 그 고개를 넘으면 유명한 오논온천이 나온다. 이흐 가자린 다와는 '큰 제사 터가 있는 고개'란 뜻이다.

문득 《몽골비사》에 나오는 '예케스 가자르' 의식을 했다는 곳이 어디일까 궁금해졌다. 예케스 가자르 의식은 조상의 매장 터에서 행해지는 제사다.

몽골족이나 다른 북방 민족들이 조상의 제를 지내는 풍습을 보면, 대개 신대(神臺) 위에 고기를 올려놓았다. 알랑 고아는 세 명의 하늘의 자식을 낳은 후 하늘에 감사하는 최초의 주겔리(Jügeli) 제를 올렸다. 그 후 그 자손들이 알랑 고아를 위해 이곳에서 주겔리 제를 올렸는데, 주겔리 제는 '절개하지 않은 가축의 심장과 폐와 간을 버드나무 신간 꼭대기에 걸고 올리는 제사'였다.

많은 학자들은 예케스 가자르 의식이 이곳 보르칸 칼돈산의 중턱 평원에서 이루어졌을 것으로 보고 있다. 1921년 몽골에 사회주의가 들어서기 전에 조사한 기록에 의하면, 이 지방 사람들은 보르칸 칼돈산의 왼쪽 능선을 '이흐 하아니 엥게르'라고 불렀다고 한다. 우리말로 하면 '대칸의 무덤이 있는 기슭'이란 뜻이다.

그런데 몽골족이 보르칸 칼돈산에 살던 터줏대감 격인 오리앙카이족을 누르기까지는 제법 시간이 걸렸다. 오리앙카이족이 몽골족의 예속민이 된 것은 보돈차르의 7대손인 톰비나이 세첸(세첸은 현자라는 뜻) 때다. 따라서 알랑 고아와 보돈차르 당시에는 이흐 가자린 다와에서 예케스 가자르 의식을 하다가, 오리앙카이족을 누르고 보르칸 칼돈산의 주인이 된 뒤부터는 이곳 보르칸 칼돈산의 중턱 평원에서 했을 것으로 생각된다.

확실한 것은 예케스 가자르 의식 때 버드나무를 신대로 사용했다는 것이다. 역사적으로 흉노나 돌궐, 위구르, 타브가치, 오환과 선비, 거란과 몽골, 만주의 여진족에 이르기까지 초원의 사람들은 모두 버드나무를 신대로 사용했다. 이는 코리족의 후손인 고구려도 마찬가지다. 주몽의 어머니 유화(柳花) 부인이 버드나무 여인이라는 것이 그것을 말해준다.

따라서 알랑 고아 역시 버드나무 신대를 잡았을 가능성이 높다. 알랑 고아가 버드나무 신대를 잡았다는 것은 그녀가 샤만이라는 것을 의미한다.

알랑 고아가 보르칸 칼돈산으로 이주해오다

칭기즈 칸의 선조가 보르칸 칼돈산으로 들어온 것은 10세기 쯤으로 알려져 있다. 본래 칭기즈 칸의 선조들은 아무르강의 상류인 에르구네강 일대에서 수렵과 유목을 하며 살았다. 그곳은 흥안령 북쪽 지역이다. 8세기 중국 사서에 '몽올실위(蒙兀室韋)'라는 이름으로 처음 기록된 이들이 바로 그들이다. 당시 중국의 역사가들은 흥안령 북부 산림 지대에 사는 사람들을 '실위(室韋)'인이라 불렀는데, 몽골족이 당시 그 지역에 머물렀으므로 몽올실위라고 한 것이다.

《몽골비사》에는 그들의 원래 거주지가 기록되어 있지 않지만 페르시아 지방에 세워졌던 일한국의 몽골 역사서인 라시드 앗딘의 《집사》에는 다음과 같은 내용이 나온다.

지금으로부터 대략 2천 년 전에 일부 몽골 부락과 돌궐 부락 간

에 다툼이 일어나 마침내 전쟁으로 발전했다. 신뢰할 만한 에미르
(귀족)들이 말한 고사에 의하면, 몽골과의 전쟁에서 승리한 그들(돌
궐)은 대학살을 자행하여 몽골에는 단지 한 쌍의 남녀만이 살아남
았다. 이들은 적군의 학살을 피해 인적이 없는 곳으로 도망쳤다. 이
지방은 사방이 산들과 삼림으로 둘러싸여 있으며, 구불구불하면
서 몹시 험준한 좁은 산길만이 안과 밖을 연결하는 유일한 통로였
다. 이 산속에는 매우 풍요로운 초원이 펼쳐져 있었다. 이곳을 에르
구네 쿤(Ergüne Kün)이라고 부르는데 쿤은 '산기슭'이고 에르구네란
'험준한'이란 뜻이다. 한 쌍의 남녀와 그들의 후예들은 오랜 세월 동
안 이곳에서 번성했다.

따라서 몽골족의 기원지는 에르구네 쿤이라고 할 수 있다. 에
르구네 쿤은 오늘날 에르구네강 오른쪽에 있다고 추정된다.* 에르
구네강은 오늘날 러시아와 중국의 국경을 이루고 있는 강이다. 보
르칸 칼돈산에서 발원하여 러시아로 흘러들어온 오논강이 에르구
네강과 합쳐지면 그때부터 아무르강, 또는 흑룡강이라고 부른다.
　흥안령 지역 또는 에르구네 쿤에 살던 몽골족이 몽골고원으로
이동하기 시작한 것은 8세기다. 당시 몽골고원을 지배하고 있던 돌
궐족이 서쪽으로 떠나자 몽골초원으로 나아갈 기회를 엿보던 몽골
족에게 마침내 기회가 왔다. 일반적으로 산림 부족들은 힘이 없으

●　중국에서는 에르구네강가에 있는 '실위' 지방을 '에르구네 쿤'으로 지정하고, 몽골인들을 내
　세워 대대적인 유적지로 조성하고 있다. 서정록, 《마음을 잡는 자, 세상을 잡는다》, 학고재,
　2012, 7장을 보라.

면 초원으로 나아가지 못한다. 초원을 지배할 수 있는 늑대와 같은 힘을 갖추었거나 아니면 초원이 비어 있을 때만 나아갈 수 있기 때문이다.

역사적으로 산림 부족이 초원으로 나아간 사례는 여럿 있었다. 흥안령 북부 산림 지역에 살던 타브가치족이 3세기에 보이르 호수를 거쳐 내몽골 지역으로 내려가 북위(北魏)를 세우고 중국의 북부를 차지했다. 돌궐족 역시 흉노족이 몽골고원을 장악하고 있을 때는 알타이 산록에 거주하는 일개 산림 부족에 불과했다. 하지만 흉노족이 서진한 뒤 몽골초원으로 내려오면서 중국의 수(隋)나라와 당(唐)나라를 위협하는 큰 세력이 되었다. 하지만 이처럼 초원으로 나아가 패자(霸者)가 된 부족은 몇 되지 않는다. 대다수 산림 부족들은 초원으로 나가보지도 못한 채 초원을 제패한 민족의 예속민이 되거나 예하 부족이 되었다.

몽골초원은 균형이 깨지면 생존을 위해 치열한 제로섬게임이 펼쳐지는 곳이다. 그때는 오직 제일 강한 자만 살아남을 수 있다. 그러나 몽골초원은 초원의 고속도로에 위치해 중국과 서역을 오가는 동서 무역을 지배할 수 있으니 그 이익이 막대하다. 따라서 몽골초원은 표면적으로는 한없이 평화로워 보이지만, 실은 투전꾼들에 둘러싸인 링 위와 같다. 수많은 관중들이 자신도 언젠가 링 위에 올라갈 날을 고대하며 그 싸움의 승자가 누가 될지 숨죽인 채 지켜보고 있는 것이다.

당시 몽골초원에 진입한 몽골족은 크게 두 부류로 나눌 수 있다. 하나는 오논강을 따라 들어온 칭기즈 칸 가문의 키야트족과 타

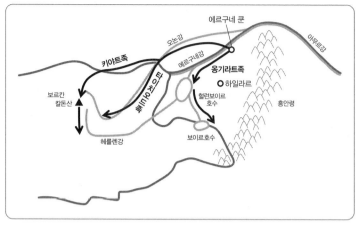

초기 몽골족의 이동로

이치오드족이고, 다른 하나는 에르구네강을 따라 내몽골의 하일라르 일대로 진입한 옹기라트족, 살지오트족, 카타킨족 등이다. 그중에서도 옹기라트족은 헐런보이르 호수와 보이르 호수 사이에 살던 큰 부족으로 올코노오트 씨족, 보스카올 씨족 등 여러 씨족을 거느리고 있었다.

오논강 일대로 진입한 몽골족과 하일라르 쪽으로 진입한 몽골족은 그 뒤 서로 다른 길을 걷는다. 가장 큰 이유는 자연환경과 지정학적 조건이 다르기 때문이다.

오논강 일대는 삼림과 초원이 번갈아 이어지는 매우 수려한 경관을 지닌 곳이지만, 전쟁에 필요한 대규모의 말 떼를 방목할 만한 초원이 없다. 그에 반해 동몽골은 초원의 오아시스라 불리는 헐런보이르 호수와 보이르 호수가 있고 그 주위에는 지평선이 보이지 않는 초원이 끝없이 펼쳐져 있다. 며칠을 가도 산 하나 보이지 않을 정도로 동몽골초원은 몽골 최대의 말 목장지였다.

따라서 이주 초기에는 하일라르 쪽으로 진입한 몽골족이 유리했다. 유목을 하기에 더없이 좋은 조건을 갖추고 있었기 때문이다. 하지만 호사다마라고나 할까, 그곳에는 당시 중국 북부를 지배하던 여진족 금나라의 힘이 미쳤다. 때문에 물질적으로는 풍요로웠지만, 정치적으로는 금나라의 간섭을 피할 수 없었다. 그에 반해 오논강을 따라 들어온 키야트족과 타이치오드족은 빈곤했지만, 정치적으로는 자유로웠다. 키야트족은 바가노르 일대의 초원을 포함한 헤를렌강 상류 지역에 자리를 잡았고, 타이치오트족은 오논강 상류 및 중류 지역의 초원에 자리를 잡았다. 하지만 그들은 한동안 몽골 중부의 유력한 세력인 케레이트부의 용병 노릇을 하지 않으면 안 되었다. 당시 케레이트부의 힘이 이 일대까지 미쳤기 때문이다.

칭기즈 칸 가문이 산악 지대인 보르칸 칼돈산으로 들어간 것은 다른 키야트 씨족들보다 힘이 약했기 때문이다. 힘이 센 키야트족의 씨족들은 바가노르와 허더 아랄의 넓은 초원을 차지했지만, 상대적으로 힘이 없는 칭기즈 칸 가문은 초지가 적은 산림 지역으로 들어갔다. 게다가 칭기즈 칸 가문은 몽골 귀족들 내에서도 상대적으로 지위가 낮았다. 자연히 큰 세력을 이루기 어려웠고, 넓은 초원을 옆에 두고도 산림 지역으로 들어갈 수밖에 없었다.

그런데 역사란 알 수 없다. 힘이 없어 보르칸 칼돈산으로 들어갔던 칭기즈 칸이 몽골고원을 통일했으니 말이다. 그는 당시의 몽골 귀족들과 달리 시대의 흐름을 읽고 있었고, 그것이 그에게 결정적 기회를 가져다주었던 것이다.

보르칸 칼돈산에서 최초로 칭기즈 칸 가문을 연 사람은 알랑 고아다. 알랑 고아가 누구인가? 그녀는 코리족 군장 코릴라르타이 메르겐의 딸이다. 코릴라르타이 메르겐은 '코리족의 활 잘 쏘는 사람' 또는 '코리족의 명사수'란 뜻이다. 《몽골비사》에는 코리 투메트족* 사람으로 되어 있다. 코리족이라면 고구려의 동명과 주몽이 바이칼 지역을 떠나 동몽골을 거쳐 만주로 와서 부여와 고구려를 세운 바로 그 민족이다.

《몽골비사》 9절은 코리 투메트족 출신의 이 인물에 대해 이렇게 말하고 있다.

코릴라르타이 메르겐이 살고 있는 코리 투메트족의 땅에는 담비나 회색 쥐 등 사냥할 수 있는 동물들이 아주 많았다. 그러나 그는 난획의 방지를 위해서인지, 또는 이곳이 다른 세력자의 수중에 들어갔기 때문인지 더는 이 땅에서 사냥을 할 수 없게 되었다. 그러자 사냥을 할 수 없게 만든 자들과 사이가 아주 나빠졌다. 그는 그들과 결별하여 코릴라르라는 새로운 씨족을 만들었다. 보르칸 칼돈산은 큰 사냥감이 많은 곳이라며 보르칸 칼돈산의 주인인 신치 바얀의 오리앙카이족의 거주처로 이주해왔다. 그렇게 해서 코릴라르타

● B. R. 조릭투이에프, 《몽골·부랴트 기원에 관하여》, 주류성, 2016, pp. 288ff. 이 책에서 조릭투이에프는 코리 투메트족(Khori-Tümed)은 코리 투마트족(Khori-Tumat)의 잘못이라고 주장하고 있다. 《몽골비사》에서는 코리 투메트족이 하나의 민족으로 되어 있으나 실은 코리족과 투마트족의 결합체라는 것이다. 투마트족은 홉스골 서쪽에 있던 투바족의 후손으로 알려져 있다. 그들은 바르코진 토쿰(마을)에 있던 코리족과 교류를 했으며, 역사의 어느 단계에서 바르코진 토쿰으로 이주해왔으며, 다시 코리족과 함께 서부 바이칼 지역으로 이주하여 살았다고 한다.

이 메르겐의 딸인 알랑 고아가 아리크 오손에서 태어났다.

말하자면 코리 투메트족의 족장이 바이칼에서 보르칸 칼돈산으로 이주해왔고, 몽골족의 시조가 되는 알랑 고아가 아리크 오손에서 태어났다는 것이다. 아리크 오손은 '성스러운 물'을 뜻하는 말로 코리 투메트족이 머물던 바이칼의 신성한 물을 가리키는 것으로 생각되며, 광개토왕비문에 나오는 '아리수(阿利水)'도 여기에서 온 말이다.

하지만《몽골비사》첫 장에는 "칭기즈 칸의 근원은 하늘에서부터 정해진 운명을 가지고 태어난 버르테 치노다"라는 말이 나온다. 말하자면 버르테 치노 때부터 몽골족이 보르칸 칼돈산에 정착했다는 뜻이다. 그런데 버르테 치노는 잿빛 늑대라는 뜻이다. 그의 부인인 코아이 마랄은 흰색 암사슴이란 뜻이다. 잿빛 늑대와 흰색 암사슴이라면 돌궐족의 시조 설화에 나오는 동물이다.

따라서 몽골족이 이곳 몽골고원으로 진출할 당시에는 아직 돌궐족의 문화가 남아 있었던 것으로 생각된다. 그래서 이곳에 새로 들어온 초기 몽골인들은 그들의 선진 신화를 모방했을 가능성이 높다. 그렇게 보는 이유는 버르테 치노로부터 11대를 내려가서야 도본 메르겐이 나오기 때문이다. 도본 메르겐은 칭기즈 칸 가문의 시조로 알려진 알랑 고아와 결혼한 사람이다. 따라서 알랑 고아가 보르칸 칼돈산에 정착할 무렵에는 몽골족의 숫자가 많이 불어난 것을 알 수 있다.

알랑 고아의 아들들

보르칸 칼돈산으로 이주해온 알랑 고아가 하루는 보르칸 칼돈산 옆 큰 고개를 넘어 퉁겔리크 냇가를 따라 내려오고 있을 때였다. 때마침 도본 메르겐은 형 도와 소코르와 함께 보르칸 칼돈산에 올라가 있었다. 그때 그들은 퉁겔리크 냇가를 따라 이동하는 한 무리의 사람들을 발견했다. 《몽골비사》 5~7절은 그 부분을 다음과 같이 묘사하고 있다.

어느 날 하루 도와 소코르는 아우 도본 메르겐과 함께 보르칸 칼돈산 위로 올라갔다. 도와 소코르는 보르칸 칼돈산 위에서 퉁겔리크 냇가를 따라 한 무리의 사람들이 이동해 오고 있는 것을 발견하고 아우에게 말했다.

"저기 이동해 오는 사람들 가운데 검은 차양을 친 달구지 앞에 앉아 있는 한 아가씨가 아름답구나. 아직 혼인을 안 했다면 도본 메르겐 너에게 주겠다."

그리고 도본 메르겐에게 직접 그 여자를 보라고 내려보냈다. 도본 메르겐이 그 사람들이 있는 곳에 이르러 살펴보자 정말로 그 여자는 곱고 아름답기로 소문난 알랑 고아라는 처녀였다. … 도본 메르겐이 알랑 고아를 만나 아내로 삼았던 까닭이 바로 이러하다.

알랑 고아와 도본 메르겐의 만남은 코리족과 몽골족의 만남이라는 점에서 역사적인 사건이라 할 수 있다. 훗날 몽골고원을 통일할 칭기즈 칸의 탄생을 예고하는 사건이니 말이다.

알랑 고아는 도본 메르겐과의 사이에서 벨구누테이와 부구누테이란 두 아들을 낳았다. 도본 메르겐은 둘째를 낳은 지 얼마 안 돼 죽었다. 그런데 도본 메르겐이 죽은 뒤, 알랑 고아는 다시 세 명의 아들을 낳았다. 그들의 이름은 보코 카타기, 보카토 살지, 보돈 차르였다.

두 아들 벨구누테이와 부구누테이는 아버지도 없는데 어머니가 세 명의 아들을 더 낳자 어머니를 의심하여 이렇게 수군거렸다.

"어머니는 아버지의 형제나 친척이 없는데도 세 명의 아이를 더 낳았다. 집에는 마알리크 바야오트 씨족 사람만 있었다. 어머니가 낳은 아이들은 분명 그의 아이들일 것이다."

우연히 그들이 나누는 말을 들은 알랑 고아는 크게 상심했다. 아무래도 진실을 말해주는 게 좋겠다고 여긴 그녀는 어느 봄날 벨구누테이와 부구누테이를 불러 이렇게 말했다.

"너희들이 나를 의심하는 것도 무리가 아니다."

그러고는 어떻게 세 아들을 낳게 되었는지 이야기해주었다. 《몽골비사》 21절에 나오는 내용이다.

밤마다 밝은 황금빛 나는 사람이 게르의 천장 구멍을 통해 빛처럼 들어와 나의 배를 살살 문지르자 그의 몸에서 나는 황금빛이 나의 배 속으로 스며들었다. 그는 태양이 뜨고 달이 질 새벽 무렵, 마치 노란 개[黃狗]처럼 서둘러 게르를 빠져나갔다.

너희들은 이 일에 대해 함부로 말하지 마라. 왜냐하면 세 아이는 하늘의 아들들이기 때문이다. 이들은 장차 모든 자들의 칸이 될 것이다. 그때 너희 평민들은 이 세 아이가 신성한 하늘의 자손임을 알게 될 것이다.

황금빛이 배 속으로 스며들어 임신했다는 것은 북방 민족들 사이에 널리 퍼져 있던 '일광(日光)' 신화다. 라시드 앗딘의 《집사》에는 그 대목이 이렇게 기술되어 있다.

나는 매일 밤, 잠들었을 때 황색 피부에 회색빛 눈을 한 사람이 조용히 다가왔다가 되돌아가는 것을 보았다. 나는 그것을 두 눈으로 똑똑히 보았다.

《원사(元史)》는 같은 대목을 이렇게 말하고 있다.●

알랑 고아가 남편을 잃고 혼자였을 때, 밤에 잠을 잘 때면, 꿈에 흰빛이 천장 구멍으로 들어와 황금빛 신인[金色神人]으로 변하더니 침대 속으로 들어왔다. 알랑 고아는 놀라 꿈에서 깨어났다. 마침내 임신이 되었고 아들 하나를 낳으니 그가 보돈차르다. 그는 생김새가

● 既而夫亡, 阿蘭寡居, 夜寢帳中, 夢白光自天窗中入, 化爲金色神人, 來趨臥榻. 阿蘭驚覺, 遂有娠, 產一子, 卽孛端義兒也. 孛端義兒狀貌奇異, 沉默寡言, 家人謂之癡, 獨阿蘭語人曰: 「此兒非癡, 後世子孫必有大貴者. 이때 낳은 아들이 보돈차르(孛端察兒)인데, 《몽골비사》와 《집사》에는 보돈차르 외에도 보코 카타기, 보카토 살지 등이 있었다고 한다. 패단찰아의 후손들은 '패아지근씨(孛兒只斤氏)'로 보르지긴 부족을 말한다. 보르지긴은 보돈차르 몇 세대 후에 확립된 부족명으로 '회색빛 눈'을 의미한다. 이런 이유로 몽골 사람들은 회색빛 눈을 가진 사람들을 신성하게 여긴다.

기이하고 말이 없으므로 사람들이 바보라 하였다. 하지만 알랑 고아는 '이 아이는 바보가 아니라, 후세의 자손 중에 반드시 귀한 자가 나올 것이다'라고 하였다.

알랑 고아는 남편이 죽은 뒤에 보돈차르 외에도 두 명의 아들을 더 낳았는데, 《원사》는 보돈차르만 언급하고 있다.

세 사서의 기록에 조금씩 차이가 있지만 모두 알랑 고아가 일광에 의해 아이를 낳았다는 사실을 전하고 있다. 그 일광의 정체가 '밝은 황금빛 나는 사람', '황색 피부에 회색빛 눈을 한 사람' 또는 '황금빛 신인'임을 밝히고 있다. 모두 사람의 모습을 한 신임을 알 수 있다. 따라서 알랑 고아는 남편이 죽은 뒤 세 아들을 낳은 모든 과정이 하늘의 뜻이었다고 생각했을 가능성이 높다.

그녀는 황금빛 신인에 의해 태어난 세 아들을 '하늘의 아들'이라 부르며, 그들이 장성해 세상을 지배하는 군주가 될 것이라고 말했다. 반면에 도본 메르겐과의 사이에서 낳은 두 아들은 '너희 평민들'이라고 지칭함으로써 근원이 다름을 선언하고 있다.

그녀의 이 말은, 도본 메르겐이 돌궐 계통의 늑대 신화를 가진 버르테 치노의 후손이라는 점을 고려할 때, 이젠 순수 몽골 혈통에 의해 새로운 역사가 쓰여야 한다는 일종의 '신성 가족'의 탄생을 예고하는 것이라고 할 수 있다.

알랑 고아는 다섯 아들에게 타일렀다.

"너희들, 나의 다섯 아들은 한배에서 나왔다. 너희들이 방금 전에 본 다섯 대의 화살과 같다. 너희가 하나하나로 분리되면 그

한 대의 화살처럼 누구라도 쉽게 꺾을 수 있다. 하지만 너희들이 단결하여 저 묶음 화살처럼 한마음이 되면 누구라도 너희들을 꺾지 못할 것이다."

그렇게 알랑 고아는 아이들과 함께 지내다 세상을 떠났다.

어머니 알랑 고아가 세상을 떠난 후 다섯 형제는 가축과 먹을 것을 나눌 때, 벨구누테이, 부구누테이, 보코 카타기, 보카토 살지 네 명만 나누어 가졌다. 그들은 보돈차르가 어리석고 아둔하다고 하면서 친족으로 여기지 않았다. 보돈차르에게는 그의 몫을 나누어 주지 않았다. 보돈차르는 형제들이 그를 친족으로 여기지 않자 "여기서 왜 사는가?"라고 하면서 오논강을 따라 내려갔다. 그는 발준 아랄에 이르러 풀덤불로 집을 짓고 사냥하며 살았다. 어느 날 보코 카타기 형이 "보돈차르가 오논강을 따라 내려갔다"라며 그를 찾아 나섰다. 그곳에서 그는 보돈차르를 만났다.

그들은 형제들에게 돌아갔다. 그 뒤 보돈차르는 퉁겔리크 냇가에 사는 사람들을 약탈했다. 보돈차르가 임신 중인 여자를 붙잡아 "너는 어느 씨족이냐?" 하고 묻자 그 여자가 "나는 오리앙카이 여자입니다"라고 하였다. 그 임신한 여자가 보돈차르에게 와서 아들을 낳았다. 그는 "다른 성의 아들이다"라고 하여 그를 자지라다이라고 불렀다. 그가 자다란 씨족의 조상이다. 그 자다란 씨족 후손 중의 큰 인물이 바로 자무카다. 그 여인은 다시 보돈차르로부터 아들 하나를 더 낳았다. "그는 잡혀온 여자의 아들이다"라고 하여 그 아이를 바아리다이라고 이름 지었다. 그가 바아린 씨족의 조상이다.

벨구누테이는 벨구누트 씨족을 이루었고, 부구누테이는 부구누트 씨족을 이루었다. 보코 카타기는 카타킨 씨족을 이루었고, 보카토 살지는 살지오트 씨족을 이루었다. 보돈차르는 보르지긴 씨족을 이루었다. 이 중에서 막내인 보돈차르로부터 시작하는 보르지긴 가문이 바로 칭기즈 칸의 직계 조상이다.

몽골 사람들은 보돈차르로부터 시작되는 칭기즈 칸 가문을 '보르지긴'이라 부른다. 보르지긴은 '회색빛 눈'이란 뜻이다. 알랑 고아가 세 아들을 잉태할 때 꿈에서 본 황금빛 신인의 눈이 바로 회색빛 눈이었던 데서 유래한 이름으로, '회색빛 눈을 가진 황금빛 신인의 자손들'이란 의미다.

그 뒤 보돈차르의 자손 5대째에 카이도라는 비범한 인물이 태어난다. 그리고 카이도의 4대손 중에 카볼이라는 걸출한 인물이 출현하여 역사에 처음으로 '몽골올로스', 즉 몽골국의 이름을 세상에 알렸다. 그는 여진족이 세운 금나라와의 전쟁에서 우세를 보여 1146년에는 금나라로부터 27개의 성을 빼앗았다.

키야트족은 모두 카볼 칸으로부터 나왔다. 키야트족의 중심 부족인 주르킨 씨족의 족장 세체 베키는 카볼 칸 큰아들의 손자다. 그의 이름에 '베키'란 명칭이 붙은 데서도 알 수 있듯이 샤만의 능력을 가진 지도자다. 고대 몽골어의 '베키'는 두 가지 뜻이 있는데, 하나는 샤만이나 제사장이고 다른 하나는 대칸의 딸, 즉 공주다. 따라서 몽골제국 성립 이전에 '베키'란 칭호가 붙은 사람들은 모두 영적 능력이 탁월한 지도자라고 할 수 있다.

칭기즈 칸의 아버지 예수게이는 카볼 칸의 둘째 아들 바르탄 바토르의 아들이다. 그러므로 칭기즈 칸은 카볼 칸의 증손자가 된다. 그리고 2대 칸인 암바카이는 카이도의 둘째 아들 차라카이 링코의 손자이며, 타이치오드족은 모두 차라카이 링코로부터 나왔다고 한다. 이처럼 보르지긴의 주요 씨족들은 모두 알랑 고아의 아들 보돈차르의 5대손인 카이도의 후손들이다.

몽골의 청학동 바르코진

바르코진은 바이칼 호수의 동남쪽에 있는 고대부터 몽골 유목민들의 성지로 알려진 곳이다. 울창한 소나무 숲에 둘러싸여 대규모 유목민들이 접근하기 어려웠다. 그런 이유로 우리나라의 청학동처럼 사람들의 피신처로도 유명했다.

알랑 고아의 자손들은 알랑 고아 사후에도 바르코진 사람들과 계속해서 친족 관계를 유지했던 것으로 보인다. 그러한 사실은 보돈차르의 5대손인 카이도의 행적에 잘 나타나 있다. 카이도에게는 다음과 같은 유명한 일화가 알려져 있다.

10세기에 위구르족의 포로로 잡혀 카라코룸에서 유목 생활을 하던 이들 중에 잘라이르족이 있었다. 그들은 열 개의 씨족이 있을 정도로 큰 부족이었다. 위구르족이 몽골고원을 떠나 남쪽으로 내려가자 그들은 자신의 고향으로 돌아가기 시작했다. 그런데 도중에 거란족을 만나 모든 것을 빼앗기고 오논강으로 쫓겨 올라왔다.

그때 보돈차르의 3대손인 메넨 토돈의 부인 모놀론과 일곱 아들이 보르칸 칼돈산 근처의 오논강가에서 유목을 하고 있었다. 모

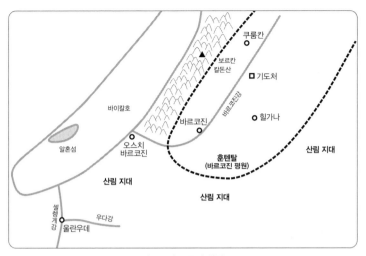

바르코진 토쿰의 위치

놀론은 재산이 많았는데, 이틀에 한 번씩 가축들을 끌어내 그 수를 세어보았다고 한다. 하루는 마차를 타고 가다 잘라이르족 아이들이 풀뿌리를 캐기 위해 자신의 유목지를 파헤치는 것을 보았다. 그녀는 "누가 감히 내 아들들의 목마장을 파괴하는 것이냐?" 하며 버럭 화를 냈다. 그러고는 마차를 몰아 아이들이 있는 곳으로 달려갔다. 그 바람에 풀뿌리를 캐던 아이들이 다치고 죽기까지 했다.

그러자 분노한 잘라이르족이 모놀론의 말들을 모두 몰고 가버렸다. 모놀론의 아들들은 그 소식을 듣고 갑옷도 걸치지 않은 채 그들을 추격했다. 그러나 모놀론은 혼자 걱정하며 말했다.

"내 자식들이 갑옷도 걸치지 않고 갔으니, 혹시나 다치지 않을까 두렵구나."

그래서 그녀는 며느리들에게 갑옷을 입혀 뒤쫓게 했다. 하지만 그들은 전투에 패했고, 아들 여섯이 모두 죽었다. 잘라이르족은 모놀론까지 죽이고, 게르도 파괴했다. 오직 어린 장손 카이도만이 유모가 나무에 숨겨서 화를 모면했다.

모놀론의 과격한 성격이 화를 자초한 것이었다. 다행히 모놀론의 막내아들 나친은 바르코진에 데릴사위로 가 있어 화를 면했다. 그는 자기 집이 화를 당했다는 소식을 듣고 달려왔다. 와서 보니 모놀론의 장손 카이도가 유모의 품에 안겨 있었다. 그는 형들의 말을 되찾은 나음, 카이도와 병든 노파 열 명을 데리고 바르코진으로 돌아왔다. 카이도는 그곳에서 삼촌 나친의 보호를 받으며 자랐다. 나친은 카이도가 장성하자 바르코진 사람들을 인솔하여 카이도를 군주로 옹립했다.

그 후 잘라이르족은 동쪽으로 이동하여 치타주 오논강 서쪽에 자리 잡았다. 그 바람에 에르구네 쿤에서 오논강을 따라 내려오던 몽골족은 남쪽으로 내려갈 수 없었다. 잘라이르족이 길목을 가로막고 있었기 때문이다. 그 소식을 들은 카이도는 바르코진 사람들을 규합하여 오논강 서쪽에 있던 잘라이르족을 정복했다. 덕분에 몽골족은 다시 남하할 수 있게 되었다. 만일 그때 카이도가 잘라이르족을 정복하지 않았다면 키야트족과 타이치오드족의 일부는 몽골고원으로 내려오지 못했을 것이다.

이 일로 카이도는 큰 세력으로 부상했고, 많은 사람들이 그에게 귀부해왔다. 라시드 앗딘의 《집사》는 카이도의 이름 뒤에 '칸'의 칭호를 붙이고 있어 당시 카이도의 위세를 짐작하게 한다. 칭기즈 칸을 위시해 카볼 칸이나 암바카이 칸, 코톨라 칸 등 보르지긴 가문의 이름 있는 인물들이 모두 그의 후손이란 점을 생각하면, 이때 카이도가 큰 세력을 쌓은 것이 몽골족이 융성하는 결정적 토대가 되었다는 것을 알 수 있다.

카이도가 위기를 극복하고 세력을 떨칠 수 있었던 것은 말할 것도 없이 바르코진 사람들과 친족 관계를 맺고 있었기 때문이다. 당시 바르코진과 친족 관계를 맺고 있던 것은 몽골족만이 아니었다. 셀렝게강 중류에 거주하는 메르키트부의 토크토아 베키도 위기 때마다 바르코진으로 피신했다. 몽골고원의 사람들이 도움을 청할 때마다 바르코진 사람들은 그들을 받아들이고 도와주었다.

몽골학의 대가
조릭투이에프 교수와 만나다

러시아 여행 중에 유명한 몽골학자 조릭투이에프를 만났다. 그는 부랴트족 연구의 세계적인 대가로 셀렝게 부랴트족 출신이다. 그에게 보르칸 칼돈산에 대해서 묻자 그가 기다렸다는 듯이 말했다.

"몽골에 '보르칸 칼돈산'이 있듯, 이곳에도 '보르칸 칼돈산'이 있습니다. 몽골의 보르칸 칼돈산이 있는 지방 이름이 '헨티'지요. 이곳 보르칸 칼돈산 바로 옆에도 '훈테'란 지방이 있습니다. 바르코진 평원의 옛 이름은 바로 '훈테탈(Hunte-Tal)'입니다. '탈'은 초원을 뜻합니다. 몽골의 보르칸 칼돈산과 헨티가 떼려야 뗄 수 없는 관계에 있듯이, 바르코진의 보르칸 칼돈산과 훈테탈 역시 떼려야 뗄 수 없는 관계에 있습니다. 그리고 헨티와 훈테는 같은 어원의 말로, 몽골과 이곳 바르코진이 밀접한 관계가 있다는 것을 의미합니다."

바르코진에 그런 산이 있다는 것이 놀라웠다. 더욱이 몽골의 보르칸 칼돈산이 있는 헨티 아이막의 헨티와 어원이 같은 지명까지 이곳 바르코진에 있다니….

그렇다면 코리족의 코릴라르타이 메르겐이 바이칼 동쪽의 거주지를 떠나 몽골의 보르칸 칼돈산으로 내려간 것 역시 우연이 아닐 가능성이 높다. 바르코진을 떠나기로 했을 때 보르칸 칼돈산과 훈테탈 이름을 가져갔을 가능성이 있기 때문이다.

이렇게 되면 보르칸산은 아시아에 세 개가 되는 셈이다. 몽골의 보르칸 칼돈산, 바이칼의 보르칸 칼돈산, 그리고 불함산으로 알려진 백두산. 보르칸 칼돈산은 본래 하나였을 것이다. 그것이 세 개가 되었다면 나중에 두 개가 더 생겼다는 이야기다. 그렇다면 세 개의 보르칸산 중 최초의 산은 어디일까?

우선 바르코진 평원의 옛 이름인 훈테탈은 몽골의 헨티보다 오래된 이름이다. 이것은 몽골의 보르칸 칼돈산이 바르코진의 보르칸 칼돈산에서 왔을 가능성을 시사한다. 바르코진의 보르칸 칼돈산의 신격이 몽골의 보르칸 칼돈산보다 복잡하다는 점도 그곳이 오래전부터 신성시되었음을 뜻한다. 몽골의 보르칸 칼돈산이 주로 몽골족과 관련 있는 데 비해 바르코진의 보르칸 칼돈산은 코리족 외에도 일찍이 이곳을 거쳐 간 흉노족, 돌궐족 등 여러 민족들의 성산으로 추앙된 것으로 알려져 있다. 일부 학자들에 의하면, 고대 오환족의 성산인 '적산(赤山)'이나 거란족의 성산인 '흑산(黑山)'도 이곳 보르칸 칼돈산으로 추정된다고 한다.

따라서 몽골의 보르칸 칼돈산과 헨티의 지명은 코릴라르타이 메르겐이 바르코진에서 떠날 때 가져왔을 가능성이 크다. 고대의 유목민들은 타 지방으로 이동할 때 자신이 살던 곳의 지명을 가지고 갔기 때문이다. 코리족 군장 코릴라르타이 메르겐이 몽골의 보르칸 칼돈산으로 이주하면서 몽골의 역사가 시작되었다고 하는 《몽골비사》의 내용도 그 가능성을 뒷받침해준다.

그렇다면 만주의 불함산은 몽골의 보르칸 칼돈산이 아니라 바르코진의 보르칸 칼돈산에서 유래했을 가능성이 높다. 불함산이란 이름이 기원전 2세기 전에 등장했다고 보면, 그전에 이미 바이칼 지역에서 일단의 사람들이 백두산 지역으로 이주했다는 것을 뜻한다. 실제로 고구려와 부여는 바이칼 코리족이 와서 세운 나라다.

조릭투이에프 선생과 함께 바르코진을 돌아보았다.

그에게 '바르코진'이 무슨 뜻이냐고 물었더니, 부랴트 말로 '바르구'는 '수풀이 울창한', '산림이 빽빽한', '숲이 우거진' 등의 뜻을 갖고 있으며, '진'은 평원, 벌판을 의미한다고 그가 말했다. 따라서 바르코진은 '숲이 빽빽하게 둘러싼 곳의 평원 또는 벌판'을 의미하는 말임을 알 수 있다.

차를 타고 바르코진 마을 밖으로 나오니 앞쪽에 들판이 광활하게 펼쳐진 것이 보였다. 바르코진강은 굽이굽이 넓은 평원을 적시며 흐르고 있었고, 그 뒤로 드넓은 벌판이 펼쳐져 있었다. 들판 끝에는 나지막한 산들이 보였다. 그리고 차창 왼쪽으로는 바르코진산맥이 위용을 드러냈다. 9월 초인데도 산정에는 흰 눈이 덮여 있었다. 설산은 알프스에라도 온 듯한 착각을 불러일으켰다. 바르코진 산들의 기슭은 소나무들로 빽빽이 채워져 있는데, 모두 금강송이었다.

훈테탈 가는 길에 눈 덮인 연봉의 산들과 바르코진강이 나란히 북동쪽에서 남서 방향으로 달리고 있고, 들판은 아름다운 전원풍의 모습이었다. 군데군데 말들과 소들이 풀을 뜯고 있고, 들판 끝에선 자욱한 안개가 군데군데 솜사탕 같은 봉우리를 만들며 조용히 흐르고 있었다. 길가에 나무로 지은 유목민 집들과 그 옆의 가축우리가 선경에 나올 듯한 모습이었다.

바르코진강 주위에는 넓은 초지가 형성되어 있었다. 바르코진은 한마디로 바이칼 일대의 청학동이라 해도 부족함이 없었다. 왜 아니랴. 주변 산에는 나무가 풍부하니 땔감 걱정이 없고, 들판에는 풀이 가득하니 가축들이 살찔 테고…. 전쟁에 시달릴 일도 없으니 그런 피난처가 없었다. 실제로 바르코진은 대규모 군대가 접근하기 어려운 빽빽한 소나무 숲으로 둘러싸인 분지다. 그 중심은 초원을 이루고 있고, 그 한가운데를 바르코진강이 흐르고 있다.

길가에는 하닥(비단천)들이 걸려 있는 것이 보이고. 조금 더 가니 라마교 사원이 나왔다. 정문에 '바르코진스키 다찬'이란 이름이 붙어 있었다. 눈 덮인 바르코진산맥을 배경으로 서 있는 사원은 아름다웠다. 바르코진에는 라마교 사원이 세 개 있는데, 다른 두 곳은 폐사가 되었고, 현재 이 사원만 명맥을 유지하고 있다고 했다. 사원을 지나 숲이 우거진 산 쪽으로 가다 보면 물이 마른 냇가에 돌을 쌓아 만든 작은 탑들이 무수히 널려 있었다. 마치 마른 냇가가 기도 탑의 길이라도 되는 것처럼.

바이칼을 샤만의 고향으로 일컬어온 게 우연은 아닌 듯싶었다. 한참을 더 올라가니 기도처가 나왔다. 주위에 잔뜩 걸려 있는 하닥들이 화려했다. 몽골에 라마교가 들어오기 전부터 '잘라마'라고 해서 버드나무 가지에 종잇조각이나 비단 댕기를 매거나, 두 나무 사이에 비단 댕기를 묶는 풍습이 있긴 했지만, 이 정도는 아니었다고 했다. 티베트의 라마교가 몽골에 들어온 뒤로 하닥 문화가 더욱 성대해졌다는 것이다. 기도처 가운데에는 라마교 형식의 작은 건물이 있었는데, 그 안에 커다란 바위가 바닥에 드러나 보였다. 아마도 고대부터 대대로 신앙의 대상이 되어온 바위인 듯싶었다.

차를 타고 쿠룸칸을 지나다 보니 흰 눈 쌓인 보르칸 칼돈산의 봉우리가 보였다. 바르코진산맥의 중심 산이었다. 조릭투이에프 선생이 다가오더니 이렇게 말했다.

"보르칸 칼돈산 밑에는 텝테헤라는 평평한 곳이 있습니다. 그곳엔 '멍힌 하르 오스'라는 냇물이 흐르는데 영원한 순수의 물이라는 뜻이지요. 7월이 되면 텝테헤 기도처에 갈 수 있는데, 이곳 사람들은 그곳에 오른 사람은 죽을 때 좋은 곳으로 간다고 믿습니다."

차를 타고 바르코진 마을 쪽으로 내려가다 목조 가옥들이 모여 있는 작은 마을에서 왼쪽으로 꺾어 바르코진강 쪽으로 15분쯤 달려가니 들판 곳곳에 버드나무가 자라고 있었다. 앞쪽에 바르코진강에 있는 나무다리가 보였다. 바르코진강의 폭은 50미터쯤 되었다. 차에서 내려 천천히 다리를 건너니 놀랍게도 바르코진산맥이 한눈에 들어왔다. 산 아래 마을에서 볼 때는 산 일부만 보였는데, 강 쪽으로 나오니 산의 전체 모습이 보였다.

그곳에서 다시 차를 타고 10분쯤 가니 봉긋하게 올라온 언덕 위에 조그만 목조 건물이 서 있었다. 건물 오른쪽에는 하닥이 걸린 작은 기도대가 있었다. 전망대라기보다는 일종의 기도처였다. 전체적으로 사방이 탁 트이고, 주위에는 금강송들이 자라고 있었다.

조릭투이에프 선생이 나를 돌아보며 말했다.

"저 앞에 보이는 봉우리가 바로 보르칸 칼돈산입니다."

보르칸 칼돈산은 거대한 용처럼 꿈틀거리는 바르코진산맥 한가운데 위치해 있었다. 눈 덮인 산은 한층 더 위엄이 있어 보였다. 마침내 보르칸 칼돈산을 정면에서 바라보는 기도처에 온 것이다.

앞쪽으로 조금 내려가면 소나무들 사이로 바르코진강이 있는 들판이 한눈에 내려다보였다. 바르코진강은 들판을 이리저리 우회하며 유유히 흐르고 있었고, 보르칸 칼돈산은 말없이 고요한 모습으로 바르코진 평원 훈테탈을 내려다보고 있었다.

사방 어느 곳을 둘러보아도 삿된 것이 없는 참으로 기운 좋은 곳이었다. 가만히 서 있기만 해도 마음이 상쾌해지고, 오만 시름이 그치는 듯했다. 이곳이야말로 바르코진 최대의 기도처일 듯싶었다. 보르칸 칼돈산을 정면에서 바라보며 기도할 수 있기 때문이다. 그 앞에 서면 누구나 숙연해지고 기도하고 싶어질 거란 생각이 들었다.

그곳에서 돌아서 보르칸 칼돈산 반대편 들판을 바라보니 산들이 아득히 물러나 있고 눈에 보이는 것은 망망초원이었다. 멀리 훈테탈 건너편의 야트막한 구릉들이 땅 위를 기고 있었다. 한마디로 바르코진 분지는 천상의 유목지라 할 수 있었다. 수백 킬로미터의 거대한 소나무 산림으로 둘러싸인 비밀의 장소에 있는 초원과 믿기지 않을 만큼 풍족하고 넓고 평온한 곳이었기 때문이다.

알랑 고아가 태어난 바르코진이 어떤 곳인지, 그리고 동명과 주몽을 배출한 코리족의 고향이 어떤 곳인지 궁금했는데, 이처럼 기운이 뛰어난 곳인 줄은 생각지 못했다. 그동안 바이칼이라고 하면 바이칼 호수 안에 있는 알혼섬만 생각했지만, 과연 이곳이 고대부터 바이칼 지역에서 최고의 성지라 할 만했다. 틀림없이 라마교가 들어오기 전까지 바이칼 최대의 성소였을 것이다. 그리고 수많은 샤만들이 훈테탈의 기도처를 다녀갔을 것이다. 또한 안식과 도움을 필요로 하는 많은 사람들이 기도하기 위해 그곳을 찾았을 것이다. 그리고 영혼의 휴식과 축복을 받고 돌아갔을 것이다.

바르코진은 그런 곳이었다. 관광 삼아 잠시 둘러보기에는 너무나 고귀하고 신비로운 기운과 영적인 에너지로 가득 차 있었다.

3.
칭기즈 칸이
태어난 곳을 둘러싼
논쟁

빈데르에 도착한 뒤, 시에서 운영하는 숙소에 갔지만 숙소가 다 차고 없었다. 우리는 차를 돌려 어느 집 앞에 차를 세웠다. 그 집의 간판에는 현대 몽골인들이 사용하는 러시아의 키릴문자로 '자무카 안다'라고 쓰여 있었다.

"자무카 안다 여관."

우리는 모두 즐겁게 웃었다. 우리는 그 집에 묵기로 했다. 여관은 방 한 칸에 네댓 개의 침대가 들어가 있었다. 주인은 마침 손님이 없으므로 방 세 칸을 모두 사용해도 좋다고 했다. 저녁 먹고 나자 여관 주인이 와서 인사를 했다. 그의 이름은 멍크 빌릭이었다. '영원한 지혜'라는 뜻이다.

칭기즈 칸 연구자라고 소개하자 피부가 검은 편인 그는 침대에 걸터앉더니 무엇인가 진지하게 이야기하기 시작했다. 그가 말하는 요지는 칭기즈 칸이 빈데르에서 태어났다는 것이다. 이곳에 칭기즈 칸이 태어난 비장의 언덕이 있고, 그 아래쪽에 3개의 호수가 있다고 했다. 그러지 않아도 이곳 빈데르의 비장의 언덕을 찾아볼 생각이었는데, 잘됐다는 생각이 들었다.

그러고 보니 빈데르에 오기 전 코르코나크 조보르(계곡)에서 만난 할머니 체렌 한부르항도 그렇게 이야기했다.

"빈데르가 칭기즈 칸의 탄생지야."

뭔가가 있는 게 틀림없다는 생각이 들었다.

다음 날 아침에 일어나 식사를 하고 나니 여관 주인 멍크 빌릭이 이곳 빈데르에 비장의 언덕 말고도, 칭기즈 칸이 1206년에 대칸에 오른 장소가 있다고 했다. 그의 말에 귀가 번쩍 트인 나는 그곳에 가보자고 했다.

예수게이가 허엘룬을 약탈하다

멍건모리트는 '은빛 말이 있는 곳'이란 뜻으로, 칭기즈 칸 아버지 예수게이의 본거지였다. 바가노르시에는 키야트 보르지긴 씨족들이 살았고, 그 아래쪽 허더 아랄에는 주르킨 씨족이 살았다. 칭기즈 칸은 어린 시절의 한때를 이곳 멍건모리트에서 보냈다. 당시 칭기즈 칸의 대표적 두 가문 가운데 하나인 키야트 씨족들은 보르칸 칼돈산에서부터 멍건모리트, 바가노르 그리고 허더 아랄 일대에 살았다. 다른 가문인 타이치오드 씨족들은 오논강 상류와 중류 지역에서 살았다.

테무친은 아버지 예수게이가 살아 있을 때는 어려움이 없었다. 그가 몽골족의 실세였기 때문이다. 하지만 예수게이가 죽자, 테무친의 친족들과 예속민들은 예수게이의 가축들마저 끌고 떠났다. 테무친의 어머니 허엘룬이 어떻게든 막아보려 했지만 소용없었다. 결국 그녀는 눈물을 흘리며 아이들을 데리고 오논강 상류의 산림 지대로 들어가 풀뿌리 등을 캐 먹으며 살았다.

이 일은 예수게이가 몽골족의 칸 자리를 노릴 정도로 실력자였다는 점을 고려할 때 선뜻 이해하기 어렵다. 예수게이를 추종하던 사람들도 많았을 것이기 때문이다. 그런데 예수게이가 죽자 그의 친족들과 예속민들은 마치 그날이 오기만을 기다렸다는 듯, 허엘룬과 테무친의 가족을 버리고 떠났다. 뭔가 잘못된 것이다. 도대체 무슨 사연들이 있기에 남편이 죽고 혼자 남겨진 가엾은 여자와 아이들을 버리고 떠난단 말인가. 몽골초원에서 가족과 친족들이 모두 떠난다는 것은 버려지는 것과 다름없다.

어쩌면 모든 일은 예수게이가 테무친의 어머니 허엘룬을 약탈해 부인으로 삼은 데서부터 시작되었는지도 모른다.《몽골비사》54~56절에는 예수게이가 허엘룬을 약탈한 사건의 내막을 자세히 전한다.

메르키트부의 귀족 칠레두는 동몽골 보이르 호수 근처에 사는 옹기라트 씨족들 중 하나인 올코노오트 씨족장의 딸 허엘룬과 혼인한 뒤, 그녀를 황소가 끄는 마차에 태우고 메르키트부로 돌아가는 길이었다. 그 소식을 들은 예수게이는 즉시 그의 형과 동생과 함께 오논강을 건너는 칠레두를 습격해 그녀를 빼앗았다. 이 약탈 사건은 몽골의 역사를 바꿔놓을 만큼 큰 회오리바람을 일으켰다.

당시 예수게이가 허엘룬이 탄 마차를 뒤에서 쫓아오자 허엘룬은 자기 속옷을 벗어주며 칠레두에게 어서 도망가라고 재촉했다고 한다.

저 세 사람이 어떤 사람인지 알겠어요?

인상들이 예사롭지 않아요.

당신의 목숨을 해칠 얼굴들이에요!

당신은 다시 사랑하는 여인을 만나

내 속옷의 향기처럼 그 여인을 사랑하세요.

그리고 그대를 사모하는 내 사랑의 향기를 잊지 마세요.

아, 나의 사랑 칠레두….

《몽골비사》는 이 사건을 전하며 "여인은 오논강에 물결이 일어
나고 숲이 흔들릴 정도로 큰 소리로 울었다"라고 기록하고 있다.

이 일화를 통해 알 수 있듯이, 허엘룬과 칠레두는 깊이 사랑하
는 사이였음이 분명하다. 허엘룬이 칠레두에게 자기 속옷을 벗어주
며 도망갈 것을 재촉한 이야기가 오늘날까지 전해온다. 여인이 자
신의 속옷을 벗어준 행위는 평강공주가 온달의 관 위에 자기의 속
옷을 놓은 것이나, 황진이가 서경덕에게 자기의 속옷을 벗어준 것
처럼, 북방 여인들에게서 흔히 나타나는 사랑의 정표다. 비록 몸은
서로 헤어지지만 그에 대한 사랑은 영원히 변치 않을 것임을 약속
한 것이다. 따라서 이 사건은 두고두고 사람들의 입에 오르내렸을
가능성이 높다.

허엘룬은 사랑하던 칠레두를 떠나보내고, 모든 것을 포기한
채 예수게이의 부인이 되었다. 그리고 아이 넷을 낳아 기르는 동안
여느 북방의 어머니들처럼 모진 여인으로 변했다. 그것이 당시 몽
골 여인의 운명이었다. 그런데 예수게이 못지않게 그녀의 위세 또한

대단했던 모양이다.

《몽골비사》70~71절에는 당시 허엘룬의 위세가 어땠는지를 엿볼 만한 사건이 기록되어 있다. 당시 키야트족과 타이치오드족은 해마다 봄이 오면 보르칸 칼돈산에 모여 조상의 제를 지내는 풍습이 있었다. '예케스 가자르'라고 하는 이 의례는 당시 몽골족의 가장 큰 제사였다. 키야트족과 타이치오드족은 평소에는 분열과 갈등을 반복했지만 이때만큼은 모두 한마음으로 모여 조상의 제를 지냈다.

예수게이가 죽은 뒤 얼마 안 되었을 때, 보르칸 칼돈산에서 예케스 가자르가 있었다. 그런데 허엘룬이 무슨 일이 있었는지 그곳에 늦게 도착했다. 허엘룬이 도착했을 때는 이미 귀족들에 대한 제사 음식의 분배가 끝나고 예속민들에 대한 배분도 거의 다 끝나갈 때였다. 귀족으로서 당연히 자기 몫을 생각했을 허엘룬으로서는 당혹스러웠을 것이다. 이미 분배가 거의 다 끝나 부스러기만 남은 상태였기 때문이다. 그러자 분노한 허엘룬이 제사 음식을 분배한 암바카이 칸의 두 카톤에게 따졌다.

예수게이가 죽었다고, 나의 아들들이 아직 어리다고, 어떻게 내가 올 때까지 기다리지도 않고, 예케스 가자르의 신성한 음식을 카톤들께서 마음대로 분배할 수 있단 말입니까?

허엘룬의 이 말에는 두 가지 항의 내용이 담겨 있다. 하나는 예수게이가 살았을 때는 그녀가 제사 음식을 귀족들과 예속민들에게 분배했다는 것이다. 따라서 당연히 자신이 오고 나서 분배해야 하는데, 왜 자기들 멋대로 분배했느냐는 것이다. 다른 하나는 자신이 좀 늦게 왔기로서니 어떻게 귀족인 자신의 몫도 안 남기고 모두 분배했느냐는 것이다. 그러자 오르바이와 소카타이 두 카톤이 기다렸다는 듯이 말했다.

자네를 불러서 나눠주어야 한다는 법도는 없다. 자네가 와서 먹어야 한다. 예전에 암바카이 칸이 죽었을 때, 자네가 그리 말하며 우리를 멸시하지 않았더냐!

이 대목에서 허엘룬이 예수게이의 위세를 믿고 선대 카톤들을 홀대했음을 알 수 있다. 때문에 그동안 예수게이의 위세에 밀려 제대로 말을 못하던 선대 카톤들이 예수게이가 죽자 보란 듯이 대놓고 허엘룬을 무시했던 것이다. 결국 예수게이가 죽자 그의 친족들과 예속민들이 허엘룬을 떠난 데는 허엘룬이 예수게이의 위세를 믿고 다른 귀족들에게 함부로 했던 것이 한몫했을 가능성이 높다. 그녀가 누구인가. 부유한 옹기라트족의 씨족장 딸 아닌가.

하지만 모든 것을 허엘룬의 탓으로 돌리는 것은 옳지 않아 보인다. 라시드 앗딘의 《집사》에 다음과 같은 구절이 나오기 때문이다.

예수게이는 13년 동안 자기 종족에 대한 지배권을 확실하게 다졌다. 그러나 그의 친족들은 마음속에 깊은 적개심과 원한을 가지고 그를 미워했다. 하지만 대항할 힘이 없었기 때문에 그의 생애 마지막까지 증오의 씨앗을 마음속에 뿌리고만 있었다.

왜 예수게이의 친족들이 그를 그토록 미워하고 적개심까지 품었는지는 알 수 없다. 하지만 예수게이에 대한 친족들의 불만과 원한이 매우 컸음을 알 수 있다. 아마도 그런 원한과 적개심이 그가 죽자 미련 없이 그의 가족으로부터 등을 돌리게 만들었을 것이다. 타이치오드족 사람들이 허엘룬과 테무친을 버리고 떠나려고 하자 콩코탄 씨족의 차라카 노인이 가서 말렸으나 아무 소용없었다. 당시의 사정을 좀 더 잘 설명해주는 것은 예수게이의 곁을 지키던 투두엔 기르테가 남긴 말이다.

깊은 샘은 말랐고, 단단한 돌은 깨졌다.

그 말은 예수게이가 죽었으니 모든 게 끝났다는 것이다. 그것은 친구의 부인이 나댄다고, 섭섭하다고 할 수 있는 말이 아니다. 타르코타이 키릴토크 역시 예수게이의 힘과 권위에 밀려 말을 못하고 있었을 뿐, 그를 저주하고 미워하고 있었음이 분명했다. 하지만 친구이자 동맹자였던 예수게이의 병사들과 예속민들 그리고 가축들까지 모두 빼앗아간 그의 행동 역시 납득하기 어렵다. 허엘룬과 아비 없이 남겨진 아이들에 대한 배려는 전혀 찾아볼 수 없기 때문이다.

허엘룬은 타이치오드족 사람들이 그녀를 떠나지 못하게 하려고 씨족들이 야영지를 떠나자 죽은 예수게이의 말총 영기(令旗)를 움켜쥐고 말에 올라 떠난 사람들을 쫓아갔다. 영기는 훌륭한 흑마(黑馬)의 말총을 창날 바로 아래에 묶은 깃발이다. 허엘룬은 영기를 머리 위로 높이 쳐들고 사납게 휘두르며 달아난 사람들의 주위를 맴돌았다. 그러자 떠나던 사람들은 부끄러움을 느꼈는지 또는 영혼의 복수를 당할 것이 두려웠는지 일단 야영지로 돌아왔다. 그러나 밤이 오기를 기다렸다가 하나씩 몰래 타이치오드족을 따라갔다.

한 가시 분명한 것은 당시 몽골고원의 상황이 치열한 생존 경쟁 상태에 있었다는 점이다. 당시 상황을 《몽골비사》 254절은 이렇게 노래하고 있다.

하늘의 별들마저 돌아눕고
사람들은 서로 다투었다.
사람들은 서로 노략질했으며,
대지 또한 잠들지 못하고 뒹굴고 있었다.
온 나라가 서로 다투었다.
사람들은 편안히 이불 속에 들어가 눕지도 못하고
서로 공격하였다.

한마디로 아버지와 아들이 편을 갈라 싸우고, 형제들이 서로 다른 편이 되어 칼을 겨누던 어두운 시대였다는 것이다. 아무도 믿을 수 없고, 누가 언제 배반할지도 알 수 없으며, 생존을 위해서라면 못할 게 없는 험악한 시대라는 것이다.

칭기즈 칸이 태어난 비장의 언덕

칭기즈 칸이 태어난 해에 대해서는 두 가지 설이 있다. 몽골 정부나 중국에서는 공식적으로 1162년에 태어났다고 말한다. 중국인이 쓴《원사》에도 1162년으로 기록되어 있다. 하지만 라시드 앗딘이 쓴《집사》에는 1155년 돼지해 가을 보름이라고 되어 있다. 칭기즈 칸이 죽은 것이 1227년이니까, 1162년에 태어났다면 66세, 1155년에 태어났다면 73세에 사망한 것이 된다.

칭기즈 칸의 탄생에 대해《몽골비사》59절은 이렇게 말하고 있다.

예수게이가 타타르부의 족장이었던 테무친 우게, 코리 보카 등을 약탈하고 돌아올 때, 임신 중이던 허엘룬이 오논강의 델리운 볼닥에서 칭기즈 칸을 낳았다. … 예수게이는 타타르의 테무친 우게를 잡아왔을 때 칭기즈 칸이 태어났다고 하여 그에게 테무친이란 이름을 주었다.

테무친의 이름에 대해서도 논란이 있지만, 예수게이가 유목민의 오랜 관습에 따라 적장 '테무친'의 이름을 아들에게 주었다는 것이 일반적인 해석이다. 그러나 예수게이가 대장장이 부족에 속해 있었으므로 테무친이란 이름을 주었을 것이라는 설도 있다.

실제로 테무친을 비롯해, 막냇동생 '테무게' 옷치긴(옷치긴은 막내라는 뜻)이나 여동생 '테물룬'의 이름이 모두 '쇠(temür)'를 뜻하는 말의 어근에서 파생되었다는 것이 이를 뒷받침한다. 따라서 예수게이가 적장의 이름 테무친이 쇠를 뜻하는 말과 관계된 점을 고려하여 테무친에게 주었다고 보는 것이 좀 더 설득력 있어 보인다.

테무친의 탄생지로 언급된 '델리운 볼닥'은 '비장(脾臟)의 언덕'이란 뜻이다. 그런데 비장의 언덕 주위에는 '세 개의 호수'가 있다고 전한다. 그러므로 칭기즈 칸의 탄생지는 오논강가에 있어야 하고, 비장의 언덕 형태로 생겨야 하며, 주위에 세 개의 호수가 있어야 한다는 세 조건이 모두 맞아야 한다. 그런데 그 세 가지 조건을 모두 만족시키는 곳이 네다섯 곳이나 된다. 난감한 것이다. 그중 가장 유력한 세 곳을 둘러싸고 학계에서는 지금까지 논쟁을 벌이고 있다.

두 곳은 몽골의 헨티 아이막의 빈데르와 다달에 있고, 또 하나는 러시아의 치타주에 있었다. 치타주라면 얼핏 멀리 떨어져 있는 것처럼 보이지만, 칭기즈 칸 당시 치타주도 그들의 주요 활동 무대였다. 다달에서 말 타고 하루면 갈 수 있는 곳이다.

몽골에서 칭기즈 칸의 탄생지에 대해 제일 먼저 관심을 갖고 연구한 학자는 고고학자 X. 페를레 교수다. 그는 이곳저곳을 답사하던 중에 1948년 다달에 있는 비장의 언덕을 발견하고, 두세 곳의 비장의 언덕 중 그곳이 칭기즈 칸의 탄생지로 가장 유력해 보인다고 주장했다. 당시 그는 몽골 학계에 단단한 배경을 갖고 있었기 때문에 그의 주장은 곧 널리 알려지게 되었다. 몽골 정부는 칭기즈 칸 탄생 800주년이던 1962년에 X. 페를레 교수의 주장에 따라 그곳을 칭기즈 칸의 탄생지로 선포했다.

그 뒤 러시아 학자들은 치타주 오논강에 있는 비장의 언덕이 칭기즈 칸의 탄생지가 맞다고 주장하고 있다. 그렇지만 몽골 학자들 일부는 치타주의 오논강이나 다달보다 빈데르가 더 유력하다고 보고 있다.

그들은 왜 칭기즈 칸의 탄생지를 '비장의 언덕'이라고 했을까? 늘 동물을 잡는 유목 사회다 보니 그곳 지형이 동물의 비장 형태로 생겼다 하여 그리 불렀다고 한다. 그나저나 세 곳을 모두 보기 전에는 어느 곳이 칭기즈 칸의 탄생지인지 말할 수 없게 됐으니 난처한 노릇이 아닐 수 없다.

그런데 앞에 든 세 가지 지리적 조건만 가지고 말할 수 없는 것이 바로 역사다. 칭기즈 칸의 탄생지를 비정(比定)하기 위해서는 먼저 고려해야 할 것이 두 가지 더 있다. 하나는 메르키트 왕자 칠레두가 허엘룬을 데리고 어느 길로 갔느냐 하는 것이고, 다른 하나는 예수게이의 주 활동지가 어디였느냐 하는 것이다.

먼저 메르키트의 왕자 칠레두가 허엘룬을 데리고 메르키트로 가기 위해 어떤 루트를 택했는지 살펴보면, 당시 메르키트부와 몽골족은 사이가 좋았으므로 칠레두가 동몽골에서 지금의 보르칸 칼돈산 북쪽으로 해서 메르키트로 갔을 가능성을 생각해볼 수 있다. 하지만 신부를 마차에 태우고 가는 입장에서 험한 고개들을 넘어야 하는 보르칸 칼돈산 루트를 택했을 가능성은 거의 없다. 오히려 헐런보이르 호수를 지나 지금의 치타주로 곧장 올라가 메르키트로 가는 루트를 택했을 가능성이 높다. 그쪽이 초원의 길이라 평탄하기 때문이다. 만일 그랬다면 칠레두는 치타주를 관통하는 오논강을 건넜을 가능성이 높다. 러시아 학자들이 칭기즈 칸이 치타주에 있는 비장의 언덕에서 탄생했을 거라고 주장하는 것은 그 때문이다.

하지만 예수게이가 허엘룬을 약탈한 그곳에 그들의 살림집을 꾸렸다고 생각하기 어렵다. 《황금사(Altan Tobchi)》와 《몽골비사》에 예수게이가 허엘룬을 데리고 자기의 게르로 돌아갈 때, 허엘룬이 울자 측은하게 여긴 예수게이의 막냇동생 다아리타이가 다음과 같이 말했다고 전해지기 때문이다.

> (이미) 세 강을 넘고
> 세 언덕과 골짜기를 넘었습니다.
> 찾아도 발자국이 없고
> 보아도 흔적이 없고
> 소리쳐 울어도 듣지 못합니다.

세 강을 넘고, 세 언덕과 골짜기를 넘었다는 것은 약탈했던 이미 그 장소에서 멀어졌다는 것을 뜻한다. 더욱이 약탈된 그 장소는 사람들의 관심이 집중된 곳이다. 그러므로 그는 사람들의 눈을 피해 허엘룬을 데리고 그가 머물던 안전한 곳으로 데려왔을 가능성이 크다. 그럴 경우 칠레두가 건넌 오논강의 지점보다는 예수게이의 게르가 어디에 있었느냐가 더 중요해지게 된다.

예수게이의 주 활동무대는 멍건모리트와 타이치오드족의 거주지인 빈데르였다. 멍건모리트에는 헤를렌강이 흐르므로 그 후보지에서 제외된다. 따라서 우리는 빈데르에 주목하지 않을 수 없다.

그렇지만 당시는 타타르족과의 전쟁이 완전히 끝나지 않은 상태이므로 그는 전쟁 지휘부가 있는 다달이나 바얀동 지방에서 활동했을 가능성도 있다.

그렇다면 칭기즈 칸의 탄생지는 세 곳은 어디가 가장 유력할까? 그것은 세 곳을 다 둘러보고, 그와 관련된 역사적 사실을 고찰할 때만 가능할 것이다.

칭기즈 칸의 탄생지를 둘러싼 논쟁

1962년, 칭기즈 칸 탄생 800주년이 되는 해에, 중국은 위대한 몽골을 기념한다는 명분으로, 칭기즈 칸의 능묘 이진호러(伊金霍洛, Ejin Horo)를 새로 수리하고 있다고 선언했다. 실제로 그들은 1954년에서 1956년 오르도스에 있는 이진호러를 수리했다. 그러자 몽골인들의 칭기즈 칸 연구를 억압해오던 소련은 몽골에 대한 그들의 영향력을 과시하기 위해 몽골 정부로 하여금 중국에서 하는 것보다 더 큰 칭기즈 칸 축제를 열라고 압력을 가했다. 몽골 정부는 칭기즈 칸 탄생 800주년을 기념하기 위해 X. 페를레 교수가 지목했던 다달의 비장의 언덕을 칭기즈 칸 탄생지로 선포했다.

그에 대해 몽골국립대학의 역사학 교수였던 바담다쉬는 이렇게 말했다.

"1960년대에 다달을 칭기즈 칸의 탄생지로 선택하는 것은 편리했다. 그렇지만 칭기즈 칸의 탄생지로서 다달을 선택하는 데 과

학은 아무것도 하지 않았다."

말하자면 몽골 정부는 칭기즈 칸 탄생지를 찾는 데 충분한 시간을 갖고 하지 않았을 뿐 아니라, 다달솜(솜은 우리나라의 군郡에 해당한다) 주민들에게 내려오는 전설에 의지해 서둘러 다달을 탄생지로 선택했다는 것이다.

그도 그럴 것이 러시아 지배하에서 칭기즈 칸 연구는 금지되어 있었다. 뿐만 아니라 러시아 정부는 몽골인들에게 칭기즈 칸은 잔인한 폭군이며, 모든 곳을 파괴한 야만인이라고 선선했다. 그들은 칭기즈 칸이 몽골 민족주의 불꽃을 당기는 것을 두려워했다. 그렇지만 사회주의 시절이라고 해도 고고학이나 민속 등 비정치 방면에서는 칭기즈 칸을 연구할 수 있었다. 고고학자 X. 페를레 교수가 그중의 한 사람이었다.

바담다쉬 교수는 말했다.

"실제 탄생지는 다달로부터 동쪽으로 100킬로미터나 떨어진 오논강가에 있었다. 칭기즈 칸의 어머니가 출산의 진통이 시작되었을 때 두 부인과 함께 걸은 곳이 바로 빈데르에 있는 오논강가였다."

그는 《몽골비사》에서 칭기즈 칸이 오논강의 비장의 언덕에서 태어났다고 기술하고 있는 것을 근거로 들었다. 그는 다달의 비장의 언덕 근처에 있는 강은 오논강이 아니라 오논강의 지류인 발찌강이었으며, 오논강은 20킬로나 떨어져 있었다는 말도 덧붙였다.

이러한 바담다쉬 교수의 주장이 1989년 공개되자, 몽골에서는 칭기즈 칸 탄생지에 대한 논쟁에 불이 붙었다. 그해 5월 한 그룹의 몽골인 탐사대가 칭기즈 칸이 성장기의 대부분을 보낸 곳들을 확인한 뒤 빈데르를 그의 탄생지라고 선포했다. 당시 그 탐사에 참여했던 아유쉬는 이렇게 말했다.

"우리는 말 타고 지프차를 타고 지역의 전설들을 탐구했고《몽골비사》에서 언급된 사건들과 장소들을 되밟아갔다."

탐사대의 결론은 이랬다.

"모든 증거에 적합한 유일한 장소는 빈데르였다."

그것은 바담다쉬 교수가 주장했던 것과 같았다.

1977년, 이 문제를 살펴본 저명한 학자 이고르 데 라케윌츠는 다음과 같이 말했다.

"이 주제를 돌아볼 때, 페를레 교수의 주장은 지역의 전통과 전설에 전적으로 의존한 것이 명백하다. … 불행하게도 그의 주장은 개별적으로도 전체적으로도 인정되지 않고 있다."●

실제로 많은 몽골인이 다달의 비장의 언덕에 대해 부정적인 생각을 갖고 있는 것으로 알려져 있다. 다달의 탄생지에는 이런 분위기를 모르는 외국인들이 주로 다녀간다는 말도 있다. 따라서 칭기즈 칸의 탄생지가 철저한 고증에 의해 정해진 것이 아니라 러시아의 압력을 받던 몽골 정부가 다달 출신의 X. 페를레 교수 등 몇몇 사람들의 증언만 가지고 다달을 그의 탄생지로 지정했음을 알 수 있다.

● Rachwiltz, Igor de, 'Search for Chingis Qan', in *Rivista degli Studi Oriendal*, Vol. LXXI, 1977, p.250.

칭기즈 칸의 탄생지 세 곳을 둘러본 나의 결론 역시 같았다.

우선 빈데르에서는 영웅의 탄생을 둘러싼 어떤 기운이 느껴졌다. 우선 1206년 칭기즈 칸이 대칸에 오른 장소가 있었다. 빈데르 시내에서 차를 타고 남쪽으로 5분쯤 내려가면 울타리를 두른 유적지 같은 곳이 나온다. 그 앞쪽에는 자연석을 3단으로 쌓아 만든 기념비가 있고, 그 앞에는 의례 때 쓰는 큰 솥이 놓여 있다. 이곳 주민들은 이곳이 바로 칭기즈 칸이 대칸에 오른 곳이라고 말했다.

빈데르 사람들은 이곳에 있는 비장의 언덕을 징기즈 칸의 탄생지로 인정해달라고 몽골 정부에 청원했다. 그러자 일찌감치 다달의 비장의 언덕을 칭기즈 칸의 탄생지로 인정했던 몽골 정부는 난처해졌다. 결국 몽골 정부는 고심 끝에 대신 빈데르를 칭기즈 칸이 대칸에 올랐던 곳으로 인정해줌으로써 그들을 무마했다.

《몽골비사》에는 1206년 호랑이해에, 테무친이 마흔다섯 살 때, 오논강 상류에 모여 아홉 개의 술기를 가진 백기를 세우고 대(大) 쿠릴타이를 개최했으며, 그 자리에서 테무친을 대칸, '칭기즈 칸'으로 칭했다고 되어 있다. 그런데 이곳의 지리적 위치나 기운이 예사롭지 않았다. 보르칸 칼돈산에서 발원한 오논강은 바로 이곳 빈데르 들판 북쪽에서 동남쪽으로 흐르고 있었다. 빈데르 초원은 오논강 상류 지역에서 풀이 가장 좋은 곳이다. 코톨라 칸이 즉위했던 코르코나크 계곡의 숲에서도 멀지 않았다. 여러 가지로 칭기즈 칸이 대칸으로 오르기에 부족함이 없는 곳이라 할 수 있었다.

현재의 빈데르시 남쪽에는 이곳 주민들이 칭기즈 칸의 탄생지라고 말하는 비장의 언덕이 있었다. 그곳의 야트막한 언덕으로 가니 수천 평쯤 되어 보이는 언덕에 나무 기둥이 하나 서 있었다. 기둥 꼭대기에는 창이 달려 있고, 기둥 위쪽에는 노란 하닥이, 아래쪽에는 푸른 하닥이 걸려 있었다. 칭기스칸이 머물던 곳에 세워졌던 영기(令旗, sulde)다. 주민들이 이곳이 칭기즈 칸이 태어난 곳임을 알리기 위해 세운 것이다.

비장의 언덕에 오르니 멀리 빈데르 시가지가 한눈에 보였다. 남쪽으로는 멀리 큰 산들이 둘러싸고 있고, 그 동쪽에는 오논강이 흐르고 있었다. 강가에는 버드나무들이 빽빽이 자라고 있었다. 서쪽에는 차강노르라는 제법 큰 호수가 있었다. 차강노르는 '하얀 호수'란 뜻이다. 그 뒤쪽으로 헤르곤 언더르라는 큰 산이 있었다. 헤르곤 언더르는 '머리 봉우리'라는 뜻이다.

흥미로운 사실은 타르코타이 키릴토크가 어린 테무친에게 매우 잘했다는 사실이다. 예수게이를 싫어하는 타이치오드족 사람들이 몰래 테무친을 외딴 초원에 갖다 버렸을 때, 혼자 초원으로 달려가 테무친을 찾아 데려온 사람이 바로 그였다.

만일 그 일이 빈데르가 아닌 다른 곳에서 벌어졌다면, 그는 감히 테무친을 찾아 나서지 못했을 것이다. 그는 테무친을 마을로 데려왔을 뿐 아니라 말 타는 법 등 여러 가지를 가르쳐주었다. 훗날 그는 옛일을 회상하며 이렇게 말했다.

"테무친은 내가 무엇이든 가르쳐주면 아주 잘 따라 했다. 나는 두세 살 된 망아지를 조련하듯 그에게 말 타는 법을 가르쳐주었다. 테무친을 싫어하는 사람들이 그를 죽이자고 말했지만 나는 그를 죽일 수가 없었다."

비록 시기심 많은 그였지만, '눈에 불이 있고 뺨에서 광채가 나는' 테무친에게 남다른 매력을 느꼈던 것이다.

비장의 언덕 남쪽에는 두 개의 호수가 있고, 언덕에 가려 보이지 않는 호수가 한 개 더 있었다. 탄생지의 조건대로 모두 '세 개의 호수'가 있는 셈이다. 그런데 남서쪽 들판에 1957년까지 빈데르 군청이 있었다고 한다. 큰 홍수가 나서 북쪽의 지금의 위치로 옮겼다는 것이다. 그렇다면 테무친이 살던 때에는 비장의 언덕 남쪽이 빈데르의 중심이었을 것이다.

예수게이는 당시 몽골족의 최고 실력자였다. 전쟁터를 종횡무진으로 다니는 그였지만, 가족들까지 전선으로 데리고 다니지는 않았을 것이다. 그는 특별히 약탈한 허엘룬을 안전한 곳에 두려 했을 것이고, 당시 자신의 주 활동무대인 빈데르로 데려왔을 가능성이 높다. 이곳은 자신의 친구인 타르코타이 키릴토크의 본거지였고, 많은 타이치오드족이 살고 있었다. 필시 마을 여인들은 슬픔에 빠진 그녀를 위로해주었을 것이다. 그것이 몽골 여인의 운명이라고, 시간이 지나가면 다 잊힌다고 그녀를 달랬을 것이다.

그러므로 허엘룬은 이곳 비장의 언덕에서 테무친을 낳았을 가능성이 높다. 한눈에 보아도 이곳 빈데르의 비장의 언덕은 명당자리고, 실력자가 아니면 감히 가질 수 없는 곳이었기 때문이다.

그러면 다달의 비장의 언덕은 어떨까?

빈데르에서 다달 가는 길은 두 개가 있다. 하나는 빈데르에서 바로 오논강을 건너는 코스이고, 다른 하나는 빈데르 남쪽의 호르

히강을 건너 우회하는 코스다.

다달의 칭기즈 칸 탄생 800주년 기념공원 정문에는 '칭게스 고르반 노르'란 간판이 붙어 있다. '칭기즈 칸의 탄생지에 있는 3개의 호수'란 뜻이다. 과연 호수의 앞쪽에는 3개의 호수가 있었다.

그곳을 나와 북쪽에 있는 비장의 언덕에 가면 몽골 정부에서 칭기즈 칸의 탄생지로 지정하면서 세운 오보와 비석이 있었다. 오보에 올려진 비석에는 칭기즈 칸의 얼굴이 새겨져 있었다. 하지만 이곳의 비장의 언덕은 경사가 급하고 정상 부분이 좁아서 누가 봐도 예수게이의 군대가 진영을 설치하기에 적당하지 않았다. 아래 골짜기에서 이곳 언덕까지 물을 길어오는 것도 쉬워 보이지 않았다. 말조차 물통을 끌고 올라오기에는 너무 가팔랐다. 더 실망스러운 것은 칭기즈 칸이 마셨다는 근처에 있는 샘물이었다. 6월 초순인데도 물이 바짝 말라 있었다.

몽골의 샘물에는 두 가지가 있다. 하나는 볼락 샘물로 '볼락볼락' 샘솟는 샘물을 말한다. 물이 퐁퐁 솟는 그런 샘물은 아무리 가물어도 마르지 않는다. 다른 하나는 비 온 뒤 고인 물이 흘러나오는 샘물이다. 그런데 이곳 다달의 샘물은 후자로 물이 말라 있었다.

아무리 생각해도 좀 더 안전한 타이치오드족 본거지인 빈데르를 두고 굳이 변경인 이곳에 허엘룬을 둘 이유가 없어 보였다. 더욱이 허엘룬은 예수게이에게 온 지 몇 달 뒤 임신했다. 임신한 산모를 이런 척박한 곳에 둔다는 것은 누가 봐도 부자연스럽다.

뿐만 아니라 빈데르의 비장의 언덕은 정확히 오논강 옆에 위치해 있지만, 다달솜의 비장의 언덕은 오논강의 지류인 발찌강으로부터 1킬로미터쯤 떨어진 곳에 있었다. 《몽골비사》에는 '테무친이 어렸을 때 오논강가에서 물고기를 잡았다'고 되어 있다. 오논강은 그곳의 비장의 언덕으로부터 북쪽으로 20킬로미터 정도 떨어져 있다. 그러므로 아이들이 바로 옆의 발찌강을 두고서 멀리 떨어진 오논강에 가서 물고기를 잡았을 가능성은 거의 없다.

그렇다면 X. 페를레는 다달솜의 비장의 언덕 옆으로 흐르는 강이 발찌강이라는 것을 알면서도 그곳을 탄생지로 주장했다는 것인가? 칭기즈 칸 당시에 이미 그 강이 발찌상으로 불렸다는 사실을 고려하면, 옛날 사람들이 발찌강을 오논강이라고 기록할 리가 없었다. X. 페를레 역시 그 점을 모르지 않았다. 그렇지만 그런 여러 가지 문제들에도 불구하고 그는 당시 비장의 언덕으로 고려되던 두세 곳 중 다달의 비장의 언덕이 칭기즈 칸의 탄생지로 가장 적당하다고 생각했던 것이다.

치타주의 비장의 언덕은 어떤 곳인가?

2011년 중국 내몽골의 북단 하일라르에서 국경 도시 만저우리를 통해 러시아 치타주의 아긴 부랴트족을 방문한 적이 있었다. 칭기즈 칸의 탄생지 중 하나인 치타주 오논강의 비장의 언덕을 확인하기 위해서였다. 러시아의 몽골학자 조릭투이에프 선생과 치타에서 만나 동행했다.

셀렝게 부랴트족은 바이칼로 흘러드는 셀렝게강가에 살던 부랴트족이다. 그런데 조릭투이에프 선생의 부인 발다르는 아긴 부랴트족 출신이었다. 그녀의 고향은 아긴스코예였다. 아긴스코예는 치타에서 남쪽으로 150킬로미터 내려간 곳에 있는 도시로 '아긴 부랴트 자치주'가 있는 곳이다. 아긴 부랴트족은 본래 바이칼에 살던 코리 부랴트족이다. 알랑 고아가 태어났던 바로 그 부족이다. 나는 조릭투이에프 교수 부인 발다르 가족들의 도움으로 칭기즈 칸의 탄생지로 알려진 치타주의 비장의 언덕을 볼 수 있었다.

코리 부랴트인의 인구는 76만 7,000명 정도이며, 그중 15만 명 정도가 아긴스코예시에 거주하고 있다고 했다. '아긴' 부랴트란 이름은 아긴스코예 근처를 지나는 아긴강에서 유래했다고 한다.

지금의 아긴스코예시는 칭기즈 칸 시대에는 타이치오드족의 세력권이었던 곳이다. 넓은 목초지가 있어 유목민들이 살기에는 그만이었다. 남동쪽으로 이동하니 오논강가에 쿤쿠르라는 마을이 나왔다. 마을 앞쪽의 오논강은 그다지 높지 않은 절벽을 이루고 있었다. 절벽 바로 아래에 강물이 흘렀다. 강물은 하늘빛을 받아 짙은 사파이어 빛을 내뿜었고, 강 너머로는 거대한 습지가 형성되어 있었다. 멀리 오논강 습지 건너편에는 마을이 보였다. 몽골과 러시아의 국경 초소가 있는 마을이었다.

주민들에 따르면, 오논강이 잘 보이는 절벽 위에 서면 넓은 오논강의 습지에 모래언덕처럼 올라온 곳이 있는데, 바로 그곳이 비장의 언덕이라고 했다. 윗면이 평평해 보였다. 이곳은 메르키트부의 귀족 칠레두가 올코노오트 씨족장의 딸 허엘룬을 데리고 메르키트부로 돌아가는 도중에 오논강을 건넌 곳으로 알려진 곳이다. 주민들은 이곳 비장의 언덕이 칭기즈 칸의 탄생지임을 굳게 믿고 있었다. 이곳이 주목받은 것은 러시아가 몽골을 지배할 때였다. 자연히 러시아의 입김이 작용했을 것이다.

그러나 치타주의 비장의 언덕을 본 첫 느낌은 빈데르의 것은 물론 다달의 것과 비교해도 결코 유리해 보이지 않았다. 무엇보다 허엘룬을 약탈할 때 예수게이의 막냇동생 다아리타이가 허엘룬을 위로하여 "이미 세 강을 넘고 세 언덕과 골짜기를 넘었습니다"라고 한 말이 알려져 있기 때문이다.

그렇다면 왜 이곳 주민들은 아직도 이곳 오논강에서 칭기즈 칸이 태어났다고 믿고 있는 것일까?

그들이 믿는 기록 중 하나는 라시드 앗딘의 《집사》의 다음 기록이다.

예수게이가 타타르 원정에 나섰을 때, 그의 부인 허엘룬이 테무친을 임신했다. 예수게이는 그들을 타타르의 군주인 테무친 우게, 코리 부카와 전투를 벌여 그들을 패배시키고 승리해 돌아왔다. 그리고 비장의 언덕에 진영을 쳤다. 그 후 얼마 뒤 테무친이 태어났다.

테무친은 오논강 하류에 있는 비장의 언덕에서 태어났으며, 거기서부터 보르칸 칼돈산까지 엿새 거리다.

"거기서부터 보르칸 칼돈산까지 엿새 거리다"라는 말이 결정적이라고 할 수 있다. 아마도 옛날에는 이 지역에서 보르칸 칼돈산까지 그리 걸렸을 것이다. 그러므로 이곳 사람들은 이곳이 칭기즈 칸의 탄생지라며 굳게 믿고 있는 것이다.

메르키트로 가던 칠레두가 이곳 치타주의 오논강을 통과했을 가능성은 있지만, 앞에서 언급했듯이, 예수게이가 허엘룬을 약탈한 뒤 그녀를 이곳 오논강의 습지 한가운데 있는 언덕에 머물게 했다고는 생각되지 않는다. 게다가 예수게이는 수많은 전사를 거느리고 있는 총사령관이었다. 그러므로 그들의 군대와 멀리 떨어진 외딴 곳에 자신의 게르를 두었다는 것은 상상하기 어렵다. 상식적으로 생각해보면, 오히려 불안해하는 허엘룬을 안정시키기 위해서도 후방에 있는 자기 게르로 데려갔을 가능성이 더 높았을 것이기 때문이다.

그렇다면 칭기즈 칸의 탄생지는 세 곳 중 어디인가? 두말할 것 없이 세 군데 비장의 언덕 중 빈데르의 것이 가장 유력하다고 말할 수 있다. 다달의 비장의 언덕과 치타주 오논강의 비장의 언덕을 보고 나니 더욱 더 그런 생각이 들었다.

몽골 정부로서는 다달의 비장의 언덕을 일찌감치 칭기즈 칸의 탄생지로 선포했던 것을 되돌리기가 쉽지 않을 것이다. 그러나 그에 대해 관심이 있는 많은 몽골인들은 다달보다는 빈데르가 더 유력하다고 말한다. 몽골 정부로서는 탄생지를 올바르게 지정해야 할 때가 온 것이다.

몽골의 칸이 되려 했던 예수게이

그렇다면 예수게이는 어떤 사람인가? 그는 누구이기에 메르키트로 돌아가던 칠레두를 습격하여 허엘룬을 약탈했던 것인가?

그는 카볼 칸의 둘째 아들 바르탄 바토르의 아들이다. 그러므로 카볼 칸의 적통이 아니다. 적통은 큰아들 어킨 바르카크의 손자이며 주르킨 씨족의 족장인 세체 베키다. 당시 주르킨 씨족은 천혜의 목초지이며 전략적 요충지인 허더 아랄을 차지하고 있었다. 그에 비해 예수게이는 다른 키야트계 씨족들 중에서도 초지가 부족한 멍건모리트를 본거지로 삼고 있었다. 따라서 예수게이는 키야트 속 귀족들 사이에서 상내적으로 지위가 낮았다고 할 수 있다.

그런데 라시드 앗딘의 《집사》에 의하면, 예수게이와 그에게서 태어난 자식들이 하나같이 '황색 피부에 회색빛 눈'을 지니고 있었다고 한다. 이러한 신체적 특징은 일찍이 알랑 고아가 세 아들을 임신할 때 매일 밤 꿈에 나타났던 황금빛 신인의 특징인 '황색 피부에 회색빛 눈'과 정확히 일치한다. 알랑 고아의 8대손*인 예수게이에게서 알랑 고아의 꿈에 나타났던 황금빛 신인의 징표가 나타나자, 사람들은 알랑 고아의 말이 바로 이를 뜻하는 것이라며, 예수게이와 그 일족으로부터 몽골의 칸이 나올 것이라고 수군댔다.

당시 예수게이는 몽골족의 여러 씨족들에게 군주나 다름없는 영향력을 행사하고 있었다. 따라서 자신의 몸에 나타난 황금빛 신인의 징표에 고무되어 자신이 몽골의 칸이 될 것이라고 믿었을 가능성이 높다.

- 알랑 고아의 계보를 비교적 정확히 서술하고 있는 것이 《집사》다. 그 계보가 알랑 고아-보돈 차르-두타쿤-카이두-바이 싱코르-툼비나 칸-카볼 칸-바르탄 바하두루-이수게이(예수게이) 바하두루-칭기즈 칸으로 되어 있다. 그러므로 예수게이는 알랑 고아의 8대손, 칭기즈 칸은 9대손이 된다. 《집사》, 106쪽.

그런데 문제는 귀족들 중에서 상대적으로 지위가 낮았던 예수게이가 어떻게 그와 같은 영향력을 갖게 되었느냐는 것이다. 카볼칸의 적장자인 주르킨 씨족의 세체 베키 등 예수게이보다 훨씬 더 유리한 위치에 있는 귀족들이 버티고 있었기 때문이다. 따라서 그가 권력의 정점에 오른 과정은 평범하지 않았을 가능성이 높다.

이를 뒷받침해주는 사실들이 있다. 이미 앞에서 언급했듯이, 케레이트부의 옹 칸이 배다른 동생들을 제거하고 칸이 되었다가 그의 숙부 구르 칸에게 쫓겨 위기에 몰리자 예수게이를 찾아와 도움을 청한 적이 있었다. 그 소식을 들은 코톨라 칸은 조카인 예수게이를 만류하며 이렇게 말했다고 한다.

"그의 사람됨으로 보아 그와 안다를 맺는 것은 좋지 않다. 그는 자기 형제들을 죽이고, 그들의 피로 깃발과 창을 더럽혔다. 그는 지금 화살을 맞은 들소이고, 올가미에 걸린 야생 나귀다."

옹 칸은 야비하고 음흉한 인간이니 도와주지 말라는 것이다. 하지만 예수게이는 코톨라 칸의 말을 듣지 않고 타이치오드족의 코난과 바가지란 사람을 데리고 가서 구르 칸을 내쫓고 그의 백성을 찾아주었다. 그리고 카라툰에서 그와 안다 맹약을 맺었다. 예수게이가 신중한 사람이었다면 좀 더 기다리며 사태를 관망했을 것이다. 하지만 그는 코톨라 칸의 말을 듣지 않고 서둘러 수하를 데리고 달려가 옹 칸을 도와주었다. 옹 칸과 죽이 맞았던 것이다. 옹 칸은 권모술수에 능하고 권력욕이 강한 사람이다. 그렇다면 예수게이 역시 비슷한 성향을 갖고 있었을 가능성이 있다.

예수게이의 행적을 살펴볼 또 하나의 자료가 있다. 타이치오드족의 적장자 타르코타이 키릴토크와 친구가 되어 동맹을 맺은 일이다. 당시 키야트족과 타이치오드족 모두 보돈차르와 카이도 후손들임에도 불구하고 서로 사이가 좋지 않았다. 때문에 키야트계의 귀족들은 예수게이가 타르코타이 키릴토크와 동맹을 맺는다고 할 때 모두 반대했다. 하지만 예수게이는 그들의 말을 듣지 않았다.

타르코타이 키릴토크는 몽골의 2대 칸인 암바카이 칸의 손자다. 그는 뚱뚱보란 별명을 갖고 있었다. 그의 이름에 붙은 '키릴토크'는 몽골 말로, '시기심'이란 뜻이다. 따라서 그는 성질 급하고 시기심 많은 인물이라는 것을 알 수 있다. 앞에서 보았듯이, 타르코타이 키릴토크는 예수게이가 죽자 친구의 아내와 아이들을 외면한 채 예수게이의 병사들과 예속민들, 그리고 가축까지 모두 빼앗아 떠나버렸다. 어려움에 빠진 친구의 가족을 외면했을 뿐 아니라 그들의 재산과 예속민까지 모두 빼앗은 것이다.

따라서 타르코타이 키릴토크가 예수게이와 동맹을 맺은 것은 예수게이를 이용해 타이치오드족의 족장이 되기 위해서일 가능성이 높다. 예수게이 역시 타르코타이 키릴토크의 생각과 됨됨이를 모르지 않았을 것이다. 그럼에도 그와 동맹을 맺은 것은 타르코타이 키릴토크가 타이치오드족의 적장자라는 점을 이용해 타이치오드족 내에 자신의 기반을 확대하려는 야심을 가지고 있었기 때문일 것이다.

실제로 그는 타르코타이 키릴토크 덕분에 타이치오드족 내에서 자신의 위치를 확고히 할 수 있었고, 타이치오드족 사람들도 예수게이의 권위에 감히 대항하지 못했다. 여기에 예수게이와 안다를 맺은 케레이트부 옹 칸의 뒷배까지 있었으니 누가 감히 예수게이의 권위에 도전할 수 있겠는가. 허엘룬이 암바카이 칸의 미망인들에게 위세를 부릴 수 있었던 것도 바로 그런 배경에서만 이해가 가능하다. 게다가 예수게이는 몽골의 1대 칸인 카볼 칸의 손자였다. 두 사람 다 몽골의 칸이 되려는 야심을 갖고 있었다.

《친정록》에 의하면, 타이치오드족 주인 아달 칸의 적장자인 타르고타이 키릴토크는 예수게이에게 원한을 품고 결별하였다고 되어 있다. 카볼 칸과 암바카이 칸 사후, 두 씨족은 점점 더 멀어졌다. 따라서 그들의 결별은 충분히 예상된 것이라고 할 수 있다. 타르코타이 키릴토크의 주 활동지는 빈데르로 당시 타이치오드족의 본거지였다. 따라서 그와 동맹을 맺은 예수게이는 자신의 본거지인 멍건모리트 외에도 빈데르를 중심으로 활동했다고 할 수 있다.

타타르족과 13차례의 전쟁

빈데르의 서남쪽에는 코르코나크 계곡의 숲이 있다. 코르코나크 숲은 타이치오드족의 성소가 있던 곳으로, 몽골의 3대 칸인 코톨라가 즉위한 곳이기도 하다. 그의 목소리는 어찌나 컸는지 그가 고함을 지르면 7개의 산을 넘어서 들릴 정도였으며, 그의 손은 세 살짜리 곰의 손만큼 커서 아무리 크고 힘센 사람도 그가 두 손으로 움켜잡으면 힘들이지 않고 허리를 두 동강냈다고 한다. 《몽골비사》 57절은 그가 칸으로 추대될 때의 일을 이렇게 적고 있다.

모든 몽골인들과 타이치오드족이 오논강의 코르코나크 숲에 모여 코톨라를 칸으로 추대했다. 코톨라를 칸으로 추대한 후 몽골인들은 코르코나크 숲의 신목(神木) 주위를 돌면서 도랑이 허리까지 파일 때까지, 그리고 흙먼지가 무릎까지 오를 때까지 춤을 추었다.

라시드 앗딘의 《집사》에는 코르코나크 숲을 수많은 정령들과 신들이 있는 곳이라고 적고 있다. 그리고 그곳에서 코톨라 칸이 즉위한 과정이 자세히 그려져 있다.

2대 칸인 암바카이는 선대에 약속했던 대로 타타르족 여인을 아내로 맞기 위해 타타르족에게 갔다가 그들에게 사로잡혔다. 그는 금나라로 끌려갔다. 금나라는 암바카이 칸을 나무 당나귀 형틀에 매달아 처형했다. 그는 죽기 전에 "나의 아들 카다안 타이시와 선대 카볼 칸의 아들 코톨라 중에서 칸을 뽑도록 하라"는 유언을 남겼다. 그의 유언대로 몽골 사람들은 코르코나크 숲에 모여 코톨라를 3대 칸으로 추대했다. 암바카이 칸이 죽은 뒤 슬픔에 빠져 있던 몽골 사람들은 코르코나크 숲의 신목 주위를 돌면서 도랑이 허리까지 파일 때까지, 그리고 흙먼지가 무릎까지 오를 때까지 춤을 추었다.

코톨라 칸이 즉위하자 몽골 사람들은 암바카이 칸의 복수를 해주기를 원했다. 타타르족이 금나라의 용병 노릇을 하면서 몽골인들을 노예로 잡아가곤 했기 때문이다. 코톨라 칸은 몽골 연합군을 구성하여 타타르족과 13차례에 걸쳐 치열한 공방을 벌였다. 여기서 '13'은 정확히 13차례를 뜻하는 것이 아니라 '13오보', '13가지 말 색깔', '알타이의 13연봉' 등에서 보듯 몽골인들이 자주 쓰는 말로, '아주 많음'을 뜻하는 수다. 따라서 코톨라 칸이 즉위한 후 타타르족과 아주 많이 싸웠다는 것을 알 수 있다.

그런데 몽골족이 타타르족과 전쟁을 벌인 데는 다음과 같은 또 다른 사연이 있었다. 동몽골 옹기라트족의 씨족장 하나가 질병에 걸리자, 옹기라트족은 그들과 친분 있는 타타르족에게 뛰어난 샤만을 청했다. 타타르족은 당대 최고의 샤만을 옹기라트족에게 보내 족장을 치료하게 했다. 그러나 샤만의 노력에도 불구하고 족장이 죽고 말았다. 이에 샤만을 의심한 옹기라트족은 타타르족 샤만을 처형했고, 타타르족은 그들이 존경하는 샤만을 옹기라트족이 살해한 데 분노하여 옹기라트족 마을로 쳐들어왔다. 다급했던 옹기라트족은 그들과 외척 관계를 맺고 있는 보르지긴 씨족들에게 도움을 청했다. 선대 암바카이 칸에 대한 복수를 벼르고 있던 코톨라 칸은 타타르와의 전쟁을 결정했고, 그 선두에서 몽골군을 지휘한 이가 예수게이였다. 따라서 당시 예수게이가 실세였음을 알 수 있다. 하지만 몽골족의 타타르족 공격은 무위로 끝났다. 몽골족은 내분에 휩싸였고, 코톨라 칸은 일찍 죽었다.

이런 와중이었으므로 옹기라트족은 몽골 북부의 또 다른 강자인 메르키트부와 혼인관계를 맺어 자신들의 안위를 단단히 하려고 했다. 칠레두와 허엘룬의 혼인은 바로 그런 배경에서 이루어졌다. 그런데 예수게이가 그것을 간파한 것이다. 그러나 《몽골비사》 54~55절에는 예수게이가 허엘룬을 약탈한 것이 우발적인 사건인 것처럼 말하고 있다.

예수게이는 오논강에서 매사냥을 하고 있었다. 메르키트족의 예케 칠레두가 올코노오트 사람들한테서 신부를 데려오는 것을 만났다. 예수게이가 다가가 엿보았더니 미모가 빼어난 귀부인이었다. 집으로 말을 달려가 형 네쿤 타이시와 막냇동생 다아리타이 옷치긴을 데려왔다. 세 형제가 다가오자 칠레두는 놀랐다. 그에게는 담황색 준마가 있었다. 그는 담황색 말의 엉덩이를 채찍질하며…. 오논강을 거슬러 도망쳤다.

인용문에 있는 것처럼, 예수게이가 우연히 칠레두의 행렬과 만나 그의 신부를 보자 갑자기 약탈을 결심하고 형과 동생을 데려왔다고 되어 있다. 그런데 그는 키야트족의 실권자로 차기 칸을 노리고 있는 사람이다. 그런 그가 마차를 몰고 있는 칠레두와 수레에 탄 여자가 누구인지 알지도 못한 채 그녀를 약탈했다는 것은 말이 안 된다. 오히려 허엘룬을 약탈한 뒤, 훗날을 위해 사건의 진실을 그런 식으로 포장해놓았을 가능성이 높다.

예수게이가 메르키트족의 칠레두가 옹기라트 올코노오트 씨족장의 딸 허엘룬과 혼인하여 그녀와 함께 오논강을 건널 것이라는 정보를 입수한 것은 타타르족과의 전쟁이 거의 끝나가던 1160년 무렵이었다. 전통적으로 보르지긴 씨족들과 외척 관계를 맺어온 옹기라트족이지만, 타타르족에 대한 공격이 무력하게 끝나자 그들만으로는 자신들의 안위를 보장할 수 없다는 것을 알았다. 옹기라트족은 보이르 호수 주변의 드넓은 초원에서 유목을 했기 때문에 키야트족이나 타이치오드족과 비교할 수 없을 정도로 생활이 넉넉했다. 게다가 금나라와도 무역을 해서 재물이 풍부했다. 그들로서는 자신들의 부와 풍요를 지키기 위해 몽골 북부의 강자인 메르키트부와 혼인 동맹을 맺어 안전을 꾀하려 했다.

예수게이로서는 옹기라트족과 메르키트부의 연대를 어떻게든 깨야 한다고 느꼈을 것이고, 칠레두가 지나가는 길목에서 기다리다 허엘룬을 약탈하는 대담한 계획을 세웠을 것이다. 무엇보다 그로서는 카볼 칸 이래로 자신들의 외척인 옹기라트족이 다른 부족과 외척 관계를 맺는다는 것을 용납할 수 없었다. 그것은 몽골부의 힘을 약화시킬 것이 뻔했기 때문이다.

마침내 그는 칠레두를 습격하여 허엘룬을 약탈하려는 계획을 세웠다. 그리하여 옹기라트족이 몽골족 외의 다른 부족과 외척 관계를 맺는 것을 저지하고, 옹기라트족의 부유한 씨족장의 딸을 자기 부인으로 삼고자 했다. 당시 부유한 옹기라트족 씨족장의 딸을 아내로 맞는다는 것은 정치적으로 상당한 의미를 갖고 있었다. 부유한 명문가를 외척으로 갖는 것이기 때문이다.

그렇게 본다면 예수게이는 타타르와의 전쟁이 지지부진한 상태로 끝남으로써 자칫 정치적으로 위상이 흔들릴 수 있는 상황에서 사태를 반전시킬 수 있는 천재일우의 기회를 잡은 셈이었다. 게다가 약탈한 허엘룬이 칠레두에게 속옷을 벗어주었다는 이야기는 당시 최고의 스캔들이 되었을 것이고, 그것은 몽골의 대중들에게 예수게이를 일약 스타로 만들어주었을 것이다. 그러나 해가 비춰 밝은 곳이 있으면 그늘도 있는 법. 허엘룬의 약탈은 이제까지 우호적이던 메르키트부와의 관계를 돌이킬 수 없는 원한 관계로 바꾸어놓았다. 그리고 두고두고 몽골고원에서 갈등과 분열의 불씨가 되었다.

그렇다면 예수게이가 이끄는 몽골 연합군과 타타르족이 치열한 공방전을 벌였던 천리장성은 어떤 곳인가.

그곳은 헨티 아이막의 동남쪽에 이웃한 도르노드 아이막의 바얀올과 바얀동 남쪽에 있었다. 다시 바얀동에서 남쪽으로 내려가면 산이 점점 낮아지고 구릉으로 변하고. 그 아래쪽의 구릉이 초원으로 변할 즈음 좌우로 뻗은 야트막한 언덕이 나오는데, 그곳이 바로 금나라 토성이 있던 곳이다. 토성이라고 하기에는 너무 낮아서 높이가 채 1미터도 안 되었다. 흙을 다지지 않고 높이 쌓기만 한 탓에 세월이 흐르면서 원래의 모습을 잃어버린 것이다. 그 일대는 예수게이가 몽골군의 선두에서 타타르족과 전투를 벌일 당시 몽골군의 최전방이었다.

금나라는 신라 사람 김함보의 후손 아골타가 불과 2만의 기병으로 거란의 70만 대군을 무찌르고 탄생한 나라다. 아주 짧은 시간에 성립한 나라인 터라 제도를 정비할 시간이 없었다. 그래서 대부분 거란족이 세운 요나라의 제도를 물려받았다.

그런데 북방 민족들을 대하는 태도는 요나라와 달랐다. 요나라 때는 몇 개의 거점을 중심으로 몽골고원의 부족들을 다스렸는데, 금나라는 몇 차례 몽골과의 전투에서 패하자 무려 1300킬로미터에 이르는 토성을 쌓고 타타르족을 용병으로 내세워 몽골족의 남하를 저지하는 전략을 썼다. 그러므로 금나라 천리장성은 몽골고원에 새로운 강력한 세력이 일어섰음을 방증하는 것이기도 했다.

금나라가 요나라와 달리 이런 정책을 쓴 이유는 이미 몽골족이 몽골고원으로의 이주를 끝내고 서서히 힘을 키워가던 시기였으므로 미리 그들을 경계하기 위해서였다. 그런데 타타르족은 몽골족의 남하를 저지하는 것에 그치지 않고 시도 때도 없이 천리장성을 넘어와서는 몽골 부녀자들을 잡아다 금나라 귀족들에게 노예로 팔았다. 당시 금나라의 권문세가 치고 몽골 노비가 없는 집이 없었다고 하니 그 악행이 어느 정도였는지 짐작할 수 있다. 자연히 몽골족의 원성이 자자했다. 그래서 코톨라 칸과 예수게이가 앞장서서 그들을 토벌했다. 하지만 타타르족은 강했다. 그들에 대한 공격은 별 소득이 없었고, 코톨라 칸이 죽자 타타르족에 대한 토벌은 중지되었다.

당시 그곳에는 천리장성을 지키는 타타르 용병들이 묵었던 한 변의 길이가 20~30미터쯤 되는 네모난 형태의 토성들이 있었으며, 이런 주둔지가 천리장성에 대략 10킬로미터 간격으로 있었다고 한다. 테무친이 태어날 때쯤 예수게이가 타타르의 족장 테무친 우게를 사로잡아 돌아온 곳은 아마도 이 근처였을 것이다.

테무친, 평생의 라이벌 자무카를 만나다

테무친은 아홉 살 때 아버지 예수게이를 따라 동몽골에 갔다. 예수게이는 테무친의 배필을 허엘룬의 친정에서 구할 생각으로 그를 데리고, 초원을 가로질러 지름길로 옹기라트 올코노오트 씨족

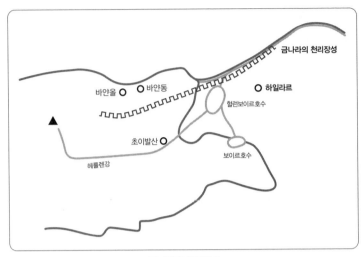

바얀올 ○　○ 바얀동　　　○ 하일라르

금나라의 천리장성

헐런보이르호수

초이발산 ○

보이르호수

헤를렌강

금나라의 천리장성

이 있는 동몽골의 보이르 호수로 갔다. 당시는 타타르족과의 전쟁
이 끝나고 10년 가까이 지난 뒤였다. 예수게이는 아마도 멍건모리
트나 빈데르에서 출발해 바얀동을 거쳐 그 남쪽에 있는 금나라 토
성 천리장성을 지나 헤를렌강을 향해 나아갔을 것이다. 그리고 헐
런보이르 호수에 이른 다음, 어르순강을 거슬러 보이르 호수로 내려
갔을 것이다. 그리고 동쪽으로 방향을 돌려 처가인 옹기라트 올코
노오트 씨족이 있는 마을로 향했을 것이다.

　그것이 헨티 지방에서 동몽골로 가는 고대의 루트였다. 빈데르
에서 출발했다면 보이르 호수까지는 족히 600킬로미터가 넘는 거
리다. 멍건모리트에서 출발했다면 그보다 100킬로미터는 더 멀다.
말 타고 간다 해도 최소한 일주일 이상 걸렸을 것이다.

　지금은 동몽골에 가려면 동부의 중심 도시 초이발산을 거쳐

야 한다. 초이발산은 헤를렌강변에 있는 도시로, 몽골 사회주의 혁명을 이끈 유명한 정치인 초이발산의 이름을 따서 명명된 도시다.

예수게이는 돈 많은 명문가의 며느리를 얻을 수만 있다면 그 정도의 수고는 아무것도 아니라고 여겼을 것이다. 그 자신이 허엘룬이란 명문가 여인을 아내로 얻으면서 사람들이 자신을 대하는 태도가 달라진 것을 몸소 체험했기 때문이다. 더욱이 정치적 야심이 컸던 만큼 자신의 후사를 위해서도 며느리만큼은 꼭 명문가의 규수를 맞아들이고 싶었을 것이다.

그런데 옹기라트 올코노오트 씨족이 사는 곳으로 가던 도중에 예수게이는 옹기라트 보스카올 씨족장 데이 세첸을 만났다. 데이 세첸은 한눈에 몽골족의 실력자인 예수게이를 알아보고 그에게 정중히 물었다.

"예수게이 쿠다 아니십니까! 이 먼 곳까지 누굴 만나러 오셨습니까?"

쿠다는 몽골 말로 '사돈'을 뜻한다. 예수게이가 옹기라트족의 사위였으므로 높임말로 그리 부른 것이다. 그러자 예수게이가 대답했다.

"이 아이를 처가인 올코노오트 씨족에게 데려가 그곳에서 배필감을 구하려고 합니다."

그러자 데이 세첸이 말했다.

"이 아이는 눈에 불이 있고 뺨에 빛이 있군요. 잘됐습니다. 제가 어제 꿈을 꾸었는데, 흰 송골매가 태양과 달을 움켜쥐고 날아와 내 손에 앉더이다. 이 꿈을 사람들에게 말하니, '태양과 달은 멀리

서 보이는 것인데, 지금 송골매가 그것들을 움켜쥐고 당신 손에 앉았으니 틀림없이 좋은 일이 생길 것입니다' 하더이다. 예수게이여! 지금 생각해보니 아무래도 그 꿈은 당신이 아들을 데리고 오는 것을 미리 보여준 꿈 같습니다."

그러고는 데이 세첸이 다시 말했다.

"우리 옹기라트는 예부터 외조카의 용모가 훌륭하고 처녀들의 미모가 뛰어납니다. 또 우리는 다른 씨족들처럼 나라의 패권을 잡기 위해 다투지 않지요. 대신 뺨이 고운 우리의 처녀들을 검은 수낙타나 회청색 수낙타가 끄는 높은 수레에 앉혀 장차 칸이 될 그대들의 옆자리에 나란히 앉히길 원합니다. 우리 옹기라트 사람들은 카톤으로 방패를 삼고 처녀들로 씨족의 수호신이 되기를 하늘에 기도해왔습니다. 예수게이여! 나의 집으로 가십시다. 내 딸을 보여드리고 싶습니다."

데이 세첸의 은근한 말에 끌린 예수게이는 그의 집으로 갔다. 그리고 데이 세첸의 딸을 보았는데 얼굴에 빛이 있고 눈에 불이 있는 것을 보고는 마음에 쏙 들었다. 그녀는 테무친보다 한 살이 더 많은 열 살로 버르테란 이름을 가지고 있었다. 데이 세첸의 게르에서 자고 난 예수게이는 마침내 버르테를 며느리로 맞이하기로 결정했다. 그러자 데이 세첸이 말했다.

"딸을 내줄 때는 여러 번 청혼해올 때까지 기다립니다. 그래야 사람들의 존경을 받으니까요. 하지만 기꺼이 딸을 드리겠습니다. 당신의 아들을 사위로 맞을 테니 이곳에 두고 가십시오."

사위가 처가에 머무르는 것은 고대 몽골의 풍습으로, 북방 민족들 사이에 널리 퍼져 있었다.

예수게이는 그의 요청을 흔쾌히 수락한 뒤 다음과 같이 부탁했다.

"아들을 댁에 맡길 테니 잘 돌봐주시기 바랍니다. 한 가지 당부할 게 있는데, 테무친이 개를 두려워하니 주의해주시기 바랍니다."

뜻밖의 부탁이었다. 아마도 테무친이 어렸을 때 남의 집에 갔다가 개한테 혼쭐난 적이 있는 것이리라. 몽골의 개는 송아지만 한 데다 낯선 자에게는 매우 거칠고 적대적이다. 따라서 아이들이 종종 개에게 물리거나 놀라는 일이 있었다.

예수게이는 끌고 왔던 말들을 약혼 예물로 준 뒤, 혼자 허엘룬이 있는 곳으로 돌아갔다. 테무친은 데이 세첸의 사위가 되어 그곳에서 살았다. 아마도 목동 일을 하며 지냈을 것이다. 당시 보스카올 씨족은 많은 가축을 갖고 있었다. 따라서 사위인 테무친도 그집 아들들과 똑같이 가축 돌보는 일을 해야 했다.

테무친이 데이 세첸의 집에 머문 것은 아홉 살 때부터 열세 살 때까지다. 이 시기에 테무친은 그의 평생의 라이벌인 자무카를 만나 안다 맹약을 맺었다. 테무친이 보르지긴이란 명문 가문의 혈통을 타고났다면, 자무카는 자다란 씨족 사람으로 평범한 집안에서 태어난 인물이다. 당시 자다란 씨족의 본거지는 치타주 북쪽이었던 것으로 추정된다. 그렇다면 보이르 호수 근처에 사는 테무친과 수백 킬로미터 떨어진 치타주 쪽에 살던 자무카는 어떻게 만났을까?

그 비밀은 유목민들이 계절에 따라 이곳저곳으로 이동하며 가축을 키우는 데 있었다. 아마도 테무친이 추운 계절에 따뜻한 겨울 유목지를 찾아 치타주로 올라갔을 때 만났을 것으로 추정된다. 보이르 호수가 치타주보다 남쪽이긴 하지만 평원이라 겨울에는 바람이 매우 거칠었다. 그에 반해 치타주는 산록 초원이 발달한 곳이어서 골짜기에는 바람이 없고 따뜻했다. 따라서 추운 겨울이 되면 보이르 호수 쪽 유목민들이 치타주로 올라가곤 했는데, 그때 테무친이 보스카올 목동들과 함께 치타주로 올라갔다가 자무카를 만났을 것으로 생각된다.

두 사람은 그때 안다 맹약을 두 번 맺었다. 한 번은 자무카가 고라니의 복사뼈를 테무친에게 주었고, 테무친은 낚싯바늘처럼 꼬부라진 복사뼈를 자무카에게 주면서 안다를 맺은 후 서로를 '나의 안다'라고 불렀다.《몽골비사》116절에 의하면, 그들은 이미 열한 살 때 안다 맹약을 맺은 것으로 되어 있다.

최초의 안다는 그들이 열한 살 때 맺어졌다. 그들이 동물의 뼈를 가지고 놀 때 자무카는 고라니의 복숭아뼈를 테무친에게 주었고, 테무친은 낚싯바늘처럼 꼬부라진 복숭아뼈를 자무카에게 주었다. 그들은 이렇게 선물을 교환하며 안다를 맺은 후 서로 '나의 안다'라고 부르며 오논강의 얼음 위에서 주사위놀이를 하며 놀았다.

그리고 이듬해 봄에 그들이 활을 가지고 놀 때, 자무카는 날아갈 때 소리가 나는 화살을 두 살 난 소의 뿔로 만들어주었고, 테무친은 끝이 뾰족한 소나무 매듭이 달린 화살을 만들어주었다. 이렇게 물건을 교환한 뒤 두 사람은 다시 안다를 맺었다.

이렇게 두 번 안다를 맺고 나서 두 사람은 "안다를 맺은 사람은 생명이 하나나 마찬가지다. 평생 서로 저버리는 일 없이 항상 서로의 보호자가 되어야 한다"라는 옛 어른들의 말씀을 상기하며 서로 우애를 다졌다. 자무카가 테무친보다 몇 살 위라고는 하지만 모두 10대 초반의 나이임을 생각하면 무척 조숙했음을 알 수 있다.

페르시아 측 기록인 《집사》에 따르면, 자무카는 사람들로부터 '세첸'으로 불렸다. 세첸이란 '현명한 사람'이란 뜻이다. 대단히 총명한 인물이었음을 알 수 있다. 그러나 테무친이 과묵한 편인 데 비해 자무카는 섬세하고 낭만적인 면이 있었다. 그런 사람들은 대개 성질이 급하고 신경질적인데, 실제로 자무카의 행동에서 그런 모습을 엿볼 수 있다.

테무친이 옹 칸의 진영에서 자무카와 함께 있을 때의 일이다. 두 사람 가운데 아침에 먼저 일어난 자가 옹 칸의 푸른 도자기 술통에 담긴 마유주를 마셨는데, 테무친이 먼저 일어나 마시면 그때마다 자무카가 질투했다고 한다.

하지만 자무카는 발군의 실력을 발휘해 20대 초반에 이미 몽골고원의 실력자로 등장했다. 치타주와 하일라르의 몽골인들은 물론이고 타이치오드족과 키야트족까지 그의 휘하에 둔 것이다. 타이치오드족과 키야트족 명문가 출신의 쟁쟁한 장로들이 어떤 이유로 가문도 변변치 못한 새파란 자무카 밑으로 들어갔는지에 대해서는 기록이 없어 자세한 사정을 알 길이 없다.

그러나 여러 가지 정황을 추정해볼 때, 그의 정치적 역량이 탁월했던 것은 분명해 보인다. 그중에서도 뛰어난 말솜씨와 사람들의 마음을 사로잡는 선동꾼 기질은 타의 추종을 불허할 정도였다. 하지만 다재다능함에도 불구하고, 그는 성질이 급하고, 격정적이었으며, 질투심이 많았다. 자무카의 이런 성격은 겸손하고 신중하며 사람들의 마음을 헤아리는 테무친과의 경쟁에서 그에게 밀리는 결정적 요인이 되었다.

영웅도 시대를 타고 나야 하는 법이다. 그는 칭기즈 칸과 동시대에 태어남으로써 끝내 자신의 꿈을 이루지 못했다.

4.
너의 흩어진
유목민들을
되찾아주겠다

나는 허엘룬과 테무친이 고난의 시절을 보냈던 키모르카 냇가를 찾아가보고 싶었다. 그곳에 가려면 쳉헤르강을 따라 올라가다 빈데르 서북쪽에 있는 바트쉬레트시로 가야 했다. 나는 도중에 만난 주민들에게 키모르카 냇가를 아느냐고 물어보았다. 그러나 키모르카 냇가를 아는 주민은 없었다. 키모르카 냇가 아래쪽에 있는 오논온천 가는 길을 묻자 그제야 주민들은 안다고 대답했다. 오논온천은 오논강 상류에 있는 온천으로 옛날부터 사람들이 치료를 위해 찾던 곳이다.

하지만 봄에는 오논온천에 갈 수 없다며 한사코 오논온천 행을 말렸다. 그곳에 가는 길은 수렁이 많아 차 한 대로는 어림없다는 것이다. 더욱이 그 일대에는 사람들이 살지 않아 차라도 수렁에 빠지면 꼼짝달싹할 수 없다고 했다. 그러면서 자기들도 겨울철이나 돼야 바퀴가 큰 러시아 차 두 대를 빌려 타고 오논온천에 간다고 했다.

바트쉬레트에 가서 말 타고 가는 방법도 생각해보았지만, 최소한 일주일 내지 열흘은 걸릴 게 뻔했다. 그만큼 거리가 멀기 때문이다. 일정도 부족하거니와 말들을 일주일 넘게 빌리려면 보통 문제가 아니었다. 설령 운 좋게 오논온천까지 간다고 해도 그곳에서 다시 더 안쪽으로 들어가 인적도 없는 곳에서 안내자 없이 키모르카 냇가를 찾는다는 것은 무리였다.

허엘룬, 키모르카 냇가로 들어가다

테무친이 버르테의 처가에 머문 지 4년째 되던 해, 그러니까 열세 살 되던 해에 뜻밖의 사건이 일어났다. 아버지 예수게이가 타타르족에게 독살된 것이다. 이 사건은 한순간에 테무친 가족을 고난과 시련 속으로 몰아넣었다.

사건의 내용은 이렇다.

예수게이는 테무친이 동몽골의 데이 세첸 장인 댁에서 잘 지내는지 보기 위해 다녀오던 중이었다. 보이르 호수를 지나 길을 재촉하던 중에 초원에서 잔치를 벌이고 있는 한 무리의 타타르 사람들을 만났다. 당시 타타르족이 헤를렌강 하류 쪽을 장악하고 있었으므로 그 근처일 것으로 추정된다.

타타르인들이 먼저 예수게이를 알아보았다.

"저기 가는 저 사람, 키야트족의 예수게이 아냐?"

예수게이에게 원한이 많았던 그들은 이참에 복수하기로 하고 그를 식사에 초대했다. 몽골에서는 사람을 초대하면 거기에 응하는 것이 예의다. 예수게이는 타타르인들이 자기를 노릴지 모른다는 것을 알면서도 초대를 외면할 수 없었다. 마침 목도 칼칼하던 참이라 그들 무리에 끼여 음식을 먹었다.

그런데 그들이 은밀하게 음식물에 독을 탄 것이다. 예수게이는 잘 먹고 나서 작별 인사를 하고 돌아섰다. 얼마 지나지 않아 그들에게 당했다는 것을 깨달았다. 독이 몸에 퍼지는 것을 느낀 그는 사력을 다해 3일이나 달려 마침내 멍건모리트의 집에 도착했다.

게르에 도착한 예수게이는 자신의 몸 상태가 심상치 않음을 깨닫고 충직한 신하인 멍리크에게 동몽골의 데이 세첸에게 가서 테무친을 데려오라고 말했다. 그리고 다시 부탁했다.

"내 몸이 많이 안 좋다. 내 아이들과 아내와 동생들을 보살펴다오."

아마도 자기 목숨이 거의 다했음을 알고 한 말일 것이다.

멍리크는 콩코탄 씨족 차라카 노인의 아들로 예수게이의 충직한 신하다. 그는 유명한 샤만 집안 사람이었다. 테무친이 대칸에 오를 때 '칭기즈 칸' 칭호를 부여한 대샤만 텝 텡그리가 그의 아들이다. 훗날 칭기즈 칸은 멍리크에 대해 이렇게 말했다.

"태어날 때도 내 곁에 있었고, 자랄 때도 내 곁에서 함께 자랐다."

따라서 멍리크 일가는 칭기즈 칸 가문이 늘 가까이 두고 자문을 구했던 샤만 집안으로 생각된다. 멍리크는 예수게이의 명대로 데이 세첸에게 가서 예수게이가 몹시 보고 싶어 한다며 테무친을 데려왔다. 하지만 예수게이는 이미 운명한 뒤였다. 예수게이의 갑작스러운 죽음은 앞날이 창창할 것만 같던 테무친의 인생에 갑작스러운 고난으로 다가왔다. 친족들이 그들의 병사와 예속민 그리고 가축들까지 모두 데리고 떠났기 때문이다.

그때 예수게이의 예속민이었던 차카라 노인이 사람들에게 허엘룬 가족을 버리지 말라고 애원하자 그들은 창으로 그의 등을 내리찍었다. 원한과 적개심에 찬 그들은 마치 오늘 같은 날이 오기만을 기다린 사람들처럼 난폭하게 굴었다. 허엘룬이 예수게이의 영기(令旗)를 들고 앞으로 달려가 "어떻게 이럴 수 있냐?"며 따지자, 타르코타이 키릴토크를 따라나섰던 예속민들 일부가 떠나지 못하고 그 자리에 남았다. 하지만 그들도 곧 떠나고 말았다. 칭기즈 칸 가문의 가신이던 멍리크 일가까지 떠나자 허엘룬과 테무친 가족은 완전히 버림받은 신세가 되었다. 멍리크 가족도 타이치오드족을 따라갔다.

심지어 키야트 귀족 여인들은 보르칸 칼돈산에서 열리는 예케스 가자르 의식에서 허엘룬이 좀 늦게 왔다고 아무것도 챙겨주지 않았다. 상황이 이렇게 되자 허엘룬의 가족은 당장 입에 풀칠하는 것도 쉽지 않았다. 허엘룬 가족은 허엘룬과 테무친, 조치 카사르, 카치운, 테무게 옷치긴 등 아들 네 명에 딸 테물룬, 그리고 둘째 부인과 그녀의 두 아들 벡테르와 벨구테이까지 모두 아홉 명이었다.

허엘룬은 키야트족과 예속민들이 모두 떠나자 더 이상 멍건모리트에서 살 수가 없었다. 예속민도 없고, 가축도 없이 초원에서 산다는 것은 산 입에 거미줄 치는 것 말고는 할 수 있는 일이 없었다.

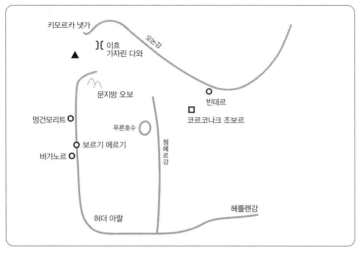

보르칸 칼돈산과 키모르카 냇가

게다가 사람들의 따가운 눈총과 외면을 견디기 어려웠다.

마침내 허엘룬은 가족을 데리고 보르칸 칼돈산의 퉁겔리크강을 거슬러 올라가 큰 고개 '이흐 가자린 다와'를 넘어 오논강 최상류인 키모르카 냇가로 들어갔다. 그곳은 보르칸 칼돈산의 북쪽 지역으로 오지 중의 오지였다. 사람이 거의 살지 않는 곳으로 사람이 숨어 살기에는 안성맞춤이었다.

키모르카 냇가에 자리 잡은 허엘룬은 전통의상 델이 끌리지 않게 허리띠를 질끈 동여매고 머리에는 높은 복타 모자를 쓴 채 자식들을 먹여 살리기 위해 이를 악물고 일했다. 몽골 여성들은 결혼하면 허리띠를 하지 않는다. 따라서 허엘룬이 허리띠를 질끈 동여맸다는 것은 생존을 위해 처절하게 몸부림쳤음을 뜻한다. 그리고 복타 모자는 고대 흉노 때부터 초원의 귀부인이나 여성 샤만들이

쓰던 모자로, 권위의 상징이다. 뿔처럼 끝이 길게 올라간 모자인데, 신분이 높은 여자는 모자 끝이 1미터나 올라갈 정도로 아주 높다. 허엘룬이 그 고생 중에도 복타 모자를 벗지 않았다는 것은 귀족으로서의 품위를 잃지 않기 위해 부단히 노력했다는 것을 의미한다.

그녀는 키모르카 냇가를 오르내리며 아이들에게 야생 과일을 따다 먹이고, 버섯과 야생 파와 마늘을 캐서 먹이는 등 먹을 수 있는 것은 뭐든 먹였다. 아이들은 아이들대로 낚싯대와 그물을 들고 냇가에서 물고기를 잡았다. 하지만 테무친과 배다른 형제들은 틈만 나면 싸웠다. 하루는 허엘룬이 그들을 야단치며 이렇게 말했다.

"너희들은 피를 나눈 형제들인데, 어찌 그리 서로 미워하느냐? 우리는 그림자밖에는 친구가 없고 꼬리밖에는 채찍이 없다. 내가 타이치오드족 형제들에게 받았던 수모를 반드시 갚아야 한다고 수없이 말했거늘, 너희들은 어찌 그 옛날 알랑 고아의 다섯 아들처럼 서로 다툰단 말이냐?"

하지만 테무친과 카사르는 허엘룬의 말에 반항하며 말했다.

"지난번에도 우리가 잡은 새들을 쟤네들이 빼앗아갔어요. 그런데 오늘 또다시 빼앗아갔단 말이에요. 어떻게 쟤네들과 함께 지낼 수 있어요?"

그들은 마침 벡테르가 나지막한 산에서 말들을 돌보고 있는 것을 보고는 살금살금 기어 올라가 활로 그를 쏘려 했다. 그때 벡테르가 먼저 테무친과 카사르를 발견했다. 그는 사태를 파악했는지 담담하게 말했다.

"타이치오드족 형제들로부터 받은 수모를 아직 갚지도 못했는데, 너희는 어째서 나를 눈 속의 티끌처럼, 입속의 가시처럼 여긴단 말이냐? 어떻게 이럴 수 있단 말이냐? 나를 죽이더라도, 내 화덕의 불씨만은 꺼지지 않게 해다오. 그리고 동생 벨구테이만은 살려다오."

그렇게 말하고는 모든 것을 체념한 듯 책상다리를 하고 앉았다. 그러자 테무친과 카사르가 앞뒤에서 활을 쏘아 그를 죽였다.

아무리 배다른 형제들이라곤 하지만, 어떻게 죽일 생각까지 했을까? 이 사선을 두고 일부 학자들은 칭기즈 칸의 잔인한 성격이 어려서부터 드러난 것이라고 비난한다. 그러나 몽골 학자들은 불행한 사건이지만, 굳이 확대 해석할 필요가 없다는 태도다. 모두가 미처 돌아가는 세상이었으므로 아이들도 순간적으로 극단적인 감정에 휩싸였을 수 있다는 것이다.

또 다른 학자들은 허엘룬이 칠레두와 혼인한 사이라는 것을 들어 테무친이 메르키트족의 피를 물려받았기 때문에, 그에 대한 콤플렉스로 그랬을 거라고 말하기도 한다. 하지만 테무친이 메르키트족의 피를 물려받았다고 의심했다면, 몽골 사람들은 결코 그를 키야트족의 칸으로 세우지 않았을 것이다. 칭기즈 칸의 큰아들 조치가 메르키트의 피를 갖고 태어난 이유로 대칸의 후보에서 제외된 것이 좋은 예다.

그리고 《몽골비사》를 비롯해 당시의 어떤 역사책에도 테무친이 메르키트족의 피를 물려받았다고 의심하는 내용은 없다. 따라서 테무친이 메르키트족의 피를 물려받았다는 콤플렉스 때문에 벡테르를 죽였다는 주장은 잘못이다.

테무친과 카사르가 게르로 돌아오자 허엘룬은 그들의 눈빛을 보고 단번에 사태를 알아차렸다. 가족 하나만을 의지해 몸이 부서져라 일하며 어렵게 자식들을 키우던 허엘룬으로서는 하늘이 무너지는 듯싶었을 것이다. 그녀는 끝내 그들을 향해 피 끓는 욕설을 퍼부었다. 다음은 《몽골비사》 78절이다.

이 구제 불능의 망종 놈들아.

그래, 너는 내 자궁에서 나올 때도 손에 검은 핏덩이를 움켜쥐고 태어났었지.

자기 태반을 물어뜯는 카사르 개처럼,

분노를 억누르지 못하는 사자처럼,

살아 있는 것을 산 채로 삼키는 커다란 뱀처럼,

제 그림자에 달려드는 송골매처럼

소리 없이 순식간에 다른 물고기를 잡아먹는 꼬치고기처럼,

제 새끼의 뒷다리를 물어뜯는 수낙타처럼,

눈보라 속에서 먹이를 찾아 헤매는 늑대처럼,

제 새끼를 잡아먹는 원앙처럼,

소굴을 건드리면 떼 지어 덤벼드는 들개처럼,

순식간에 덮치는 호랑이처럼,

미친 듯이 날뛰는 맹견처럼,

그렇게 벡테르를 죽였구나.

그림자밖에는 친구가 없고

꼬리밖에는 다른 채찍이 없을 때
타이치오드 형제들에 대한 원을 풀지도 못하고
원수를 누가 갚겠느냐 근심하고 있을 때
어찌 이런 일을 저지를 수 있단 말이냐?

그러면서 허엘룬은 옛 이야기를 하고 노인들의 말씀을 하며
그들을 꾸짖었다. 하지만 테무친 가족은 그 시련을 견디고 다시 일
어섰다.

타이치오드족 사람들에게 잡혀온 테무친

테무친 가족이 키모르카에서 어려운 시기를 보내던 어느 날,
타이치오드족 사람들 300명이 테무친을 잡으러 왔다. 테무친이 열
다섯 살 되던 해였다. 테무친이 성년이 되자 잡아 죽이기 위해 몰
려온 것이다. 열다섯 살이면 아직 어리다고 생각할지 모르나 옛날
에는 사춘기 때 성년식을 하고 나면 바로 어른이 되었다.《몽골비
사》79절에는 그때 그들의 선두에 섰던 타르코타이 키릴토크가 이
렇게 외쳤다고 쓰여 있다.

새끼 양의 솜털이 빠졌다. 두 살 난 양처럼 컸다.

양고기는 두 살짜리가 가장 맛있다고 한다. 이젠 테무친을 죽

일 때가 되었다는 말이다. 타이치오드족 사람들이 몰려오는 기미가 보이자 허엘룬은 서둘러 테무친을 말에 태워 뒷산으로 도망치게 했다.

그 길로 테무친은 산속으로 들어가 9일을 버텼다. 하지만 굶주림 때문에 더는 견딜 수 없었다. 타이치오드족 사람들이 물러갔을 것으로 생각하고 산을 내려왔다. 그런데 타이치오드족 사람들은 기다리면 테무친이 내려오리라는 것을 알고 숲 입구를 지키고 있었다. 그들은 테무친이 숲에서 나오는 것을 보고 붙잡아 목에 나무칼을 씌운 뒤 타이치오드족의 본거지로 끌고 갔다. 그때 아들이 끌려가는 모습을 지켜보던 허엘룬은 억장이 무너지는 슬픔 속에 눈물을 뿌리며 이렇게 외쳤다.

"나의 아들 테무친아! 너의 아버지 예수게이 곁으로 가거라. 그리고 고난에 찬 이 세상을 잊어라. 너를 구하지 못한 이 한 많은 어미를 용서해다오."

테무친이 끌려간 곳은 타이치오드족의 본거지 빈데르였다. 그러고 보면 빈데르는 칭기즈 칸과 인연이 깊은 곳이다. 탄생지로 가장 유력할 뿐 아니라 그곳에서 유년 시절을 보냈고, 타이치오드 사람들에게 잡혀와 고통을 받은 장소인 데다, 뒷날 몽골고원을 통일하고 대칸에 오른 곳이기도 하니 말이다.

테무친을 잡아온 타이치오드 사람들이 그를 죽이려 하자, 타르코타이 키릴토크가 그들을 만류했다. 그리고 테무친을 자기 백성들의 게르에서 하루씩 묵게 하며 수모를 겪게 하자고 했다. 사람들은 반대하지 않았다. 그 덕에 테무친은 하루하루 목숨을 연명하며 타이치오드 유목민들의 게르에서 지내게 되었다.

그런데 타르코타이 키릴토크는 왜 테무친을 유목민들 집에서 하루씩 지내게 한 것일까? 그는 테무친을 죽일 생각이 없었는지도 모른다. 그렇다면 왜 굳이 앞장서서 테무친을 잡아온 것일까?

당연히 그런 의문이 들지 않을 수 없다. 그의 행동을 이해하기 위해서는 예수게이가 죽은 뒤 타르코타이 키릴토크의 위치를 살펴볼 필요가 있다. 그는 타이치오드족의 적장자다. 타이치오드족 내 서열로만 보면 가상 지위가 높다. 하지만 예수게이가 죽은 뒤 그는 뚜렷한 행적을 보이지 않았다. 따라서 예수게이가 죽으면서 그 역시 타이치오드족 귀족 내에서 비주류로 밀려났을 가능성이 높다.

타이치오드족 사람들 중에는 예수게이를 싫어하는 사람들이 많았다. 다만 그가 권력을 쥐고 있었기 때문에 감히 저항하지 못했다. 하지만 예수게이가 죽자, 그에 대한 미움과 적개심이 타르코타이 키릴토크에게 쏠렸을 가능성이 크다. "네가 예수게이를 불러들이지 않았느냐"고. 그러자 위기에 몰린 타르코타이 키릴토크는 앞장서서 예수게이의 병사들과 예속민 그리고 가축들까지 모두 빼앗는 과감한 행동을 함으로써 친족들의 비난과 원망을 모면하려 했던 게 아닌가 생각된다. 보라고. 자신도 예수게이에게 당했다고, 누구보다 예수게이를 미워하고 저주한다고….

키모르카 냇가로 달려가 테무친을 잡아온 것도 같은 맥락에서 이해할 수 있다. 타이치오드족 사람들이 테무친을 잡아다 죽이려고 하자, 이참에 자기가 예수게이를 얼마나 미워하는지를 보여주기 위해 앞장섰을 것이다. 그렇게라도 해 타이치오드족 내에서 자신의 위치를 되찾고자 했던 것이리라.

따라서 그가 왜 테무친을 곧바로 죽이지 말고 유목민들의 게르에 하루씩 묵게 하자고 했는지 이해할 수 있다. 그는 누구보다 테무친을 좋아했다. 그래서 타이치오드족 사람들이 테무친을 죽이려 하자 꾀를 내어 기회를 주어 도망치게 하려 했을 것이다.

하늘도 그의 뜻을 알았던 것일까. 테무친이 타이치오드족 유목민 게르를 전전하며 하루하루를 보내고 있던 어느 날 마침내 기회가 찾아왔다.

여름이 시작되는 6월 16일, 타이치오드족 사람들은 오논강가 언덕에서 축제를 벌였다. 오논강가의 언덕이라면 빈데르의 그 비장의 언덕 일대를 말한다. 축제가 끝나고 어두워지자 사람들은 흩어졌다. 하지만 보름이어서 밤에도 대낮처럼 환했다. 그때 테무친을 데리고 있던 유목민이 그를 그곳으로 데려왔다. 주변에 사람이 모두 가버리고 없자 테무친은 목에 씌운 나무 칼을 양손으로 잡아 유목민의 머리를 가격한 뒤 오논강의 버드나무 숲속으로 달려갔다. 그러고는 오논강 물속으로 들어가 나무 칼 사이로 코만 물 밖에 내민 채 가만히 누워 있었다.

테무친을 놓친 유목민은 큰 목소리로 외쳤다.

"테무친을 놓쳤다. 그를 잡아라!"

흩어졌던 사람들이 모여 오논강가의 버드나무 숲을 수색하기 시작했다. 마침 그곳을 지나던 소르칸 시라가 테무친이 강의 여울 속에 누워 있는 것을 발견했다. 하지만 그는 테무친을 보고 그냥 지나갔다.

"네게 이런 비범한 재능이 있기 때문에, 사람들이 눈에 불이 있고 뺨에 광채가 있다고 너를 질투하는 거란다. 네가 이곳에 숨어 있다는 걸 아무에게도 말하지 않으마."

소르칸 시라는 타이치오드족에 예속된 솔도스족 사람이다. 그는 키야트족과 타이치오드족이 싸우는 모습을 보며, 이렇게 말한 적이 있었다.

"타이치오드족과 키야트족은 우리와는 다른 성골(聖骨) 부족이다. 너희는 형과 동생 사이건만 왜 하나로 뭉치지 못하고 서로 싸우느냐?"

그는 키야트족이나 타이치오드족이 아니었기에 그들의 갈등에서 상대적으로 자유로웠던 것이다.

타이치오드족 사람들은 테무친을 찾지 못하자 처음부터 다시 오논강 일대를 수색하기 시작했다. 그들의 움직임이 심상치 않음을 느낀 소르칸 시라가 다시 테무친에게 가서 말했다.

"너희 형제들이 이를 갈고 있다. 꼼짝 말고 가만히 누워 있거라."

두 번째 수색에서도 테무친을 찾지 못하자 타이치오드족 사람들은 처음부터 다시 좀 더 철저히 수색하자고 말했다. 그때 소르칸 시라가 그들에게 말했다.

"타이치오드족 장로들이여, 그대들은 달빛이 환할 때도 사람을 놓쳤다. 지금은 달마저 들어가 캄캄한 밤인데 어떻게 그를 찾겠는가. 우리가 지나온 길 중에 못 보고 지나친 곳을 다시 수색해보자. 그래도 못 찾으면 내일 날이 밝았을 때 다시 수색하자. 목에 칼을 쓴 사람이 도망가면 얼마나 가겠는가."

그러자 모두 그의 말이 맞다며, 지나온 길을 다시 수색하기 시작했다. 소르칸 시라가 다시 테무친이 있는 곳을 지나며 알려주었다.

"이번이 마지막 수색이다. 이번에도 못 찾으면 내일 찾자고 했다. 이제 곧 사람들이 흩어지면 서둘러 어머니와 동생들이 있는 곳으로 달려가라."

사람들이 모두 흩어지자 테무친은 속으로 생각했다. "이전에 마을의 게르들을 차례로 돌며 잠을 잘 때도 소르칸 시라의 두 아들 침바이와 칠라온은 나를 몹시 동정했다. 그들은 목의 칼 때문에 잠 못 드는 나를 보고 목의 칼을 헐겁게 만들어 내가 잘 수 있도록 도와주었다. 소르칸 시라는 나를 보고도 사람들에게 말하지 않았다. 지금 나를 구해줄 수 있는 사람은 그들뿐이다."

마침내 테무친은 주위가 조용해지자 오논강을 거슬러 소르칸 시라의 게르를 찾아 나섰다. 소르칸 시라의 게르에서는 밤을 새워 나무 막대기로 말 젖을 젓기 때문에 소리가 난다는 것을 기억한 테무친은 그 소리가 나는 게르를 찾아갔다. 테무친의 총기가 드러나는 대목이다. 게르에 들어가자 소르칸 시라가 깜짝 놀라며 외쳤다.

"네 어머니와 동생을 찾아가라고 하지 않았느냐. 어째서 이곳으로 왔단 말이냐?"

그때 두 아들 침바이와 칠라온이 말했다.

"매가 종달새를 추격해오면 수풀은 그 새를 숨겨 구해줍니다. 지금 테무친이 우리에게 도움을 청해왔는데, 아버지는 어찌 그렇게 말씀하십니까?"

그러면서 두 아들은 얼른 테무친 목의 나무 칼을 잘라 화덕에 던져 태워버린 후 게르 뒤쪽의 양모를 실은 마차에 테무친을 숨겼다. 양모 더미 속에 숨은 지 3일째 되던 날, 타이치오드족 사람들은 "분명히 누군가 테무친을 숨겨주고 있다"면서 "게르마다 수색하자"고 했다. 그들은 소르칸 시라의 게르에 와서 샅샅이 수색한 후 다시 게르 뒤에 있는 양모 마차에 올라가 양털을 끄집어내기 시작했다. 절체절명의 위기였다. 다급해진 소르칸 시라가 그들에게 말했다.

"이보게들, 이 무더위에 사람이 양모 속에서 어찌 견딜 수 있단 말인가?"

그러자 그들도 그렇겠다 싶었는지 마차에서 내려와 다른 곳으로 갔다. 마침내 수색하던 자들이 가버리자 소르칸 시라가 테무친에게 말했다.

"하마터면 내가 재처럼 바람에 날아가버릴 뻔했다. 지금 당장 네 어머니와 동생들을 찾아가라."

그러고는 아직 새끼를 낳아본 적이 없는 암말에 태운 뒤 삶은 양고기를 주고, 마유주를 큰 가죽 통과 작은 가죽 통에 나누어 담아주었다. 하지만 말안장은 주지 않았다. 초원 사람들은 말안장만 보고도 뉘 집 말인지 알아본다. 소르칸 시라는 만에 하나 테무친이 타이치오드족 사람들에게 붙잡힐 경우 말안장 때문에 자신의 신분이 드러날 수 있다는 것을 생각했던 것이다. 그런 다음 소르칸 시라는 테무친에게 활과 화살 두 대를 챙겨주며 길을 떠나게 했다. 그의 아들 칠라온은 나중에 테무친의 유명한 '네 준마'의 하나가 되었다.

테무친은 밤을 새워 달렸다. 자기가 잡혔던 키모르카 냇가에 이르자 풀이 밟힌 흔적을 따라 골짜기로 들어섰다. 냇가를 거슬러 어머니의 흔적을 찾아 계속 올라갔다. 키모르카 냇가 위쪽 언덕에 이르렀을 때, 테무친은 마침내 가족과 상봉했다. 테무친과 가족들은 눈물을 흘리며 함께 기뻐했다.

하지만 타이치오드족 사람들이 곧 밀어닥칠 것이므로 그곳은 안전하지 않았다. 테무친 가족은 서둘러 그곳을 떠났다. 테무친 가족이 옮겨간 곳은 여름에는 모기가 들끓어 사람들이 살 수 없는 곳으로 유명한 '푸른 호수'였다. 쳉헤르강이 흐르는 초원 서쪽에 있는 산림 지대였다. 사람들의 눈을 피하자니 자연히 사람들이 외면하는 곳을 선택할 수밖에 없었다.

몽골에는 푸른 호수란 이름을 가진 호수가 많다. 보르칸 칼돈산에도 있고, 허엘룬 가족이 옮겨 간 곳도 그렇고, 다른 곳에도 푸른 호수란 이름의 호수가 많다. 워낙 태양이 강렬하고 하늘이 청명하다 보니 호수들이 청옥처럼 푸른 탓에 많은 호수들이 그 같은 이름을 갖고 있다.

테무친 가족은 키모르카 냇가에서 큰 고개 '이흐 가자린 다와'를 넘어 보르칸 칼돈산을 지나 헤를렌강을 따라 내려오다 푸른 호수가 있는 산림 지대로 들어갔을 것이다. 그들은 그곳에서 타르박이나 들쥐를 잡아먹으며 어렵게 연명했다.

푸른 호수에서의 말 도둑 사건

푸른 호수는 쳉헤르강 서쪽 산림 지대에 있었다. 때문에 쳉헤르강을 따라 올라가다 서쪽 산림 지대로 들어가야 한다. 푸른 호수의 여름은 식인 파리가 무섭게 달려드는 곳이다. 몽골에는 식인 파리가 유명하다. 동물의 피부에 붙어 피를 빨아먹는다. 여름에는 이 파리가 무섭게 번식하는데, 한번 떴다 하면 까맣게 달려들어 앞이 안 보일 정도라고 한다. 그렇지만 이곳은 사람들이 살지 않았으므로 사람들의 이목을 피해 살기에 적당했다.

이곳 푸른 호수 근처에는 칭기즈 칸 가문이었던 멍리크의 아들 텝 텡그리의 집이 있었다.《집사》에 의하면, 텝 텡그리는 한겨울에 종종 강에서 벌거벗은 채 얼음 위에 앉아 있곤 했으며, 그러면 얼음이 녹으면서 김이 모락모락 피어올랐고, 이내 텝 텡그리의 몸이 공중으로 떠올랐다고 한다. 이 기록이 사실이라면, 그는 단순한 강신무(降神巫)가 아니라 아주 오랫동안 수련을 해 높은 경지에 이른 샤만이었을 것이다.

테무친이 이곳 푸른 호숫가에 살 때 아주 중요한 일이 벌어졌다. 바로 말 여덟 필을 도둑맞은 사건이다. 그 사건으로 인해 테무친은 평생 동지이자 친구인 보오르초를 만나게 된다.

사건의 전말은 이렇다.

테무친이 게르 옆에 여덟 필의 말을 묶어놓고, 근처에 있을 때였다. 도둑이 다가오더니 테무친이 빤히 지켜보고 있는데 여덟 필의 말을 몰고 가버렸다. 테무친이 놀라 뒤쫓아갔지만, 도둑은 이미 멀리 달아난 뒤였다. 저녁에 말을 타고 타르박 사냥을 나갔던 벨구테이가 돌아왔을 때 "우리 말 여덟 필을 도둑이 훔쳐갔다"라고 하자 벨구테이와 카사르가 서로 도둑을 쫓아가겠다고 했다. 테무친이 "너희들은 그를 쫓아갈 수 없다"라고 말한 뒤 벨구테이가 탔던 꼬리가 짧은 밝은 황색 말을 타고 말들이 지나간 풀의 흔적을 따라 추격을 시작했다.

추격 3일째 되는 날 이른 아침, 테무친은 말 떼 속에서 암말의 젖을 짜고 있는 한 청년을 만났다. 테무친이 그에게 혹시 엷은 밤색의 거세마들이 지나가는 것을 보았느냐고 묻자 그가 "오늘 아침 해가 뜨기 전에 엷은 밤색의 거세마 여덟 필을 누군가 이 앞으로 몰고 갔다. 그가 간 길을 내가 가르쳐주겠다"라고 했다.

몽골 사람들은 털 색깔과 무늬에 따라 말을 구별하는데, 그 용어가 수십 개나 된다. 따라서 말의 털 색깔만으로도 자기 말인지 아닌지 구별할 수 있다. 또 몽골 사람들은 종마를 제외한 수말들은 거세하는데, 그러지 않으면 발정기 때 말을 듣지 않아 전시에 사용할 수 없기 때문이다. 종마는 갈기를 길게 기르는 데 반해 거세마들은 갈기를 짧게 자르기 때문에 한눈에 종마인지 거세마인지 알 수 있다. 따라서 수말이고 갈기가 짧다면 거세마다.

청년은 자신의 크고 작은 가죽 통들을 초원에 숨겨둔 뒤, 테무친을 말에서 내리게 한 다음 등이 검은 자신의 백마로 갈아타게 했다. 그 자신은 속도가 빠른 담황색 말을 탔다. 그리고 이렇게 말했다.

"벗이여, 고생이 많구나. 대장부는 고통을 함께 나누는 법, 내가 너의 평생 동지가 되어주겠다. 나의 아버지는 나코 바얀이란 분이다. 나는 그분의 외아들로 보오르초라고 한다."

두 사람은 거세마들의 발자국을 쫓아 3일을 달렸다. 해가 서녁으로 넘어갈 때쯤 한 무리의 사람들이 말과 함께 있는 곳에 도착했다. 그때 엷은 밤색의 거세마 여덟 필이 그들 무리의 외곽에서 풀을 뜯고 있는 모습이 보였다. 테무친이 보오르초에게 "동지여, 너는 여기 있어라. 내가 가서 저 여덟 필의 말을 데리고 나오겠다"라고 하자, 보오르초가 "동지가 되겠다고 말했는데, 어찌 너 혼자 보내고 이곳에서 가만히 기다린단 말이냐?" 하며 응수했다. 두 사람은 함께 달려가 엷은 밤색 말들을 몰고 나왔다.

그러자 사람들이 우르르 달려 나오더니 말을 타고 쫓아왔다. 백마를 탄 사람 하나가 말 올가미 장대를 잡고 빠르게 질주해왔다. 보오르초가 "친구여, 활과 화살을 달라. 내가 쏘겠다"라고 하자, 테무친이 "나 때문에 네가 다칠까 두렵다. 내가 쏘겠다"라고 말했다. 그러고는 말 머리를 돌려 백마 탄 사람을 향해 활을 쏘았다. 그러자 백말을 탄 사람이 말 올가미 장대를 들어 뒤에 쫓아오던 사람들을 멈추게 했다. 이미 날이 어두워져서 뒤를 쫓아가는 게 무리라 생각한 것이다.

만일 밝은 낮이었다면 둘 다 위험했을 것이다. 두 사람은 말을 데리고 밤새 달렸다. 3일 밤낮을 쉬지 않고 달려 보오르초의 말들이 있는 곳까지 왔다. 테무친이 보오르초에게 말했다.

"벗이여, 네가 없었다면 내가 어떻게 이 말들을 찾을 수 있었겠는가. 그러니 이 말들을 함께 나누자. 몇 마리를 가지겠는가?"

그러자 보오르초가 말했다.

"네가 고생이 많았다. 나는 도움을 주고자 너의 동지가 되었다. 그런 내가 어찌 전리품으로 몇 마리를 달라고 하겠는가. 나의 아버지가 갖고 있는 말들만으로도 내겐 충분하다. 만일 말을 받는다면 내가 도와준 것이 무슨 의미가 있겠는가. 나는 받지 않겠다."

그러고 나서 두 사람은 보오르초의 아버지 나코 바얀의 게르로 갔다. 나코 바얀은 아들을 잃어버렸다고 눈물을 흘리며 비통해하고 있었다. 그런데 갑자기 돌아온 아들을 보자 한편으론 반가워 울면서도 아들을 나무랐다. 그러자 보오르초가 말했다.

"무슨 일이 있었습니까? 훌륭한 친구가 고생하고 있기에 그의 동지가 되어 함께 갔다가 돌아왔을 뿐입니다. 아무 일도 없었습니다."

그러고는 초원에 숨겨놓았던 크고 작은 가죽 통을 챙겨 가지고 왔다. 나코 바얀은 양을 잡아 테무친이 돌아가는 길에 양식으로 쓰도록 주었다. 그리고 마유주를 넣은 큰 가죽 통을 말안장 앞에 매달아주었다. 나코 바얀은 두 사람에게 말했다.

"너희 둘은 항상 서로를 생각해야 한다. 또 오늘 이후로 서로를 버리지 말거라."

테무친은 자기 말을 타고 3일 밤낮을 달려 푸른 호수의 게르에 도착했다. 걱정하고 있던 허엘룬과 동생들은 몹시 기뻐했다. 워낙 험악한 시대라 말을 찾으러 갔다가 도리어 무슨 변고나 당하지 않았을까 노심초사하던 중이었다. 그렇게 푸른 호수는 테무친에게 안식과 평생 동지를 가져다준 특별한 곳이었다.

버르테와 신접살림을 차리다

1178년, 테무친이 열일곱 살이 되자 허엘룬은 테무친을 혼인시킬 때가 됐음을 알고 버르테가 있는 보이르 호수의 보스카올 씨족에게 테무친을 보냈다. 버르테가 테무친보다 한 살 많았으므로 언제까지 혼인을 미룰 수는 없었다. 당시 몽골의 결혼 풍습에 의하면, 신랑은 결혼 예물을 준비해야 했다. 아마도 허엘룬은 옹기라트족 친정에 손을 넣어 어렵게 테무친의 결혼 예물을 마련했을 것이다.

《몽골비사》94절에서는 테무친이 버르테와 결혼한 이야기를 이렇게 말하고 있다.

테무친과 벨구테이 두 사람은 헤를렌강을 따라 데이 세첸을 찾아갔다. 당시 데이 세첸의 옹기라트 씨족은 체크체르와 치코르코 두 산 사이에 머물러 있었다. 데이 세첸이 테무친을 보고 몹시 기뻐했다.

"너의 타이치오드족 형제들이 너를 죽이려 한다는 것을 알고 몹시 걱정하고 절망했었다. 어려운 일을 잘 극복해냈구나. 장하다. 이렇게 너를 다시 만나게 되다니!"

데이 세첸은 테무친을 버르테와 혼인시킨 다음 버르테를 테무친의 게르로 데려가게 했다. 테무친과 버르테가 길을 떠나자 데이 세첸은 버르테를 헤를렌강의 습지까지 전송한 뒤 돌아갔다. 버르테의 어머니 초탄은 버르테와 함께 테무친의 게르가 있는 푸른 호수까지 따라왔다.

버르테의 어머니 초탄이 테무친의 게르가 있는 푸른 호수까지 따라온 것은 매우 이례적인 일이었다. 빈털터리 테무친에게 딸 버르테를 보내면서 마음이 놓이지 않았을 것이다. 버르테의 어머니 초탄은 푸른 호숫가에 와보고 얼마나 한심했을까? 예속민도 없지, 가축도 없지. 말도 채 10필이 안 됐으니 말이다. 귀한 딸자식을 그저 사람 하나 보고 시집보낸 셈이었다.

테무친이 푸른 호숫가에서 버르테와 신접살림을 차리자, 그에게는 옹기라트의 보스카올 씨족이란 든든한 배경이 생겼다. 그에게는 든든한 동생들도 있었다. 카사르는 활을 잘 쏘았고, 벨구테이는 도끼로 나무를 조각할 만큼 도끼 다루는 솜씨가 좋았다. 그들은 이미 뛰어난 전사로 성장해 있었다.

하지만 동생들만으로는 부족했다. 그때 보오르초를 떠올렸다. 그는 아주 특별한 친구였다. 그는 도둑맞은 말 여덟 필을 되찾도록 도와주었을 뿐 아니라 테무친에게 친구가 무엇인지, 동지가 무엇인지 깨닫게 해준 귀중한 벗 너커르(Nökör)—동지, 친구라는 뜻을 지닌 말로 평생 친구라는 안다라는 말과 함께 몽골 사회에서 가장 널리 쓰이는 말이다—였다. 친족들마저 자기를 해치고 죽이려 하는 험악한 세상에서 진정한 우정을 나눌 친구가 생겼다는 것만으로도 테무친은 온 세상을 차지한 듯 가슴이 뿌듯해지고 든든함을 느꼈을 것이다.

장모가 돌아가자, 테무친은 보오르초를 푸른 호수로 불렀다. 가정도 이루었으니 이제는 세상을 위해 무언가 해야 한다고 생각한 것이다. 그래서 그에게 세상을 위해 같이 일해보자고 한 것이다.

보오르초는 그런 테무친의 제의를 기꺼이 받아들여 푸른 호수로 달려왔다. 보오르초가 도착하자 테무친은 푸른 호수에서 지금의 바가노르시 북쪽에 있는 물안개 피는 언덕 '보르기 에르기'로 게르를 옮겼다. 이때가 1185년이니 테무친이 스물네 살 되던 해다.

그런데 테무친은 아버지 예수게이의 본거지인 멍건모리트를 두고 왜 하필이면 다른 키야트족의 거주지 근처에 있는 보르기 에르기로 이주한 것일까? 지형상으로도 보르기 에르기는 키야트 사람들의 눈에 띄기 쉬운 곳이었다. 이제까지 사람들 눈에 띄지 않는 곳을 전전하며 숨어 살았던 점을 고려할 때, 보르기 에르기로 나온 것은 커다란 변화가 아닐 수 없었다. 아마 그로서는 언제까지 사람들의 눈을 피해 살 수는 없다고 생각했을 것이다. 이제야말로 세상 밖으로 나가 아버지 예수게이의 백성들을 되찾을 때라고 말이다.

그래서 키야트계 사람들에게 자신의 존재를 드러내기 적당한 보르기 에르기를 택했던 것이다. 이를 뒷받침하듯 테무친은 보르기 에르기로 이주한 뒤 주위 사람들에게 이렇게 말했다고 한다.

"옛날 나의 아버지 예수게이와 케레이트부의 옹 칸은 안다를 맺었다. 따라서 옹 칸은 나에게 아버지이기도 하다."

옹 칸이 누구인가? 아버지 예수게이가 위기에 빠진 그를 구해주었고, 두 사람은 안다 맹약까지 맺은 사이였다. 옹 칸은 당시 예수게이에게 말했다.

"네 자손의 자손에 이르기까지 반드시 너의 은혜를 갚겠다. 하늘과 땅의 가호 아래 맹세한다."

테무친은 그러한 사실을 일찍부터 알고 있었고, 보르기 에르 기로 이주하면서 이제야말로 옹 칸을 찾아가 아버지의 백성들을 되찾을 수 있게 도와달라고 요청할 때라 생각했다. 당시 옹 칸은 막강한 세력을 갖고 있었다. 그의 힘은 카라툰을 중심으로 몽골 중 부는 물론 멀리 동몽골 변방까지 미쳤으며, 당시 몽골고원에서는 누구도 넘볼 수 없는 강자였다.

하지만 옹 칸을 찾아간다고 다 해결되는 것은 아니었다. 몰락 한 친구의 아들을 옹 칸이 무턱대고 반겨줄 리 없었기 때문이다. 테무친은 고심 끝에 버르테가 시집올 때 예단으로 들고 온 검은담 비 외투를 들고 찾아가기로 했다.

검은담비는 타이가 산림 지대에 사는 동물로 겨울털이 보드랍 기로 유명하다. 하지만 워낙 귀해서 검은담비를 잡으면 횡재했다고 말할 정도였다. 검은담비 외투 한 벌을 만들려면 검은담비 수십 마 리가 필요할 테니 매우 값진 예물이었다. 버르테의 처가가 부유한 보스카올 씨족이어서 가능했던 예물이다. 마침내 테무친은 지금의 울란바토르 교외에 있는 옹 칸의 행궁을 찾아갔다. 그리고 옹 칸에 게 말했다.

"옛날에 아버지 예수게이와 옹 칸은 안다를 맺었습니다. 그러 니 옹 칸은 저의 아버지와 같습니다. 제가 혼인을 했습니다. 그래서 아버지께 예단을 바치려고 찾아왔습니다."

그러고는 검은담비 외투를 바쳤다. 그러자 옹 칸이 매우 기뻐 하며 말했다.

"검은담비 외투를 받은 보답으로 흩어진 너의 백성을 찾아주겠다."

사실 옹 칸으로서는 예수게이와 안다를 맺으며 한 말이 있으니 테무친이 빈손으로 찾아갔다 해도 박대하지는 않았을 것이다. 그렇긴 해도 막무가내로 찾아가 옛날에 옹 칸이 한 말을 상기시키며 아버지 예수게이의 백성들을 되찾게 해달라고 했다면, 옹 칸은 슬며시 미소 짓고 말았을 것이다.

테무친은 자신의 백성을 찾을 수 있도록 도와달라는 말 대신 검은담비 예단을 바치며 "옹 칸을 아버지처럼 떠받들겠다"라고 한 것이다. 옹 칸으로서는 자기 체면을 살려준 테무친이 더없이 기특하고 대견했을 것이다. 검은담비 외투도 외투지만, 옹 칸은 무엇보다 테무친의 그 말에 감동했던 것으로 보인다. 테무친이 예사로운 젊은이가 아니며, 장차 크게 쓸모가 있을 거라고 생각했음에 틀림없다. 그래서 기꺼이 '흩어진 너의 백성들을 찾아주겠다'고 약속한 것이다. 실제로 테무친은 옹 칸을 늘 아버지처럼 신뢰하고 존중하고 정성으로 모셨다.

옹 칸이 말했다.

"불결한 것은 신장에 있고, 성스러운 믿음은 심장에 있을 것이다."

이 말은 일종의 축원이다. 신장은 뒤에 있고, 심장은 앞에 있다. 또 신장은 우리 몸속의 오물을 걸러내는 곳이고, 심장은 우리 몸에 피를 공급하는 곳이다. 따라서 그 말은 '내가 너의 신뢰를 저버리는 일은 결코 없을 것이다'라는 의미로 해석할 수 있다.

이 일을 두고 사람들은 테무친이 검은담비 외투와 말 몇 마디로 천하의 옹 칸을 움직였다고 말한다. 그리고 옹 칸은 테무친이란 유능한 젊은이를 얻었다고 말이다. 하지만 의지할 데 없는 테무친으로서는 달리 방법이 없었을 것이다. 테무친은 그저 옹 칸을 아버지처럼 모시고 의지할 수 있기를 바랐을 것이다. 테무친이 옹 칸을 찾아간 일은 빠른 속도로 몽골 사람들에게 퍼졌다.

메르키트족의 복수, 버르테가 납치되다

테무친이 옹 칸에게 검은담비 예물을 바치고 돌아온 어느 날 그에게 반가운 사람이 찾아왔다. 보르칸 칼돈산에 사는 오리앙카이족의 자르치오다이 노인이었다. 젤메라는 젊은이를 데리고 와서 테무친에게 이렇게 말했다. 《몽골비사》 97절에 나온다.

오논강 비장의 언덕에서 테무친 당신이 태어났을 때, 나는 담비 털로 만든 포대기를 예물로 주었습니다. 나의 아들 젤메도 주었습니다. 하지만 그때는 젤메가 너무 어리다 해서 도로 데리고 갔습니다. 이제 젤메가 장성했습니다. 그를 드리니 말안장 얹는 일을 시키시거나 문 여닫는 일을 시키십시오.

그러고는 젤메를 테무친에게 주고 갔다. 젤메가 누구인가. 보오르초와 함께 평생 테무친의 최측근으로 지내며 그를 지킨 인물이다. 그는 훗날 1200년 타이치오드족과 전투를 벌일 때 목에 화살을 맞은 테무친을 극진히 간호해 살려냈다.

어려울 때, 그래서 그 어느 때보다 벗과 동지가 필요할 때 멀리서 친구가 찾아온 셈이니 테무친으로서는 여간 반가운 일이 아니었다.

하지만 하늘은 영웅을 쉽게 만들지 않는 법. 반드시 시험과 시련을 주게 마련이다. 테무친이 스물다섯 살 되던 1186년 봄 어느 날 새벽, 정체를 알 수 없는 병사 300명이 보르기 에르기에 들이닥쳤다. 《몽골비사》 98~102절은 그 순간을 다음과 같이 전하고 있다.

어느 날 이른 새벽 어슴푸레한 빛이 걷히고 날이 환하게 밝아올 무렵이었다. 허엘룬의 게르에서 일하던 코아그친 할머니가 다급하게 허엘룬을 깨우며 말했다.

"테무친 어머니! 큰일 났어요. 어서 빨리 일어나요. 땅이 진동하고 있어요. 말발굽 소리가 들려오고 있어요. 타이치오드족 사람들이 오고 있는 것은 아닌지 모르겠어요. 테무친 어머니, 어서 빨리 일어나요."

사태를 파악한 허엘룬은 얼른 아이들을 깨우게 했다. 테무친과 동생들은 일어나 자신들의 말들이 있는 곳으로 달려가 고삐를 잡았다. 테무친은 그중 한 마리 말 위에 올라탔다. 허엘룬도 한 마리 말 위에 올라탔다. 카사르와 카치운, 테무게 옷치긴도 말에 올라탔다. 벨구테이도 말 위에 올라탔다. 보오르초와 젤메도 말 등에 올라탔다. 여동생 테물룬은 허엘룬이 자기 가슴 앞에 앉혔다. 한 마리는 만일을 위해 비어두었다. 버르테에게는 말이 차례가 안 갔다.

테무친 형제는 말을 달려 보르칸 칼돈산 쪽으로 달려갔다. 코아그친 할머니는 버르테를 숨겨야 한다며 검은 모피로 덮개를 씌운 수레에 버르테를 태우고는 허리에 반점이 있는 소를 수레에 매어 끌게 했다. 버르테를 태운 수레가 냇가를 거슬러 올라가고 있을 때 병사들이 말 타고 달려와 에워쌌다.

"너는 누구냐?"

그들이 물었다.

"나는 테무친가 사람이다."

코아그친 할머니가 대답했다.

"테무친이 있는 게르는 어디 있느냐? 이곳에서 머냐?"

병사들이 물었다.

"게르는 그다지 멀지 않다. 하지만 나는 뒤의 게르에서 오는 중이라 테무친이 게르에 있는지는 모르겠다."

코아그친 할머니가 둘러댔다. 그러자 병사들은 코아그친 할머니가 말해준 곳으로 달려갔다. 코아그친 할머니는 소를 채찍으로 때리며 걸음을 재촉했으나 수레의 차축이 부러져 꼼짝달싹할 수 없었다. 그래서 '걸어서 숲속으로 도망가자'고 서로 말하고 있을 때, 벨구테이의 어머니를 말 뒤에 태운 병사들이 달려왔다.

"이 수레에 누가 타고 있느냐?"

그들이 물었다.

"양털을 실었다."

코아그친 할머니가 대답하자, 병사들의 대장이 말했다.

"동생들과 아들들아, 내려서 조사해보라."

수레의 문을 열자 그 속에 귀부인이 앉아 있었다. 병사들은 그녀를 수레에서 끌어내 코아그친과 함께 말에 태웠다. 그러고는 말들이 풀을 밟고 지나간 흔적을 좇아 보르칸산 쪽으로 테무친을 좇아갔다.

테무친의 뒤를 좇아간 그들은 보르칸 칼돈산을 삼중으로 둘러싸고 수색했지만 테무친을 찾지 못했다. 그들은 오도이도 메르키트의 토그토아, 오와스 메르키트의 다이르 우순, 카아드 메르키트의 카아타이 다르말라의 삼성(三姓) 메르키트 병사들이었다. 옛날에 칠레두가 허엘룬을 빼앗긴 것에 대한 분풀이로 원수를 갚으러 온 것이다. 그들이 말했다.

"일찍이 예수게이가 허엘룬을 칠레두로부터 약탈했다. 오늘 그 원수를 갚기 위해 그 여인들을 붙잡았다. 이제 원수를 갚았으니 돌아가자."

테무친과 가족들은 모두 무사했지만, 이 사건으로 테무친의 아내 버르테와 코아그친 할머니, 그리고 벨구테이의 어머니가 메르키트 병사들에게 잡혀갔다.

당시 메르키트 병사들은 300명이었다. 테무친 가족 중에 남자들이 10명도 안 되었으니까 엄청 많은 숫자였다. 20년간 참고 있던 메르키트의 왕자 칠레두가 예수게이의 아들 테무친이 세상 속으로 나왔다는 소식을 듣고 기습한 것이다. 당시 테무친에게는 말이 9마리였는데, 사람은 열두 사람이었다. 남겨진 사람이 버르테, 코아그친 할머니, 그리고 벨구테이의 어머니 세 사람이었다. 그런데 왜 사람이 탈 말도 부족한데 한 마리는 아무도 안 태운 채 그대로 끌고 간 것일까? 우리 생각엔, 그 말에 버르테를 태웠다면, 버르테가 메르키트족에게 끌어가는 그런 불행한 일은 없었을 텐데 말이다.

하지만 그 말은 비상용이었다. 그것이 당시 몽골 사람들이 위기에 대처하는 방식이었다. 아무리 급해도 반드시 비상용 말을 챙기는 것이 그들의 관습이었다. 여기서 허엘룬이나 테무친이 생각하고 있던 가족 개념을 생각해볼 필요가 있다. 그 짧은 시간에도 가족의 우선순위가 정해져 있었기 때문이다. 우선 버르테는 며느리다. 며느리는 다시 얻으면 되지만, 어머니와 자식들은 다시 얻을 수 없으므로 버르테보다는 여동생 테물룬을 말에 태운 거라고 보아야 한다. 사랑하는 사람보다는 내 핏줄이 먼저라는 것이다. 그만큼 피붙이에 대한 생각이 강했다.

그렇다면 벨구테이의 어머니는 어떻게 되었을까? 벨구테이 어머니도 남겨졌다. 허엘룬과 테무친이 중심이다 보니 우선순위에서 밀린 것이다.

습격한 이들이 메르키트 사람들이라는 것을 알았을 때 칭기즈 칸의 심정이 어땠을까? 기어이 올 것이 왔구나 하는 생각이었을까? 그는 어머니 허엘룬의 일을 분명히 알고 있었을 것이다. 하지만 보르기 에르기로 나올 때 먼 과거의 일이 이런 큰 파장을 불러올 것이라고는 전혀 예상하지 못했던 것으로 보인다.

메르키트 병사들은 테무친을 찾다 포기한 후 버르테를 데리고 '이흐 가자린 다와' 고개로 해서 메르키트로 돌아갔다. 그들은 올 때도 그 고개를 넘어서 왔고, 돌아갈 때도 그 길로 갔다. 일찍부터 바이칼 사람들이 헨티 지방으로 넘어올 때 자주 다니던 길이기 때문이다.

메르키트인들의 침입은 테무친에게 큰 충격을 주었다. 테무친은 메르키트인들이 돌아갔는지 또는 매복하고 있는지 확인하기 위해 벨구테이와 보오르초, 젤메 세 명을 보내 3일 동안 그들의 뒤를 따르게 했다. 마침내 메르키트인들이 멀리 가버린 것을 확인하자 테무친은 보르칸 칼돈산에서 내려왔다. 그리고 가슴을 치며 말했다. 《몽골비사》 103절은 이렇게 쓰고 있다.

코아그친 할머니가 소리를 잘 듣고 잘 보았기에 나의 몸을 온전히 숨길 수 있었다.

나는 보기야(말의 앞 두 발을 묶는 끈)로 묶어 두었던 말을 타고

사슴들이 다니는 길을 따라 버드나무 가지로 집을 삼으며 보르칸 칼돈산 위로 올라갔다.

보르칸 칼돈산은 나의 보잘것없는 생명을 지켜주었다.

보르칸 칼돈산은 메뚜기 정도밖에 안 되는 나의 생명을 지켜주었다.

나는 나를 수호해준 보르칸 칼돈산에 깊은 경외감을 느낀다.

나는 보르칸 칼돈산에 아침마다 제를 지낼 것이며, 날마다 기도를 드릴 것이다.

그리고 내 자손의 자손에 이르기까지 보르칸 칼돈산을 영원히 기억하게 할 것이다.

테무친은 말을 마친 뒤 태양을 향해 선 다음 허리띠를 목에 걸고 모자를 손에 걸고 손으로 가슴을 치며 태양에 아홉 번 무릎을 꿇고 절을 했다. 그리고 태양을 향해 술을 뿌렸다.

이때 이후로 자신의 생명을 구해준 보르칸 칼돈산과 태양은 영원히 테무친의 영혼을 지켜주는 수호신이 되었다.

옹 칸에게 도움을 청하다

테무친으로서는 모처럼 야망을 가지고 세상으로 나왔건만 그를 기다린 건 버르테의 납치라는 수모와 절망이었다. 그가 의지할 곳이라곤 검은담비 외투를 바친 옹 칸밖에 없었다.

《몽골비사》 104절은 그 대목을 이렇게 전하고 있다.

테무친은 가족들과 회의를 한 다음 테무친, 카사르, 벨구테이 셋이서 카라툰에 있는 옹 칸을 찾아가서 그동안의 일을 전하고 버르테를 구해달라고 말했다. 그러자 옹 칸이 단호하게 말했다.

"내가 작년에 네게 말하지 않았더냐. 검은담비 외투의 답례로 사방으로 흩어진 너의 백성들을 되찾아주겠다. 불결한 것은 신장에 있고, 성스러운 것은 가슴에 있다고 하지 않았더냐. 지금 그 말을 행동으로 보여줄 때가 왔다. 나는 검은담비 외투에 대한 답례로 메르키트족을 공격하여 그들을 섬멸시키고 도륙한 뒤 너의 부인 버르테를 구해주겠다. 지금 자무카 아우가 코르코나크 숲에 있다. 나는 이곳에서 2만의 군대를 출정시켜 우익으로 하고, 자무카 아우도 2만의 군대를 좌익으로 출정토록 하겠다. 우리가 어디서 만나 메르키트로 갈지는 자무카 아우가 정하게 할 것이다."

옹 칸의 태도는 아주 단호했다. 마치 이런 순간을 기다렸다는 듯이. 그리고 그때가 되었다는 듯이.

그런데 더 놀라운 것은 자무카가 코르코나크 숲에 와 있다는 사실이다. 옹 칸은 그에게 2만의 군대를 줄동하게 하겠다고 했다. 도대체 그동안 자무카에게 무슨 일이 있었던 것일까?

테무친은 아버지 예수게이가 죽은 뒤 모든 것을 잃고 오지를 전전하며 숨어 살았다. 그런데 자무카는 수만의 군대를 거느린 거물이 된 것이다. 그가 코르코나크 숲에 와 있다는 것은 이미 타이치오드족이 자무카의 세력권에 들어갔다는 것을 의미한다. 더욱이 옹 칸은 자식뻘인 그를 '아우'라 부르고 있었다. 옹 칸조차 함부로 할 수 없을 만큼 자무카의 힘이 컸다는 뜻이다. 하지만 옹 칸이 누군가. 그는 자기에게 위협이 될 세력의 성장을 결코 용납하지 않는 사람이었다. 옹 칸은 무섭게 세력을 확장해가는 자무카를 보며 견제할 방법을 모색하고 있던 것이 틀림없었다.

그는 테무친이 자신을 찾아와 검은담비 외투를 바치며 아버지처럼 모시고 싶다 했을 때, 테무친이야말로 가장 적합한 인물이라고 생각했을 것이다. 그래서 테무친이 아내 버르테를 메르키트부에 빼앗기고 도움을 청하자, 옹 칸은 지체 없이 "내가 너의 흩어진 백성들을 되찾아주겠다"고 하며 지금이야말로 그것을 행동으로 옮길 때라고 말했다. 옹 칸은 기회를 포착한 사냥꾼처럼 기민하게 움직였다. 그리고 은밀한 노림수를 감춘 채 자무카를 불러들였다.

메르키트 병사들이 버르테를 납치한 사건은 순식간에 테무친과 옹 칸, 자무카를 하나로 묶어주었다. 카라툰에서 보르기 에르기로 돌아온 테무친은 자무카에게 그의 동생 카사르, 벨구테이를 보내 이렇게 말하게 했다.

"세 메르키트 씨족이 와서 나의 침대를 비게 만들었다. 우리는 한 형제가 아닌가. 그대는 어떻게 나의 복수를 해줄 것인가? 나의 마음은 갈가리 찢어져 있다. 우리는 간을 같이 나눈 친구가 아닌가. 그대는 어떻게 복수해줄 것인가?"

그리고 케레이트부의 옹 칸이 테무친에게 한 말도 그대로 전하게 했다. 전갈을 받은 자무카는 《몽골비사》 105절에서 이렇게 말하고 있다.

나의 안다 테무친의 아내 버르테가 약탈되었다는 소식을 듣고 내 마음이 아팠다.
그대의 가슴이 찢어졌다는 것을 알고 내 간이 아팠다.
복수를 위해 메르키트족을 섬멸하고 버르테 부인을 구해오자.
모든 메르키트족을 쳐부수고 버르테 부인을 되찾자.

그 안장깔개만 가볍게 두드려도
그것이 북소리인 줄 알고 놀라는 토그토아는 지금 보오라 초원에 있다.

화살통만 흔들려도 도망치는 다이르 우순은 지금 오르콘과 셀렝게티 사이의 탈콘섬에 있다.

다북쑥이 바람에 흔들려도 깊은 숲속으로 서둘러 도망하는 카아타이 다르말라는 지금 카라지 초원에 있다 .

이제 우리는 곧장 킬코강을 건널 것이다.
뗏목을 만들어 타고 건너가 곧장 진격하자.
겁쟁이 토그토아의 게르 지붕으로 들어가 대문을 쳐부수고
그의 처자들을 약탈하자.
그들의 복이 들어오는 문을 때려부수고
하나도 남김없이 깡그리 약탈하자.

자무카는 사신으로 간 카사르와 벨구테이에게 테무친 안다와 옹 칸 형에게 전하라면서《몽골비사》106절에서 이렇게 말했다.

나는 아주 먼 곳에서도 잘 보이는 전쟁 깃발에 제를 올렸다.
나는 검은 황소 가죽으로 만든, 둥둥 소리가 나는 큰북을 쳤다.
나는 검은색 발 빠른 말에 올라탔다.
나는 쇠 그물 갑옷을 입었다.
나는 강철로 만든 창을 잡았다.
그리고 복숭아나무 껍질로 싼 오늬 달린 화살을 시위에 걸었다.
나는 준비됐다. 이제 출발해
카아드 메르키트가 있는 곳으로 싸우러 떠나자.

그는 비슷한 말을 수사를 바꾸어가며 군사들 앞에서 여러 번 외쳤다고 한다. 자무카의 뛰어난 말솜씨와 선동가적 기질을 엿볼 수 있는 대목이다. 그리고 다음과 같이 말했다.

옹 칸 형은 보르칸 칼돈산의 남쪽 길을 택해 테무친 안다가 있는 곳을 경유하여 올 것이며,
오논강 상류에 있는 보토칸 보오르지에서 만나자.
이곳에서 오논강을 거슬러 올라가면 안다의 백성 키야트족이 그곳에 있다.
안다의 백성으로부터 1만,
그리고 이곳에서 1만의 군사를 뽑아 모두 2만의 군사로
오논강을 거슬러 올라가서 보토칸 보오르지의 약속의 땅에서 만나자.

자무카의 기개가 자못 하늘을 찌를 태세다.

《집사》에 의하면, 자무카는 어린 시절 메르키트부의 토크토아 베키의 습격을 받아 전 재산을 빼앗긴 적이 있었다. 그는 30명의 동지들과 함께 방랑 생활을 하다 좀처럼 나아질 기미를 보이지 않자 토크토아 베키를 찾아가 그 밑에서 지냈다. 그는 아첨하는 말을 꾸며내 토크토아 베키의 측근들로부터 신임을 얻은 후 어느 날 30명의 동지들과 함께 토크토아 베키의 게르로 들어가 그를 위협해 자신의 부족민들과 재산을 찾아 돌아왔다고 한다.

그런 일이 있었기에 자무카 역시 메르키트부의 원정을 마다

할 이유가 없었다. 자무카의 계획을 전해 들은 옹 칸은 2만의 군사를 이끌고 보르기 에르기를 통해 보르칸 칼돈산으로 향했다. 보르기 에르기에 있던 테무친은 옹 칸의 군대가 온다는 소식을 듣자, "이곳은 대군이 통과할 곳이다"라고 말하고는 먼저 보르칸 칼돈산으로 가서 기다렸다. 테무친이 옹 칸과 만나 이흐 가자린 다와 고개를 넘어 약속 장소인 보토칸 보오르지에 이르니 자무카는 이미 3일 전에 군대를 이끌고 와 있었다.

자무카는 누 사람이 3일이나 약속 장소에 늦게 나타났다며 기세등등하게 말했다. 《몽골비사》108절의 내용이다.

눈바람이 불어도
폭우가 내려도
약속 장소에 늦지 말자고 약속하지 않았는가.
우리는 그러자고 맹세한 몽골인들이 아닌가.
약속하고 늦은 자들은 전열에서 추방하겠다.

자무카의 노기가 예사롭지 않자, 옹 칸이 늦어서 미안하다고 말한 뒤에야 겨우 사태가 진정되었다. 옹 칸은 속으로 무척 당황했을 것이다. 더욱더 자무카를 그대로 둘 수 없다고 생각했을 것이다.

한바탕 기세 싸움을 마친 그들은 대열을 정비하고 메르키트부를 향해 진군했다. 몽골군이 쳐들어왔다는 소식을 들은 다른 두 메르키트 씨족장들은 허겁지겁 바이칼의 동남쪽에 있는 바르코진으로 도망갔다.

테무친은 도망치는 메르키트 사람들 속에서 "버르테! 버르테!" 하고 외치며 돌아다녔다. 그때 난리를 피해 도망치던 사람들 속에 있던 버르테가 테무친이 부르는 소리를 듣고 우마차에서 뛰어내려 달려왔다. 버르테와 코아그친 할머니는 테무친의 고삐와 줄을 알아보고 얼른 움켜쥐었다. 테무친은 버르테를 보자 와락 끌어안았다.

버르테를 품에 안은 테무친은 그녀의 배가 부르다는 것을 깨달았다. 그 사이 임신한 것이다. 테무친은 아무 말도 하지 않았다. 그렇다면 테무친은 버르테를 몇 달 만에 만난 것일까? 《몽골비사》는 이 대목에서 침묵하고 있지만, 다른 사서에서는 10개월이 넘은 것으로 말하고 있다. 테무친이 버르테를 찾았을 때 그는 버르테가 임신한 상태라는 것을 알았다. 하지만 테무친은 그에 대해서 한마디도 하지 않았다. 버르테를 보호해주지 못했으니 모두 자기 책임이라 생각한 것이다.

이듬해에 버르테가 아이를 낳자, 테무친은 아이의 이름을 '손님'이라는 뜻으로 '조치'라고 지었다. 일설에 의하면, 조치가 태어날 때 테무친에게 귀한 손님이 오자, 테무친이 이름을 그렇게 지었다고 한다. 실제로 몽골에서는 그런 식으로 이름을 짓기도 한다. 그 이름 때문인지 몰라도 조치가 메르키트의 혈통을 받았다는 시비가 끊이지 않았다. 왜 아니었겠나. "메르키트족과 철천지원수가 된 마당에 어떻게 그냥 넘어갈 수 있겠는가" 하고 사람들은 수군댔다. 하지만 테무친은 시종일관 조치의 혈통에 대해 문제 삼지 않았고, 다른 자식들과 똑같이 대했다.

벨구테이는 메르키트 씨족장 중 하나인 카아디아 다르말라를 잡았는데, 그로부터 자신의 어머니가 그 씨족장의 게르에 있다는 이야기를 들었다. 그는 어머니가 있다는 게르를 향해 달려갔다. 문을 박차고 안으로 들어가자 낡은 양가죽을 걸치고 있던 벨구테이의 어머니는 왼쪽 어깨의 펠트를 걷어치우며 이렇게 말했다고 한다.

"내 아이들이 왕자가 되어 나타났구나. 하지만 나는 이곳에서 나쁜 사람들과 결혼했다. 내가 무슨 면목으로 아들을 보겠는가."

그러고는 숲속으로 들어가 숨어버렸다. 벨구테이가 사람을 시켜 몇 차례나 찾아보았지만 끝내 찾지 못했다.

테무친과 달리 옹 칸과 자무카의 또 다른 목적은 메르키트부의 재물을 약탈하는 것이었다. 메르키트부는 유목과 농사를 겸하기 때문에 몽골족이나 케레이트부보다 경제적으로 넉넉했다. 따라서 옹 칸과 자무카의 병사들은 이 기회에 메르키트로부터 최대한 전리품을 획득하려 했다. 사실 옹 칸과 자무카가 메르키트를 치는 데 기꺼이 동조한 것은 메르키트 사람들을 마음껏 약탈할 명분을 얻었기 때문이라고 할 수 있다. 그들이 잘 사는 것을 알고 있으니 이참에 뿌리를 뽑으려 했던 것이다. 장래에 어쩌면 자신들의 경쟁 상대가 될지도 모르는 세력이란 점에서 미리 싹을 잘라버릴 생각도 했을 것이다.

테무친은 마음이 진정되자 급히 옹 칸과 자무카에게 사람을 보내 말했다.

"내가 원하는 사람을 찾았으니 더 이상 마을을 수색할 필요가 없다. 이제 그만 이곳에서 숙영하자."

버르테를 찾는 목적을 달성했으니 더 이상 메르키트부 백성을 약탈하는 일은 그만두는 게 좋겠다는 뜻이다. 테무친이 그들을 만나 수색을 그만 중지하는 게 좋겠다고 간곡히 말하자 두 사람은 약탈을 중지시켰다. 전리품 분배가 끝나자 테무친은 옹 칸과 자무카에게 동지가 되어준 데 감사를 표하고 이제 회군하는 게 좋겠다고 말했다. 그들은 셀렝게강과 오르콘강이 만나는 탈콘섬에서 집결한 뒤 회군을 시작했다.

옹 칸은 회군하기 전, 테무친과 자무카 두 사람을 불렀다. 그리고 두 사람에게 이렇게 말했다.

"어렸을 때 안다 맹약을 맺었던 두 사람이 오랜만에 다시 만났으니 함께 가서 그동안 나누지 못했던 우정을 더욱 돈독히 하는 게 좋겠네."

그러잖아도 서로의 우정을 확인하고 싶었던 두 사람은 그의 말대로 타이치오드족의 성소인 코르코나크 계곡의 숲으로 향했다. 옹 칸은 두 사람을 함께 보낸 뒤 모든 것이 자신의 뜻대로 되는 것에 만족하며 카라툰으로 돌아갔다.

**테무친과 자무카,
코르코나크 숲에서 함께 유목하다**

코르코나크 숲에 도착한 두 사람은 더 가깝게 지내기로 다짐했다. 코르코나크 숲은 타이치오드족의 신성한 성소다. 보르칸 칼돈산을 제외하면, 인근에선 코르코나크 숲이 가장 유명한 성소였다. 코르코나크 숲에 가보면 알겠지만 언덕 여기저기에 널브러져 있는 바위들 또한 그 생김새가 예사롭지 않았다. 이곳이 고대부터 신성한 장소로 숭배되었던 곳임을 말해주듯 바위들 중에는 동물이 새겨진 암각화도 있었다. 코톨라 칸이 즉위한 곳도 이곳 어딘가에 서 있던 신목에서였을 것이다. 명나라의 영락제도 이곳에 온 적이 있었다. 영락제가 온 것은 코르코나크 숲이 신성한 곳이어서가 아니라 이곳 빈데르와 코르코나크 숲을 차지하면 오논강 일대를 장악힐 수 있있기 때문이다. 그만큼 코르코나크 숲은 전략적으로 중요한 곳이었다.

테무친과 자무카 두 사람은 메르키트 족장들로부터 빼앗은 황금 허리띠를 서로의 허리에 채워주고, 또 그들로부터 빼앗은 명마의 등에 서로를 태운 뒤 코르코나크 숲의 아라샹 하드, 즉 '눈물의 샘' 밑에 있는 신목 아래에서 세 번째 안다를 맺었다. 그리고 서로의 우애를 다지기 위해 사람들을 불러 연회를 열고 함께 지내며 즐거운 시간을 보냈다. 밤에는 연인처럼 둘이서 한 이불을 덮고 잤다.

테무친은 자무카와 공동 유목을 하며 코르코나크 숲 일대에서 1년 반 동안 머물렀다. 자무카가 테무친을 이리로 데려온 것은 아마도 그런 신성한 장소에서 그들의 우정을 다시 확인하고 싶었기 때문이었을 것이다. 하지만 시간이 지나면서 두 사람 사이에는 미묘한 틈이 생기기 시작했다. 자무카는 내심 테무친이 자신의 부하가 되어주기를 바랐을 것이다. 자신은 이미 옹 칸도 함부로 하지 못하는 큰 세력을 이루었지만, 테무친은 자기 세력조차 없는 빈털터리였으니 자무카가 그리 생각하는 것도 무리가 아니었다. 아마도 진심으로 친구를 위해 그렇게 생각했을 것이다.

하지만 테무친의 속내는 달랐다. 그는 옹 칸이 "너의 흩어진 백성들을 되찾아주겠다"고 했던 말을 잊지 않았다. 아니, 잊을 수가 없었다. 회군할 때 옹 칸이 두 사람을 불러놓고 "어렸을 때 안다 맹약을 맺었던 두 사람이 오랜만에 다시 만났으니 함께 가서 그동안 나누지 못했던 우정을 더욱 돈독히 하는 게 좋겠네"라고 권유한 속뜻을 모를 리 없었다. 옹 칸이 테무친과 자무카가 공동 유목을 하도록 분위기를 만들어준 이유는 분명했다. 자무카에게 가 있는 너의 키야트족을 되찾아오라는 것이다. 옹 칸으로서는 드디어 자무카의 세력을 반으로 쪼갤 기회가 왔다고 생각했다. 그리고 전쟁의 뒤처리가 끝나자 슬쩍 테무친을 자무카의 세력 안으로 밀어넣었다. 역시 옹 칸다웠다.

하지만 그것은 드러내놓고 할 수 있는 일이 아니었다. 또 인위적으로 될 수 있는 것도 아니었다. 과거 자신의 아버지 예수게이 밑에 있던 사람들을 찾아다니며 이제는 다시 내게 오라고 한다면, 자칫 자무카와의 관계를 그르칠 수 있었다. 테무친은 그저 틈날 때마다 혼탁하고 험한 세상을 살아가는 백성들을 위로하며 이 어려운 시대에 어떻게 사는 것이 올바른 건지, 또 어떻게 해야 몽골고원에 평화와 번영을 가져올 수 있는지 말했던 것으로 보인다. 그리고 사람들과 자신의 꿈과 포부를 나누었을 것이다. 가진 게 없는 그로서는 그것밖에 달리 방법이 없었기 때문이다. 테무친의 진정 어린 말에 사람들의 마음이 조금씩 움직이기 시작했다.

자무카가 분위기가 심상치 않음을 파악한 것은 1년 반쯤 지난 뒤였다. 키야트계 사람들이 자기 말보다 테무친의 말에 더 귀 기울이는 것을 보며 뭔가 개운치 않은 뒷맛을 느낀 것이다. 자기는 진심으로 어려움에 처한 친구를 도와주었는데, 자기 사람들을 빼가다니. 겉으로는 모르는 척했지만 속에서는 배신감에 열불이 났을 것이다.

1181년 5월, 어느 날 자무카는 테무친에게 유목지를 옮기자고 말했다. 여름 첫 달 16일, 테무친과 자무카는 새로 결정한 유목지로 이동하기 시작했다. 두 사람이 우마차 뒤에서 나란히 말을 타고 가고 있을 때, 자무카가 말했다. 《몽골비사》 118절에 나온다.

> 테무친 안다여,
> 산 근처에서 야영하자.
> 그러면 우리의 말치기들에게 충분한 피난처가 있을 것이다.
> 아니, 강 근처에서 야영하자.
> 그러면 우리의 양치기나 어린 양치기들에게 충분한 먹을거리가 생길 것이다.

테무친은 자무카가 무슨 말을 하는지 알아들을 수가 없었다. 그래서 뒤따라오는 무리를 기다렸다가 허엘룬과 버르테가 오자 자무카가 이상한 말을 하더라며 무슨 말인지 알겠느냐고 물었다. 허엘룬은 아무 말이 없었다. 그때 뒤에 서 있던 버르테가 말했다.

"사람들이 말하기를, 자무카가 요즈음 짜증을 잘 낸다고 합니다. 하긴 우리에게 짜증이 날 만도 하지요. 방금 자무카가 한 말은,

뭔가 노림수가 있는 것 같아요. 아무래도 그가 야영하자는 곳에서 야영하면 안 될 듯싶어요. 이대로 다른 곳으로 가요. 밤 동안 그들로부터 멀리 떨어져요."

테무친은 버르테의 말을 듣고 나더니 그때서야 "그 말이 옳다"며 밤새 쉬지 않고 다른 곳으로 이동했다.

테무친 일행은 어둠 속에서 다른 곳으로 이동하던 중 타이치오드족의 유목지를 지나갔다. 그러자 놀란 타이치오드족이 서둘러 자무카 쪽으로 달려갔다. 뭔가 사달이 났음을 알아챈 것이다.

아마도 "드디어 올 것이 왔구나!" 했을 것이다. 그동안 타이치오드족은 자무카가 키야트족의 테무친을 환대하는 것에 내심 불만이 컸다. 자신들이 죽이려 했던 인물이었으니 더욱더 그랬을 것이다. 그런데 더 놀라운 것은 테무친 일행이 누구에게도 떠난다는 말을 하지 않고 서둘러 몸만 빠져나왔음에도 불구하고, 날이 환해지자 그의 주변에 사람들이 몰려들기 시작한 것이다. 사태는 분명했다. 사람들은 이미 다 알고 있었다. 결국 두 사람이 갈라서리라는 것을. 그때가 멀지 않았다는 것을.

《몽골비사》는 그때 테무친을 따라온 중요한 사람들의 이름을 한 면 가득히 적고 있다. 결국 테무친만 그 사실을 모르고 있었던 셈이다. 테무친이 그만큼 우직한 성격이라는 것을 말해준다. 또한 테무친이 결코 자무카를 배신할 생각이 없었다는 것을 의미한다. 테무친에게 그것은 친구를 신뢰하고 존중하는 태도가 아니었기 때문이다. 신뢰는 무엇인가? 그리고 존중이란 무엇인가? 그것은 사람을 한번 믿으면 끝까지 믿고, 거짓말하지 않고, 배반하지 않는 것이다. 또 남에게 책임을 떠넘기지 않고 자신의 부족한 점을 돌아보는 것이다. 다른 의견을 가진 사람들과 모든 대화 통로를 열어놓는 것이다. 그리하여 그들의 생각을 이해하기 위해 진지하게 듣는 것이다. 만일 테무친이 의도적으로 키야트계 사람들을 빼돌릴 생각을 했다면, 그는 언제 자무카의 곁을 떠나는 것이 좋을지 타이밍을 재고 있었을 것이다. 하지만 그는 그러지 않았다.

그때 테무친을 따라온 사람 중에 바아린 씨족의 코르치라는 샤만이 있었다. 그는 테무친에게 이렇게 말했다.

"성조(聖祖)인 보돈차르가 잡아온 여인에게서 태어난 우리는 자무카와 한배나 다름없다. 때문에 우리는 그와 헤어질 수 없는 사람들이다. 하지만 내게 계시가 내려왔다."

그러면서 자신이 테무친에게 온 이유를 말했다. 《몽골비사》 121절에 나오는 내용이다.

한 마리의 담황색 암소가 와서 자무카 주위를 맴돌며 그의 게르와 마차를 몇 번이나 뿔로 들이받았다. 그러고는 다시 자무카를 들이받았다. 그 암소는 한쪽 뿔이 꺾여 아예 못 쓰게 되자 자기 뿔을 내놓으라고 발로 흙을 파헤치며 자무카를 향해 울부짖었다. 그때 또 한 마리의 뿔이 없는 담황색 황소가 게르의 기둥을 등에 싣고 끌고 왔다. 그 황소는 테무친 그대가 가고 있는 큰길을 뒤따라가며 포효했다. 그리고 '하늘과 땅이 서로 상의하여 테무친 그대를 국가의 주인으로 삼기로 했다'고 말했다. 나는 하늘이 내게 보여주신 계시를 두 눈으로 똑똑히 보았다.

자무카로부터 멀리 떨어지느라 경황이 없던 테무친으로서는 그의 말은 천군만마를 얻은 것보다 더 든든했을 것이다.

코르치는 꿈 이야기를 하고 나서 테무친에게 말했다.

"이 예언에 따라 테무친 그대가 장차 국가의 주인이 된다면 이 계시의 대가로 그대는 내게 무엇을 주겠는가?"

테무친은 당황했지만 곧 침착하게 말했다.

"만일 그 꿈의 계시처럼 내가 국가의 주인이 된다면 나는 그대를 만호장(萬戶長)에 제수하겠다."

그러자 코르치가 다시 말했다.

"그때 내가 만호장이 된들 무슨 기쁨이 있겠는가. 나라 안의 어여쁜 처자 30명을 뽑아 나의 부인으로 둘 수 있게 허락해달라."

테무친은 그의 청을 수락했다. 한번 한 약속은 반드시 지키는 테무친은 훗날 몽골고원을 통일한 뒤 그에게 만호장과 30명의 부인을 허락함으로써 그 약속을 지켰다.

사람들이 모이자 테무친은 그들을 이끌고 아버지 예수게이가 죽은 뒤 테무친 가족이 어려운 시절을 보낸 오논강 상류의 키모르카 냇가로 이동했다. 그때 테무친에게 온 사람들은 대부분 가난과 빈곤을 견디다 못해 자신의 씨족이나 부족으로부터 이탈한 하층 유목민이었다. 당시 몽골은 공동체 사회였고, 각 씨족들은 귀족들이 지배했다. 그런 몽골 사회에서 공동체와 씨족을 이탈한다는 것은 모든 것을 포기하는 것이나 다름없었다. 그럼에도 귀족들의 횡포에 견디다 못해 가족들을 데리고 이탈한 것이다. 그들의 앞날에는 아무런 희망이 없었다. 당시는 몽골초원 뿐 아니라 다른 유목

사회들도 모두 그러했다.

초원은 강력한 세력을 가진 이들이 서로의 패권을 겨루는 격전지였다. 그런 곳에서 혼자의 힘으로 살아간다는 것은 불가능했다. 그러므로 개인 대신에 씨족, 또는 부족의 공동체가 모든 일의 중심이 되며, 흩어진 개인들은 자신의 의지와 상관없이 예속민이 되거나 노예가 되는 일이 빈번했다. 개인은 존재할 수도 없고, 저지른 죄나 빚을 둘러싼 책임도 개인이 아니라 그가 속해 있는 공동체와 씨족이 책임을 졌다. 그러므로 개인은 아무것도 아니었나. 모든 법과 규범 또한 공동체와 씨족의 것이었던 것이다. 개인을 위한 법과 규범은 어디에도 없었다.

실제로 당시의 몽골 사회는 모든 것이 공동체와 씨족을 중심으로 이루어졌다. 사람들은 오직 공동체, 씨족 속에 있을 때만 문제를 제기할 수 있고, 자신이 속한 공동체의 힘으로 그들을 제지하거나 문제를 해결할 수 있었다. 그러므로 공동체와 씨족을 이탈한 이들은 누군가에게 가족이 살해당하거나 약탈당해도 아무 데도 하소연할 수 없었다. 한마디로 그들은 버려진 존재나 다름없었다.

그러므로 공동체와 씨족을 이탈한 하층 유목민들은 몽골의 현실에 매우 비판적이었고, 동시에 개혁적이었다. 몽골 사회를 바꾸지 않으면 그들은 살 수 없었기 때문이다. 당시 테무친을 따라온 사람들은 3000명 정도였다고 한다. 결코 많은 수라고 할 수 없지만, 그렇다고 적은 수도 아니었다.

그들을 보며 테무친은 생각했다. "저들이 나를 따라온 것은 내게 무슨 힘이나 세력이 있어서가 아니다. 나를 통해 자신들의 꿈과 이상을 이루기 위해 온 것이다. 그렇다면 저들의 처지와 하나도 다를 것이 없는 내 모습을 있는 그대로 보여주는 것이 도리일 것이다."

실제로 하층 유목민들이 테무친을 택한 것은 그런 테무친의 솔직하고 진정성 있는 태도 때문이었다. 그들은 생각했다.

"테무친은 자무카와는 뭔가 다르다, 테무친이라면 믿을 수 있다."

테무친의 무리가 키모르카 냇가에 머물고 있는 동안 또 다른 사람들이 찾아왔다. 키야트족의 핵심 씨족인 주르킨 씨족장 세체 베키, 예수게이의 형 네쿤 타이시의 아들 코차르 베키, 코톨라 칸의 아들 알탄 옷치긴 등이다. 그들은 키야트족의 귀족 중의 귀족이었다. 특히 주르킨 씨족장 세체 베키가 왔다는 것은 특별한 의미가 있었다. 테무친은 그들을 존중하여 정중하게 맞았다.

일찍이 카불 칸은 자기 휘하의 백성들 가운데 기개와 담력을 갖춘 용사들을 뽑아 장남 어킨 바르카크에게 주었고, 그들을 '주르킨' 씨족이라 불렀다. 주르킨 씨족의 무력은 키야트계 내에서 가장 강력했다. 그런 세체 베키가 테무친에게 온 것이다. 《몽골비사》 139절에는 이 주르킨 씨족이 유래된 연고에 대해 이렇게 말하고 있다.

주르킨 씨족을 연 것은 카불 칸의 일곱 아들 중 장남 어킨 바르카크다. 그의 아들은 소라카토 주르키다. 주르킨 씨족을 열 때, 카불 칸은 맏아들에게 자기 백성들 중에서 간에 담력이 있고 활을 쏘아 엄지손가락에 명중시킬 수 있는 능력이 있고, 가슴에는 남자다운 기상이 있으며, 재능과 기예가 있는 자들을 두루 뽑아주었다. 이들은 모두 기개와 담력을 갖춘 자부심 강한 용사들로 아무도 대적할 수 없었기에 주르킨으로 불렸다.

주르킨 씨족과 키야트족 내의 핵심 귀족들까지 합세하면서 테무친의 세력은 갑자기 불어났다. 테무친은 그곳에서 한 달가량 머문 뒤, 그들을 데리고 이흐 가자린 다와 고개를 넘어 헤를렌강을 타고 내려와 푸른 호수로 들어갔다. 푸른 호수 역시 그가 타이치오드족에게 쫓길 때 타르박이나 들쥐들을 잡아먹으며 어려운 시절을 보냈던 곳이다.

테무친은 신뢰를 중시하는 인물이다. 신뢰가 무엇인가. 남에게 거짓말하지 않고, 자신을 속이지 않으며, 상대방을 인정하고, 그의 말을 들어주는 것이다. 그런 점에서 그의 신뢰는 사람을 존중하는 토대라 할 수 있다. 아울러 그는 사람들 간의 소통을 중하게 여겼다. 소통은 사람들의 마음을 열게 하고, 불가능하게 보이던 것을 가능하게 하며, 모래알처럼 흩어진 마음을 하나로 모으게 했다. 그러므로 그는 자신이 어떤 곳에서 어떻게 살았는지 있는 그대로 보여줌으로써 가슴으로 그들과 만나기를 원했다.

"이곳이 바로 내가 살던 곳입니다. 보십시오. 이것이 바로 나의 모습입니다" 하고 말이다.

당시 칭기즈 칸 일족의 노비였던 바야오트 종족의 한 현명한 노인은 이렇게 말했다고 한다.

"세체 베키는 군주가 되려는 야망을 갖고 있지만 성공하지 못할 것이다. 자무카는 자신의 목적을 성취하기 위해 항상 사람을 곤경에 빠뜨리고 여러 가지 계략을 사용하고 기만을 하지만 그 또한 성공하지 못할 것이다. 칭기즈 칸의 동생 카사르도 똑같은 야망을 갖고 있고 완력과 재주와 궁술에 의존하지만, 그 역시 성공하지 못한다. … 그러나 테무친은 수령과 군주가 될 만한 외모와 태도와 자질을 갖고 있으니 그는 반드시 군주의 자리에 오를 것이다."

테무친의 진솔하고 겸손한 태도는 이내 몽골 사람들의 입에 오르내렸다. 타이치오드족의 예속민들은 테무친이 하층 유목민들에게 자신의 가죽옷과 말을 주었다는 소식을 듣고 "테무친은 자기 옷을 다른 사람들에게 입히고, 자기 말에 다른 사람들을 태웠다. 테무친이야말로 백성과 나라를 안정시킬 사람"이라고 자기들끼리 수군대었다. 테무친은 하늘이 선택한 사람이라는 말도 퍼졌다.

테무친, 키야트족의 칸이 되다

그렇다면 주르킨 씨족의 세체 베키 등 귀족들의 입장은 어땠을까? 그동안 대안이 없어 자무카 밑에 들어가 있었지만, 테무친이란 걸출한 인물이 등장하자 생각이 달라졌다. 키야트계를 대표할 만한 사람이 등장했으니, 굳이 자무카의 수족이 될 필요가 없었던 것이다. 또 타이치오드족이 자무카와 밀착해 있는 데 대한 반발도 한몫했다.

하지만 테무친의 진솔한 태도가 마냥 달갑지만은 않았을 것이다. 테무친을 선택했다고는 하지만 그들은 여전히 귀족적인 사고를 갖고 있었고, 몽골고원의 패권을 노리고 있던 사람들이었다. 다만, 대업을 위해서는 사람들의 신망을 얻고 있는 사람이 필요한데, 테무친이 적격이라고 본 것이다. 하층 유목민들은 자기들의 꿈과 이상을 실현시켜줄 영웅이 필요했고, 귀족들은 키야트족을 재건하는 데 필요한 얼굴마담이 필요했다.

키야트의 씨족들이 다시 모이사, 사람늘은 누군가 키야트족을 대표하는 칸이 되어야 한다고 생각했다. 코톨라 칸 이후 오랫동안 칸을 내지 못하고 있던 터였으므로 그들은 누구보다 그에 대한 열망이 컸다. 칸이 있으면 키야트족의 단합은 더욱 공고해질 게 분명했다.

하지만 누구도 선뜻 나서지 못했다. 그것은 테무친도 마찬가지였다. 비록 자기를 보고 따라온 사람들이긴 했지만, 키야트계의 경험 많은 귀족들이 버티고 있었기 때문이다. 더욱이 테무친은 키야트 귀족들 내에서 서열이 낮았다. 따라서 그들을 제쳐둔 채 칸이 되겠다고 나섰다가는 도리어 역풍을 맞을 수 있었다.

그들이 푸른 호수로 옮겨온 지 어느 정도 지났을 때였다. 대략 1187년, 그러니까 테무친이 스물여섯 살 되던 해다. 어느 날 테무친이 나서서 알탄 옷치긴, 코차르 베키, 주르킨 씨족의 세체 베키 등 귀족들에게 차례로 칸이 될 것을 권했다.

"코차르여! 당신은 나의 큰아버지 네쿤 타이시의 아들이므로 나는 당신이 우리의 칸이 되어야 한다고 생각합니다. 칸이 되십시오.”

하지만 그는 받아들이지 않았다. 그러자 이번에는 알탄 옷치긴에게 권했다.

“알탄이여! 그대의 아버지 코톨라 칸이 전 몽골을 다스려왔으므로 나는 그대가 칸이 되어야 한다고 생각합니다. 칸이 되십시오.”

그 역시 받아들이지 않았다. 테무친은 세체 베키와 타이초에게도 권했다.

“키야트족의 계보상 제일 높은 세체 베키와 타이초, 당신들이 칸이 되는 것이 좋겠습니다. 칸이 되십시오.”

하지만 그 역시 받아들이지 않았습니다. 그러자 테무친은 답답했던지 이렇게 말했다고 한다.

“나는 당신들에게 칸이 되라고 진지하게 권했습니다. 하지만 아무도 칸이 되려고 하지 않는군요.”

그들은 모두 테무친보다 연장자들이고 많은 예속민들을 거느리고 있었다. 연륜으로 보나 세력으로 보나 충분히 칸이 될 수 있는 사람들이었다. 하지만 아무도 자기가 칸이 되겠다고 나서지 못했다. 모두 테무친을 보고 따라온 사람들이었기 때문이다.

숫자로 따지면, 테무친을 따라온 떠돌이 하층 유목민들보다 귀족들에게 예속된 사람들이 훨씬 더 많았을 것이다. 하지만 귀족들은 누군가 칸이 되어야 한다면, 테무친밖에 없다는 것을 잘 알고 있었다. 테무친이 귀족들에게 권했듯이 그들도 테무친에게 칸이 되기를 권했다. 하지만 테무친은 좀처럼 그들의 요구에 응하지 않았다. 그럴 때마다 연륜 많은 귀족들 중 누군가 칸이 되는 게 맞다며 거듭 사양했다.

테무친을 따라온 하층 유목민들 역시 칸이 될 사람은 테무친 밖에 없다는 것을 잘 알고 있었다. 그러나 만일 그가 나이 많은 귀족들을 제쳐두고 선뜻 칸이 되겠다고 나섰다면, 하층 유목민들은 테무친에게 실망했을 것이다. 테무친 역시 야망을 가진 한 사람에 불과하다고 말이다.

테무친은 귀족들과 하층 유목민들의 생각을 잘 알고 있었다. 모두 자신이 칸이 되어야 한다고 말했지만, 칸이 되겠다고 나설 수 없었다. 나이 많은 귀족들의 마음을 섭섭하게 하면서 칸이 되는 것은 옳지 않았다. 따라서 테무친이 할 수 있는 거라곤 그들의 요구를 겸손하게 사양하는 것뿐이었다. 테무친은 알았다. 그것이 자기를 따라온 모든 사람들을 신뢰하고 존중하는 길이라는 것을. 자신이 칸이 되고 싶다고 해서 칸이 될 수 있는 게 아니라는 것을. 사람들의 마음을 얻지 못하면 칸이 될 수 없다는 것을. 그가 칸이 된다면 그것은 전적으로 하늘의 뜻이라는 것을. 그는 더욱더 자신을 낮추고 마음을 비웠다. 그리고 태평하게 사람들과 함께 어울렸다.

테무친의 생각이 확고한 것을 알자 키야트계의 독자적인 세력화를 꿈꾸었던 귀족들은 초조해졌다. 게다가 알탄 옷치긴과 코차르 베키 두 사람은 자무카로부터 자신과 테무친을 갈라지게 만든 당사자들이라는 비난을 받고 있었다. 그들은 자무카의 보복이 두려웠다. 하지만 그들의 힘만으로는 자무카의 공격을 막아낼 수 없었다. 강력한 키야트 세력을 구축해 대응하든가, 아니면 옹 칸에게 도움을 청해야 했다.

그러던 어느 날 알탄 옷치긴, 코차르 베키, 세체 베키 세 귀족이 테무친에게 와서 이렇게 말했다.《몽골비사》123절에 나온다.

그대를 우리의 칸으로 삼고자 한다. 그대가 칸이 된다면 우리는 수많은 적 앞에 초병으로 먼저 나아가 자색이 아름다운 처녀나 부인을 약탈하여 그대에게 줄 것이며, 귀족의 궁전 같은 게르나 평민의 게르도 모두 그대에게 줄 것이며, 엉덩이가 좋은 거세마도 모두 약탈하여 그대에게 줄 것이다. 놀라 도망치는 짐승들을 유인하여 그대에게 몰아줄 것이다.
전쟁할 때 우리가 그대의 명령을 듣지 않는다면 우리를 씨족으로부터 분리하여 우리의 검은 머리를 땅에 내던져라. 우리가 평화를 깬다면 우리를 죽여 사람이 살지 않는 들판에 내다 버려라!

귀족들이 이렇게 충성 서약까지 하며 테무친에게 와서 칸이 될 것을 권하자 그로서도 더는 사양하기 어려웠다. 마침내 테무친은 1189년에 그들의 요구를 받아들여 키야트족의 칸이 되었다.《친정록》에 의하면, 그는 그 자리에서 이렇게 말했다고 한다.
"내가 그대들에게 칸의 자리를 권했지만 그대들은 모두 사양하였다. 내가 원치 않았는데도 칸에 오른 것은 너희들이 추대했기 때문이다. 내가 더는 사양하지 못한 것은 들풀이 생기는 오래된 땅에 나무가 자라게 하고, 수레가 통하는 길이 끊기지 않게 하고자 함이니, 이는 내가 오랫동안 품어왔던 뜻이다."
그의 소탈한 마음이 그대로 드러나 있음을 알 수 있다.

그런데 귀족들이 서약한 내용을 보면 유치하기 짝이 없다. 아름다운 부인이나 처자를 약탈하여 갖다줄 것이고, 사냥할 때 동물들을 몰아주겠노라 말하고 있는 것이다. 이것이 당시 몽골고원을 지배하던 귀족들과 장로들의 실상이었다. 조금만 힘이 있으면 다른 부족이나 약한 사람들을 약탈하고 짓밟았다는 것을 자신들의 입을 통해 토로하고 있는 것이다. 그러므로 귀족들이 충성 서약을 하긴 했지만, 앞으로 그들과 함께 일하는 과정이 순탄치 않으리라는 것을 짐작힐 수 있다. 테무친은 자신을 위해 충성 서약을 한 그들을 존중하여 이렇게 말했다.

"그대들이 나를 칸으로 삼았으니 나는 마땅히 선봉을 담당하여 노획한 것과 수레에 담긴 물건들을 그대들에게 돌아가게 하겠다. 그리고 내가 그대들을 따라 사냥하면 나 또한 짐승을 낭떠러지로 몰아 그대들이 편히 쏠 수 있게 하겠다."

테무친 또한 귀족들과 마찬가지로 서로에게 도움이 되도록 최선을 다하겠다는 다짐이라고 할 수 있다. 귀족들이 테무친을 칸으로 추대한 데는 바아린 씨족의 코르치가 한 예언도 적지 않은 영향을 끼쳤을 것이다. 누가 왕기를 타고 났다거나, 황룡이 하늘로 오르는 꿈을 꾸었다고 하면 당장 세인들의 주목을 받게 되어 있다. 옛날 사람들은 그런 꿈을 아주 신성하게 여겼기 때문이다. 테무친은 알탄 옷치긴과 코차르 베키에게 이렇게 말했다.

"내 아버지 옹 칸을 잘 모시기 바란다. 옹 칸은 사람을 사귀면 쉽게 염증을 느낀다. 나에게도 그러하거늘 하물며 그대들에게는 어떻겠느냐? 설령 금년 여름은 무사히 넘어간다고 해도 어찌 겨울에 그런 일이 생기지 않는다고 할 수 있겠느냐?"

테무친이 그들에게 이런 당부를 한 것은 옹 칸이 그들을 주시하고 있다는 것을 상기시킨 것이라고 할 수 있다. 함부로 행동하지 말라는 뜻일 것이다.

테무친이 칸이 되는 과정을 쭉 지켜보던 하층 유목민들은, 칸이 되라는 귀족들의 권유를 테무친이 겸손하게 거듭 사양하는 것을 바라보며 테무친이라면 자신들의 꿈과 이상을 함께할 수 있겠다는 믿음을 더욱 가지게 되었다. 이후 테무친에 대한 하층 유목민들의 충성심은 한층 더 확고해졌다.

테무친이 칸이 되기는 했지만 아직은 키야트족의 칸에 불과했다. 전 몽골을 호령했던 카볼 칸이나 암바카이 칸, 코톨라 칸에 견주면 아직 미약했다. 몽골족 내에는 아직 타이치오드족이 있지, 자무카 세력이 있지, 또 하일라르 일대와 보이르 호수 주변의 몽골계 세력들이 있었다. 첩첩산중이었다. 게다가 몽골족 외부에는 더 강력한 타타르족과 케레이트부의 옹 칸, 그리고 알타이 지방의 나이만족이 기다리고 있었다.

테무친은 칸이 되자 사람들에게 이렇게 말했다. 《몽골비사》 125절이다.

자무카 안다보다 나를 선택해 동지가 되겠노라고 내게 왔던 그대들이여.
그대들이야말로 나의 오래된 소중한 동지들이 아니겠는가!

그리고 조상들이 살던 터전을 영구히 보존할 것이며, 예로부터 내려온 관습과 규범을 잘 지킬 것이라고 말했다. 그는 각각의 사람들을 그의 그릇에 맞는 직책에 임명했다. 그리고 보오르초와 젤메에게 특별히 이렇게 말했다.

그대 두 사람은 그림자 외에 동지가 없을 때 나의 그림자가 되어 나의 마음을 평안하게 해주었다. 그대들은 꼬리 외에 채찍이 없을 때 꼬리가 되어 나의 심장을 평안하게 만들었다. 그대들은 영원히 내 마음속에 있을 것이다. 나는 그대들을, 모든 자들을 지휘하는 책임자로 삼겠다.

그리고 자신의 너커르인 보오르초와 젤메 두 사람에게 자신의 군대를 지휘하게 했다. 하층 유목민들은 그런 테무친에게 깊은 감동과 동지애를 느꼈다.

그런 다음, 테무친은 카라툰의 옹 칸에게 사람을 보내 칸이 되었다는 사실을 알렸다. 그 소식을 들은 옹 칸은 기뻐하며 말했다.

생각건대 과연 내 아들이로다!

모든 게 자신의 뜻대로 되었기 때문이다. 그는 속으로 회심의 미소를 지었다. 이제 자무카의 세력이 커지는 것을 걱정할 필요가 없어졌기 때문이다. 또 테무친에게 약속했던 대로 흩어진 백성들을 찾아주었으니, 오래전 예수게이 안다에게 진 빚도 갚은 셈이었다.

그는 모든 일이 다 잘되었다며 테무친의 사신에게 말했다. 《몽골비사》 126절에 나온다.

> 나의 아들 테무친을 칸으로 뽑았다는 것은 아주 잘한 일이다.
> 너희 몽골족은 칸 없이 어떻게 살아가겠는가.
> 너희들은 이 약속을 절대로 깨지 마라.
> 그리고 옷의 깃을 절대로 찢지 마라.

옹 칸이 약속을 절대로 깨지 말라고 한 것은 키야트의 귀족들을 두고 한 말이다. 테무친은 자무카에게도 사람을 보내 자신이 칸에 올랐다는 것을 알렸다. 그러자 자무카는 사신들에게 이렇게 말했다. 《몽골비사》 127절에 나온다.

> 가서 알탄 옷치긴, 코차르 베키 두 사람에게 말하라.
> 너희 둘은 왜 테무친 안다와 나 둘 사이에 끼어들어
> 안다의 옆구리를 찌르고 갈비뼈를 분질러 우리를 분열시켰는가?
> 너희들은 테무친 안다와 내가 같이 있을 때 왜 테무친 안다를 칸으로 뽑지 않았는가?
> 너희들은 지금 어떤 생각을 품고 테무친 안다를 칸으로 뽑았는가?
> 알탄 옷치긴, 코차르 베키 너희 두 사람은
> 부디 테무친에게 서약했던 그 마음을 지켜 나의 안다의 마음을 평온하게 할 것이며,

나의 안다의 좋은 친구가 되도록 하라.

그의 말은 알탄 옷치긴과 코차르 베키가 사람들을 선동해 데려갔다는 뜻이다. 자무카의 말투에서 아직도 많이 화가 나 있는 것을 알 수 있다. 테무친 때문에 자신의 꿈이 반쪽이 났으니 왜 안 그렇겠는가.

5.
키야트족과
타이치오드족을
통일하다

몽골에는 군주를 호위하는 군사를 지칭하는 '케식(Keshig)'이란 제도가 있었다. 테무친은 단순히 호위 기능을 갖고 있던 이 제도를 발전시켜 각 분야별로 뛰어난 사람들을 선발하여 그들이 전문가로 성장하도록 교육하고 밀어주는 기능으로 확대했다. 그 핵심은 호위 무사를 뽑을 때 각 분야의 전문가를 뽑는 것이었다. 그래서 각자 자기 분야의 최고 전문가로서 조직 내의 일을 관장하는 한편, 젊은이들에게 그 기술을 전수함으로써 보다 많은 사람들이 자기 분야의 전문가가 되게 하는 것이었다.

이를 케식텐(Keshigten)이라 하는데, 케식텐은 케식의 복수 형태다. '케식'의 원래 의미는 '제사 때 나누어주는 고기'다. 제사 음식을 함께 나눈다는 것은 한 가족이요, 피붙이임을 뜻한다. 그보다 더 단단한 끈이 있을 수 없다. 여기에서 발전하여 케식텐은 '은총'이나 '상으로 내리는 물건(賞賜)'의 의미를 갖고 있다. 제사 음식을 받을 때는 순서와 차례가 있다. 그래서 케식텐은 은총의 의미와 함께 순서, 차례의 의미도 함께 갖고 있었다.

그러므로 케식텐은 칭기즈 칸의 친위 부대로 시작되었다고 할 수 있다. 그럴 수밖에 없는 것이 케식텐 병사들이야말로 칭기즈 칸을 중심으로 똘똘 뭉쳤던 떠돌이 하층 유목민들이었기 때문이다.

케식텐 제도는 1206년 칭기즈 칸이 대칸이 되었을 때 최종 정비되지만, 테무친이 칸이 되어 사람들을 임명할 때 이미 그 단초를 드러내기 시작했다. 예를 들어, 활을 잘 쏘는 사람들은 활을 쏘는 일에 전념하고, 칼을 잘 쓰는 사람들은 칼을 사용하고, 매를 잘 다루는 사람은 매사냥을 하고, 요리를 잘 하는 사람들은 요리를 맡고, 말을 잘 관리하는 사람들은 군마를 관리하는 식으로 각자가 가장 잘할 수 있는 일을 맡도록 하는 것이다. 테무친은 그런 식으로 각 분야에 능한 사람들을 뽑아 활 쏘는 자, 요리사, 양 떼를 돌보는 자, 게르와 달구지를 관리하는 자, 여인과 종 들을 관리하는 자, 칼을 차고 호위하는 자, 말 떼를 방목하는 자 등으로 나누어 임명했다.

이처럼 군사들을 나누어 자신이 잘하는 분야에 전념케 한 것은 이전에 없던 새로운 시도였다.

자무카의 분노

테무친이 푸른 호수에서 칸이 되었다는 소식이 알려지면서 그를 따르는 사람들이 크게 늘어나 군사의 수가 3만 명에 이르렀다. 테무친의 활동 영역도 확장되어 보르칸 칼돈산에서 바가노르는 물론 그 아래의 허더 아랄, 사아리 케에르까지 미쳤다.

타이치오드족의 땅은 넓고 백성이 많았으나 안으로 통솔하는 기율이 없었다. 그들의 일족인 제우레이드족이 가까운 곳에 있었는데 항상 초원에서 사냥하였다. 테무친이 사냥할 때는 포위 사냥법을 사용했는데 양측의 진(陣)이 만나 서로 접하게 되니 이윽고 합쳐졌다. 테무친이 말하길, "이곳에서 함께 머무는 게 어떠하겠는가?" 그쪽이 말하기를 "말 타고 사냥하는 사람이 400이었는데 먹을 게 부족하여 이미 반을 돌려보냈소" 했다. 테무친이 다시 말하길, "명하노니 함께 자는 자들을 서로 도우라" 하고, 다음 날 다시 함께 사냥하였다. 테무친이 그들을 대접하여 짐승을 몰아 저쪽 진영으로 가게 하니 그들이 포획한 것이 많았다. 그들이 좋아했다. 저쪽 무리가 감격하여 서로 말하길 "타이치오드는 우리와 형제이지만 우리의 수레와 말을 가로채고 우리의 음식을 빼앗아갔다. 우리를 후하게 돌보는 자는 이 사람들이 아닌가?" 하였다. 그들은 크게 부러워하며 돌아갔다. 《친정록》에 나오는 이야기다.

테무친은 자무카가 복수해오리라는 것을 알고 있었다. 그는 백성들을 챙기고 힘을 기르며 때를 기다렸다. 그러던 어느 날이었다. 자무카의 동생 타이차르가 테무친 진영에 와서 군마를 약탈하다 테무친 군사에게 살해당하는 사건이 일어났다. 테무친이 칸의 자리에 오른 지 1년쯤 지난 뒤의 일이다. 《몽골비사》 128절은 그 일을 이렇게 적고 있다.

그 후 자무카의 아우 타이차르가 잘라마산의 남쪽에 있는 얼레게이 볼라크에 있을 때였다. 타이차르가 우리의 진영에 속한 사아리 케에르에 있던 조치 다르말라의 군마를 모두 약탈해갔다. 조치 다르말라는 그의 동지들이 타이차르가 자무카 동생이란 것을 알고 선뜻 추격에 나서지 못하자, 혼자 타이차르가 있는 곳으로 달려갔다. 밤늦게 자신의 군마가 있는 곳에 도착한 그는 말갈기 위에 엎드려 상반신을 숨긴 뒤, 타이차르에게 접근해 타이차르의 등을 향해 활을 쏘았다. 타이차르는 그 자리에서 즉사했다. 조치 다르말라는 자기의 군마를 찾아가지고 돌아왔다.

이 사건은 양측에 즉각 반응을 일으켰다. 타이차르가 군마를 약탈한 것이 테무친을 치기 위한 미끼였는지는 알 수 없지만, 그런 행동이 테무친 측에 대한 불만에서 비롯되었다는 것은 의문의 여지가 없었다.

1190년, 이 사건을 보고받은 자무카는 즉각 자다란족, 타이치오드족, 이키레스족, 우르우트족, 노야킨족, 바룰라스족, 바아린족 등 동몽골의 13개 몽골족을 규합하여 3만 명의 군사를 이끌고 테무친이 있는 곳으로 진격해왔다. 보르칸 칼돈산 동쪽의 구렐구산에 있던 테무친은 이 사실을 보고받자마자 3만 명의 군사를 13 쿠리엔으로 편성하여 자무카의 군대를 맞으러 갔다. 쿠리엔은 몽골군의 기본 편제다. 당시에는 군영(軍營)을 칠 때, 둥그렇게 펼쳐진 1000개의 게르를 하나의 쿠리엔이라 불렀다.

양 진영은 달란 발조트라는 곳에서 일전을 벌였다. 달란 발조트는 '70개의 습지가 있는 곳'이라는 뜻으로 1000개의 겨울 유목지가 있는 바얀올란의 한 골짜기로 추정된다. 1190년으로 테무친이 스물아홉 살 때의 일이었다.

테무친은 자무카와 전투를 벌였지만, 적극적으로 싸울 생각이 없었다. 그보다는 자무카의 분노를 가라앉히려 했던 것으로 보인다. 마침내 전투가 치열해질 기미를 보이자 테무친은 군대에 후퇴를 명했다. 테무친 군대는 오논강 쪽으로 도주했다. 테무친 군대가 도망가자 자무카는 더 이상 뒤쫓지 않고 회군했다. 대신 분풀이로 포로로 잡은 치노스족의 장로와 자식들 70명을 펄펄 끓는 가마솥에 넣어 삶아 죽였다. 그리고 치노스족 씨족장의 머리를 잘라 말 꼬리에 매달고 갔다.

자무카로서는 배신자의 최후가 어떤 것인지 보여주려 했을 것이다. 하지만 몽골 사회에서 말 꼬리에 머리를 매단다는 것은 그 어떤 행위보다 치욕적인 행위였다. 더욱이 치노스족은 테무친에게 와 있었지만, 타이치오드족과도 긴밀한 관계에 있던 씨족이었다. 치노스는 '초원의 울부짖는 늑대'란 뜻이다. 치노스족을 잔혹하게 살육하자 당장 타이치오드족이 자무카에게 반발했다. 벌집을 건드린 꼴이었다. 타이치오드족을 가까이 붙잡아두기 위해 노력해왔던 자무카로서는 치명적인 실수를 저지른 셈이었다. 게다가 모든 몽골인들이 초원의 울부짖는 늑대족의 최후를 지켜보며 자무카를 다시보게 되었다. 그의 잔인한 행위에 두려움을 갖게 된 것이다.

결국 자무카는 한순간의 분노를 참지 못해 명예와 실리를 모두 잃고 말았다. 치노스 사건의 여파는 거기서 그치지 않았다. 자무카 휘하에 있던 일부 세력들까지 동요하여 일부는 테무친 쪽으로 넘어오고, 일부는 타이치오드족으로 갔다.

사실 치노스족은 테무친이 타이치오드족을 끌어들이기 위해 정성을 쏟은 씨족이었다. 그런 씨족이 포로로 잡혀 괴멸되었으니 그 타격은 클 수밖에 없다. 하지만 테무친 진영은 오히려 차분했다. 사태가 그리될 줄 이미 알고 있었기 때문이다. 따라서 테무친은 타이차르 피살 사건으로 초래된 자무카의 공격을 정면으로 대응하는 것을 피하는 대신, 적당한 응전과 패배를 통해 자무카의 또 다른 공격의 명분을 제거하는 데 주력했던 것으로 보인다. 그런 다음, 자무카가 결정적인 실수를 하기를 기다렸다.

테무친 측의 예상대로, 자무카는 배신자에 대한 잔인한 복수로 사람들의 신망을 잃고 위기에 몰렸다. 그러자 테무친은 재빨리 자무카에게 가 있던 샤만 멍리크 일가와 망코트 씨족의 족장인 코일다르 세첸을 불러들였다. 몽골의 대표적인 샤만 일가가 테무친에게 돌아왔다는 것은 앞서 바아린 씨족의 샤만 코르치가 넘어올 때와 마찬가지로 몽골 사람들에게 적지 않은 영향을 끼쳤다. 당시는 샤머니즘이 몽골인들의 정신세계를 지배하고 있을 때였으므로 그 파장은 클 수밖에 없었다. 그 일로 사람들은 테무친이란 인물을 다시 보게 되었다.

달란 발조트 전투가 끝난 뒤 테무친은 오논강가에 머물고 있었다. 그가 있는 곳으로 자무카 밑에 있던 사람들이 물밀듯 넘어오자 "자무카가 있는 곳으로부터 이렇게 많은 사람들이 왔다!"라며 매우 기뻐했다. 테무친은 어머니 허엘룬과 조치 카사르, 테무게 옷치긴 등 형제들과 그들의 친족 세체 베키, 네쿤 타이시 등과 함께 각각 손수레에 젖과 타락(우유에 효모를 넣어 발효시킨 유제품으로, 젖냄새가 나고 맛이 시며 주로 추운 겨울에 먹음)을 싣고 오논강 숲속에서 크게 모였다. 이렇게 해서 패자는 잔치를 벌이고, 승자는 독배를 마시는 묘한 상황이 벌어졌다.

그런데 그 축하연에서 재미있는 일이 벌어졌다. 연회 중에 태후 및 테무친의 친족 세체 베키와 그 모친 코리진 카톤을 위하여 마유주 가죽 주머니를 함께 배치하고 둘째 어머니 코오르친 카톤 앞에도 가죽 주머니를 따로 배치하였다. 그러나 코리진 카톤이 노하여 말했다.

"지금 나를 존중하지 않고 코오르친을 귀하게 여기는 것이냐?"

마침내 그녀는 테무친이 보는 앞에서 상차림을 주관한 시키오르를 끌어내 매질하였다. 그가 울면서 말했다.

"네쿤 타이시와 예수게이 바하두루 두 어른이 세상을 떠나자 내가 이런 모욕을 당하는구나" 하고는 대성통곡하였다.

훗날, 1206년 몽골제국을 선포하던 그날, 테무친은 치노스족 사람들 중에 유일하게 살아남은 차카안 고아의 아들 나린 토오릴을 찾아 데려온 뒤 그 옛날 치노스족의 충성을 기리며 각지에 흩어진 늑대 씨족을 모아 천호(千戶)를 만들고 그를 천호장으로 임명하여 통치하게 했다. 테무친은 그들의 은혜를 잊지 않았다.

이 달란 발조트 전투로 이제 몽골족 내에는 실력이 엇비슷한 테무친, 자무카, 타이치오드족의 세 무력 집단이 공존하게 되었다. 자무카의 세력은 치타주와 하일라르로 후퇴했다. 애초에 자무카의 힘을 둘로 나누어 경쟁케 하려 했던 옹 칸의 의도대로 이루어진 것이다. 아니, 둘로 나누려 했는데 셋으로 쪼개졌으니 옹 칸으로서는 기대 이상의 결과라고 해야 할 것이다. 이제 옹 칸이 세 세력 중 어느 한쪽을 지지하지 않는 한 그 누구도 균형을 깨기 어려웠다. 그 결과, 몽골고원에 잠시 평화로운 시절이 왔다.

7년을 기다려 주르킨 씨족을 치다

테무친은 푸른 호수로 돌아왔다. 그동안 군사의 수는 크게 늘었지만 그중 상당수가 귀족들의 예속민 집단으로 이루어져 있었다.

따라서 푸른 호수의 군사들은 크게 테무친을 따르는 하층 유목민 집단과 귀족들의 군사 집단으로 구분할 수 있었다. 테무친을 칸으로 삼는 하나의 군사 집단이라기보다 여러 세력이 모인 연합정권의 성격이 강했다.

자무카와의 전쟁이 끝난 뒤, 테무친은 하층 유목민들과 자주 어울려 쿠릴타이를 하며 보냈다. 쿠릴타이는 몽골의 전통적인 회의 방식으로, 관련자들이 모여 며칠씩 축제를 벌이며 회의하는 것을 말한다.

테무친은 하층 유목민들과 함께 앞으로 무엇을 해야 할지 이야기를 나누었다. 그들이야말로 자신의 꿈과 이상을 공유하는 이들이었기 때문이다. 무엇보다 그들에게 맞는 조직을 만드는 것이 필요했다. 그 전까지 이와 같은 독자적인 하층 유목민 집단은 존재하지 않았다. 그들은 그 누구에게도 예속되지 않은 자유로운 사람들이었으며, 오직 테무친의 꿈과 이상과 비전을 바라보고 모인 사람들이었다. 따라서 그들은 자기들의 꿈을 펼칠 수 있는 새로운 조직과 시스템에 대해 많은 이야기를 나누었을 것이다.

이제까지 몽골군 조직은 모두 명문 귀족과 가문 중심이었다. 하층 유목민들은 예속민으로서 귀족들을 위해 일을 해야 했다. 귀족이 죽으라면 죽는 시늉까지 해야 했다. 전쟁터에서 획득한 전리품도 귀족들에게 갖다 바쳐야 했다. 그러나 테무친을 보고 모여든 떠돌이 유목민들은 귀족의 예속민이 아니었다. 그들은 자유로운 영혼을 지닌 초원의 늑대들이었다. 그리고 새로운 세상을 꿈꿨다. 따라서 자신들에게 맞는 새로운 조직과 시스템을 찾고 있었다.

하지만 하층 유목민들이 쿠릴타이에 참여한다고 해도 아직은 힘이 있는 귀족들의 눈치를 살펴야 했을 것이다. 그러므로 당장 커다란 변화를 가져오지는 못했다. 그러나 칭기즈 칸이 그들과 자주 이야기를 나누는 모습에서 볼 수 있듯이, 변화가 시작된 것은 분명했다.

합의가 도출될 때까지 회의를 계속하는 쿠릴타이

쿠릴타이[Khurilta(i)]의 '쿠리(khuri)'는 '가족이나 혈연관계의 사람이 모이다'라는 뜻에서 온 말로, 단순한 모임이 아니라 혈족의 모임을 의미한다. '축제'를 뜻하는 '코림(khurim)'과 어원이 같다. 그러므로 쿠릴타이는 기본적으로 씨족이나 부족들이 모인 축제라고 할 수 있다.

쿠릴타이를 좀 더 잘 이해하려면 그들의 제천 행사를 알아야 한다. 그이유는 쿠릴타이가 전통적으로 제천 행사의 일부로 개최되었기 때문이다. 제천 행사의 기능은 크게 두 가지다. 하나는 말 그대로 하늘에 감사드리는 의식을 행하는 것이고, 다른 하나는 온 국민이 한자리에 모여 국정을 논의하는 것이다.

이 두 기능이 잘 조화를 이루었을 때 북방 민족은 최고의 전성기를 구가했다. 흉노족의 용성제(龍城祭), 타브가치 선비족의 춘추대제(春秋大祭), 돌궐의 타인수제(他人水祭), 고구려의 동맹이나 부여의 영고, 신라의 화백제 등이 모두 그러한 제천 행사들이다. 그렇지만 칸 등의 권위가 커지면서 제천 행사의 기능이 약화되면 대부분 쇠락의 길을 걸었다. 말하자면 유목 국가들이 민주적인 절차와 기능이 살아있을 때는 번영을 하다가 그것이 무너지면 쇠락의 길로 접어들곤 했었다.

다만, 몽골인들이 에르구네 쿤에서 몽골고원으로 이동하던 시기에는 제천 행사가 일부 씨족들 차원에서만 행해졌을 뿐 전 몽골족 차원에서는 행해지지 않은 것으로 알려져 있다. 새로운 터전으로 이동하던 시기라 민족 차원의 제천 행사를 할 여유가 없었기 때문이다. 게다가 제천 행사를 한다고 해도, 몽골고원의 살벌한 분위기 속에서는 충분한 시간을 갖고 쿠릴타이를 할 여유가 없을 때도 많았을 것이다. 그러자 몽골 사람들은 제천 행사에서 논의하던 내용을 각자의 게르로 가져갔다. 그리고 가족과 이웃들이 모여 논의를 계속했다. 이것이 쿠릴타이가 몽골인들 사이에서 참여민주주의 형태로 발전하는 계기가 되었다. 말하자면 전 몽골족 차원에서 제천 행사를 할 수 없었던 그 시기에 오히려 쿠릴타이가 수많은 유목민 가정으로 확산되면서 몽골의 하층 유목민들이 민주적이고 자주적인 정신을 갖는 계기가 되었던 것이다.

북방 민족들의 쿠릴타이가 그처럼 제천 행사의 일환으로 행해진 데에는 또 다른 중요한 의미가 있다. 사람들이 어울려 살다 보면 이런저런 감정과 갈등이 생기게 마련이다. 따라서 그들을 모아놓고 회의가 잘 진행되게 하려면, 먼저 서로에 대한 감정을 풀어야 한다. 그런데 제천 행사는 신성한 의식을 치르며 함께 술을 마시고, 춤추며, 노래하는 자리다. 자연히 서로에 대한 감정과 갈등을 풀 수 있는 공간과 시간과 기회가 생기게 마련이다. 그러므로 서로 어울려 감정과 갈등을 풀고 난 뒤, 부족의 문제를 논의해야 모든 사람이 동의하는 회의에 이를 수 있다. 그것이 쿠릴타이의 핵심이다.

따라서 쿠릴타이는 대부분 축제를 통해 서로의 내면을 정화한 뒤 열리는 식으로 진행되었다. 그러므로 고대의 제천 행사는 하늘과 조상들에게 제를 드리는 의식을 행하는 자리인 동시에 참가자들이 자기 정화를 하고, 국정을 논하는 자리였다.

몽골의 쿠릴타이에서는 회의를 하면 몇 날 며칠이 걸리든 참여한 사람들이 모두 합의를 볼 때까지 논의를 계속했다고 한다. 물론 중간에 식사도 하고, 잠도 자고, 잠시 휴식을 취하기도 했겠지만, 회의는 합의가 도출될 때까지 계속되었다. 이런 모습은 다른 북방 민족들의 쿠릴타이에서도 동일했을 것으로 생각된다. 그러므로 회의의 기본은 양보와 상대에 대한 배려라고 할 수 있다. 그래야 서로 다른 의견을 조정할 수 있기 때문이다. 내 입장만 생각한다면, 회의는 한 치도 앞으로 나갈 수 없다. 그러므로 회의에 독단이란 것이 끼어들 틈이 없다. 그런 점에서 쿠릴타이는 내가 무엇을 양보하고 포기할 것인지를 생각하는 일종의 사회적 명상의 자리라고 할 수 있었다. 그러려면 참가자들이 모두 서로의 속내를 다 드러내야 했다. 그래야 모두가 만족하는 합의에 도달할 수 있었기 때문이다.

제천 의식이 열리지 않는 시기에도 필요할 때마다 국정을 논의하기 위해 쿠릴타이가 열렸다. 하지만 그때에도 조상들에게 먼저 쿠릴타이가 열리게 된 것을 알리는 제를 올렸다.

당시 몽골에서는 케식텐 제도라는 새로운 제도가 시작되고 있었다. 각자의 능력을 인정하고, 그 능력에 따라 인정받게 하려는 이러한 움직임이 당시 몽골고원에 태동하고 있었던 것이다. 테무친을 따르는 하층 유목민들은 그 누구보다도 능력대로 열심히 일하면 잘살 수 있는 새로운 세상을 열망했다.

몽골인들은 대칸의 이동 막사가 있는 곳을 '오르도'라고 불렀는데, 케식텐 병사들은 오르도의 관리와 칭기즈 칸의 호위도 담당했다. 그러므로 케식텐 병사들은 칭기즈 칸의 친위 부대이면서, 몽골의 최고 전문가 집단이었던 셈이다.

하지만 귀족들은 테무친과 하층 유목민들의 그런 행동을 못마땅해했으며 불쾌한 눈으로 바라보았다. 가진 것이 없는 자들이 감히 세상이 어떻고, 조직이 어떻고, 나라가 어떻고 하며 떠든다고 말이다. 그러다 보니 테무친의 푸른 호수는 겉으론 조용해 보여도 바람 잘 날이 없었다.

귀족들은 독자 세력을 갖고 있었기 때문에 행동에 거칠 것이 없었다. 귀족들 밑의 예속민들 또한 자기 주인을 믿고 위세를 부렸다. 한번은 테무친 측과 주르킨 씨족 간에 다툼이 있었다. 《몽골비사》131절과 《황금사》에는 주르킨 씨족의 예속민들이 벌인 행패를 테무친이 힘으로 제압했던 일을 다음과 같이 기록하고 있다.

연회를 개최할 때 벨구테이가 질서를 관장하며 테무친의 거세마를 돌보았다. 주르킨 씨족에서는 부리 버케가 그쪽 연회의 질서를 관장하는 책임을 맡았다. 우리 측의 말 기둥에서 (주르킨족에 속하는) 한 여인이 절뚝거리며 들어와 왼쪽 등자를 몰래 끊어가는 것을 발견하고 그녀를 붙들었다. 그때 부리 버케가 와서 그 여인을 감싸자 벨구테이와 다툼이 벌어졌다. 벨구테이는 싸움을 할 때면 늘 오른쪽 옷깃을 풀어 어깨를 드러내놓는 습관이 있었다. 이때 부리 버케가 드러난 벨구테이의 어깨를 칼로 내리쳤다. 벨구테이는 칼에 맞고서도 그것을 문제 삼지 않고 지혈하고 있었다.

마침 테무친이 그늘에 앉아 있다가 그 장면을 보고는 잔치 중에 (밖으로) 나왔다. "우리가 어찌 이렇게 당하는 것이냐?" 하고 분개하자, 벨구테이가 "상처는 별것 아니다. 나 때문에 형제들 간에 불화가 일어날까 두렵다. 나는 괜찮다. 상처는 곧 좋아질 것이다. 형제들이 겨우 친해지기 시작했다. 형이여, 화내지 말라. 조금만 참으라" 하고 말렸다.

그러나 테무친은 가만있지 않았다. 그는 (코빌라이를 위시한 너커르들을 불러) 나뭇가지로 만든 몽둥이를 들고, 또 마유주를 만드는 가죽통의 나무를 뽑아들고 (주르킨 씨족과 난투극을 벌인 끝에) 그들을 제압하였다. 그리고 코리진 카톤과 코오르친 카톤 두 명을 붙들어 두었다.

주르킨 씨족 측의 질서를 맡은 부리 버케가 이렇게 오만한 행동을 할 수 있었던 것은 주르킨 씨족의 뒷배가 있었기 때문이다. 아시다시피 주르킨 씨족은 키야트족 내에서도 허더 아랄이라는 천혜의 목초지와 전략적 요충지를 차지하고 있었다. 그들은 아쉬울 게 없었다. 세체 베키가 테무친에게 온 것은 테무친이란 발판을 딛고 몽골족의 칸이 되고자 하는 야심 때문이었다. 자무카는 영리한 데다 이미 너무 커져서 감당할 수가 없자 새로운 꿈나무 테무친이란 나무 등걸을 빌리러 온 것이다. 당연히 테무친을 적당히 다룰 수 있을 걸로 생각했다. 그런데 그를 중심으로 똘똘 뭉쳐 있는 하층 유목민 집단을 보면서 그게 만만치 않다는 것을 알게 되자 한 번씩 몽니를 부렸다.

테무친은 오래전부터 주르킨 씨족을 주목해왔다. 그에게는 주르킨 씨족의 동태를 알려주는 모칼리가 있어서 일찍부터 그들의 움직임을 잘 알고 있었다. 모칼리라면 나중에 칭기즈 칸을 대신해서 금나라를 정복한 바로 그 모칼리를 말한다. 테무친과 모칼리의 관계에 대해선 좀 더 설명이 필요하다. 테무친은 훗날 대칸에 오른 뒤에 어느 날 옛날 일을 회상하며 모칼리에게 이렇게 말했다.《몽골 비사》206절에 나온다.

우리들이 일찍이 코르코나크 숲에서 코톨라 칸이 춤을 추며 돌았던 신목 옆에서 캠프를 치고 묵을 때 모칼리 자네가 하늘의 계시를 받아 내가 몽골의 칸이 될 거라고 예언했던 말이 당시 내게 아주 큰 힘이 되었다. 그래서 나는 너의 아버지 구운 고아를 생각하여 그대와 약속했었다.

테무친과 자무카가 코르코나크 숲에서 공동 유목할 때의 일로 추정되는데, 두 사람의 약속이 무엇인지는 알려져 있지 않지만 이때 이미 모칼리 집안이 테무친 사람이 되었다는 것을 알 수 있다. 하지만 그가 공식적으로 테무친에게 귀부한 것은 주르킨 씨족이 멸망한 다음이었다. 따라서 그는 테무친 사람이면서도 오랫동안 주르킨 씨족에 남아서 테무친을 위해 일을 했다고 보인다.

테무친이 주르킨 씨족의 동태를 늘 주시하고 있었다고 하지만, 주르킨 씨족은 카볼 칸의 적장자 가문일 뿐 아니라 키야트족 내에서 단연 최강의 군대를 갖고 있었다. 세체 베키가 자신에게 충성 서약을 했다고 하지만, 그를 함부로 대할 수 없었다. 그들이 마음만 먹는다면 언제든 테무친과 하층 유목민들의 꿈과 이상을 물거품으로 만들어버릴 수 있었기 때문이다. 그런 까닭에 테무친은 어떻게든 그들의 마음을 잡으려고 노력했다. 그리고 그들을 이해하고 존중했다. 그들이 한 번씩 몽니를 부려도 모른 체하고 넘어갔다.

하지만 자기 동생에게 칼까지 휘두르는 것을 보자 테무친은 더 이상 그냥 넘어갈 수 없었다. 따라서 이 사건은 테무친 측과 주르킨 씨족 측의 갈등이 표면화된 거라고 할 수 있다. 테무친이 폭동 사태를 힘으로 제압하자, 주르킨 씨족은 예속 집단을 이끌고 허더 아랄로 돌아가버렸다. 더 이상 테무친 아래 있을 수 없다는 뜻이었다.

그들이 푸른 호수의 서약을 깨고 떠났어도, 테무친으로서는 쿠릴타이를 열어 응징할 명분이 없었다. 부리 버케가 그들의 힘을 믿고 그런 오만한 행동을 한 것은 분명하지만 세체 베키가 직접 주도한 사건은 아니기 때문이다. 대신 테무친은 화해의 표시로 돌려보내려 했던 코리진 카톤과 코오르친 카톤을 계속 인질로 잡아둠으로써 주르킨 씨족을 견제했다. 이후 테무친이 주르킨 씨족을 완전히 제압하기까지는 7년이란 긴 시간을 인내해야만 했다.

1196년 여름, 테무친에게 마침내 기회가 찾아왔다. 이야기는 금나라가 하일라르와 동몽골 일대의 몽골족을 칠 것이라는 급보가 날아오면서부터 시작되었다.

테무친, 자무카, 타이치오드족 세력이 서로 균형을 이루며 한동안 전쟁이 없자, 그들의 간섭으로부터 상대적으로 자유로워진 동몽골의 카타킨족, 살지오트족, 옹기라트족 등이 금나라의 풍부한 물자를 노리고 그들의 변경을 공격하기 시작했다. 그들의 침탈이 갈수록 심해지자, 금나라는 1195년에 그들을 토벌하기 시작했다.

문제는 금나라가 이들을 토벌하고 돌아가는 도중에 발생했다. 타타르의 유력한 족장인 세추가 노획 물자를 갈취했다. 그런데 그것을 안 금나라 관리가 가혹하게 징계한 것이다. 그에 대한 반발로 세추는 타타르군을 이끌고 역으로 금나라 변경을 보복 침략하기 시작했고, 움츠리고 있던 헐런보이르 호수 쪽의 몽골족이 이에 가세하면서 금나라 북방 전체가 전화에 휩싸였다.

사태가 이 지경에 이르자 금나라는 책임자를 우승상 완안양(完顏亮)으로 바꾸고 이듬해인 1196년 봄에 대대적인 타타르족 토벌에 나섰다. 이때 메구진 세울투를 포함한 타타르족이 금나라군에 쫓겨 천리장성을 넘어 바얀동 근처의 올자강까지 올라오고 있다는 정보를 입수한 테무친은 군사들에게 말했다.

"예부터 타타르족은 우리의 조부와 부모들을 살해한 원수들이다. 지금 그들이 쫓겨 올자강으로 올라오고 있다고 하니 이 기회에 그들을 치자."

그리고 즉시 옹 칸에게 함께 협공하자는 전갈을 띄웠다. 옹 칸 또한 타타르족과 원한 관계가 있었으므로 즉시 화답을 보낸 뒤 군대를 이끌고 3일 만에 테무친이 있는 곳으로 달려왔다.

옹 칸이 테무친의 한마디에 즉각 달려온 것은 타타르족의 전리품 때문이었다. 타타르족의 귀족들이 값진 물건을 많이 갖고 있었으므로, 그들을 약탈하여 전리품을 차지하려 했다. 당시 타타르족은 금나라의 공격을 피해 가족들을 바얀올 부근에 있는 '자작나무 샘'과 바얀동의 '태양의 샘'이 있는 골짜기에 숨겨두었다.

테무친이 공격 목표로 정한 곳은 바로 그곳이었다. 하지만 테무친은 옹 칸이 도착했는데도 바로 출정하지 않았다. 대신 주르킨 씨족에게 다음과 같은 긴급 서한을 보냈다. 《몽골비사》133절이다.

이 호기를 틈타, 예로부터 우리의 조부와 부모들을 살해한 타타르족을 협공하자.

그런 다음 6일 동안 꼼짝 않고 그들이 오기를 기다렸다. 이 일을 두고 사람들은 칸이 선대의 원수를 갚자는 명을 내리고 6일 동안 기다렸는데도 그들이 끝내 오지 않았다는 것을 보여줌으로써 테무친이 그들을 치기 위한 명분을 만들려고 했던 것이라고 말한다. 그러나 테무친은 진심으로 그들이 함께 동참하기를, 그래서 함께 조상들의 원한을 갚기를 원했던 것으로 생각된다.

주르킨 씨족으로선 난처했을 것이다. 동참하자니 테무친 밑으로 들어가는 게 되고, 동참하지 않으려니 충성 서약까지 한 마당에 달리 명분이 없었다. 하지만 결국 그들은 오지 않았다. 테무친이 비난하기야 하겠지만, 자기들을 공격해오지는 않을 거라고 생각했기 때문이다.

테무친이 옹 칸과 함께 올자강가의 타타르족 은신처 두 곳을 공격했을 때는 6월로, 타타르군이 이미 방어 요새를 만든 뒤였다. 테무친과 옹 칸은 그들을 공격해 메구진 세울투를 붙잡아 죽이고 그들의 재물을 약탈했다. 테무친은 그곳에서 은제 요람과 진주가 붙어 있는 이불을 획득했다.

두 타타르 은신처를 습격한 뒤 그들은 그 사실을 금나라 우승상 완안양에게 전하니 완안양은 두 사람의 공로를 치하하여, 테무친에게는 '자오트 코리'란 칭호를 주고, 옹 칸에게는 '왕(王)'이란 칭호를 주었다. 옹 칸의 이름이 본래 '토오릴'이었는데, 옹 칸으로 불리게 된 것은 이때부터다. 테무친이 받은 자오트 코리란 칭호의 의미를 많은 학자가 해석해보려고 했지만 아직까지 미정인 상태다. 다만, 완안양이 자오트 코리보다 더 큰 '초토사(招討使)'란 칭호를 수여하도록 금나라 황제에게 진언하겠다는 언질로 봐서 그리 높은 관직명은 아닌 듯하다.

그런데 테무친과 옹 칸이 타타르족에 대한 공격을 마치고 각자 본거지로 돌아가고 있을 즈음, 옹 칸의 카라툰에서 뜻밖의 급보가 날아왔다. 옹 칸과 앙숙인 알타이 지방 나이만의 군대가 옹 칸이 없는 틈을 타 케레이트부를 공격한 것이다. 옹 칸이 케레이트부의 칸이 될 당시, 그의 배다른 동생 에르케 카라가 나이만 지방의 이난치 빌게 칸에게 피신했다. 이난치 칸은 에르케 카라를 좋게 보았는지, 옹 칸이 케레이트부를 비운 틈에 군사를 일으켜 케레이트부의 무리를 모두 빼앗아 에르케 카라에게 주었다.

올자강의 원정은 이렇듯 예상치 못한 격변을 불러왔다. 옹 칸은 서둘러 카라툰으로 돌아갔지만, 변변히 싸워보지도 못한 채 패하고 지금의 간쑤성(甘肅省)과 칭하이성(靑海省) 일대의 서하(西夏)로 도주했다. 옹 칸은 테무친에게 급히 지원을 요청했다. 그런데 그

때 또 다른 사건이 발생했다.

라시드 앗딘의 《집사》에 의하면, 테무친은 타타르족의 전리품 일부를 주르킨 씨족에게 주어 그들을 달래려고 했던 것 같다. 그런데 뜻밖에도 주르킨 씨족 일부가 테무친 군대를 습격하여 열 명을 살해하고, 50명의 옷을 벗겨가는 사건이 발생했다. 주르킨 씨족의 오만한 행동을 더 이상 두고 볼 수 없다고 판단한 테무친은 옹칸을 돕는 것을 보류하고, 칠형제봉의 허더 아랄에 머물고 있던 주르킨 씨족을 급습했다. 치열한 격전 끝에 그들을 굴복시켰다. 세가 불리하다고 느낀 세체 베키와 타이초 등 핵심 귀족들은 전투 중에 가족들과 소수의 사람들을 데리고 도주했다.

테무친은 전투가 끝나자 사로잡은 주르킨 씨족의 귀족들을 모두 죽이고 씨족을 해체한 뒤 자기의 직계 군단으로 편입시켰다. 특이한 것은 테무친이 주르킨 씨족으로부터 획득한 전리품을 아무에게도 나누어주지 않고 혼자 차지했다는 점이다. 전리품을 독차지한다는 것은 매우 이례적인 일이다. 아마도 주르킨 씨족을 제거하고 나자 그들을 대신해 자신이 키야트족의 적통임을 말하고 싶었던 것이리라.

주르킨 씨족을 정복한 이후 테무친의 권력 기반은 급속히 강화되었다. 이제는 키야트계에서 그 누구도 테무친을 넘볼 수 없게 되었다. 이를 반영하듯, 《집사》는 그것을 이렇게 표현하고 있다.

이제 테무친은 강한 자가 되었다.

그때 테무친의 나이는 서른다섯 살이었다. 하지만 아직 몽골고원에는 강자들이 많았다. 같은 보르지긴 씨족인 타이치오드족 사람들을 위시해 자무카, 옹 칸, 나이만 등등. 테무친으로서는 이제 겨우 몽골부를 통일할 발판을 마련한 셈이었다.

역시 옹 칸이야

나이만군에 쫓겨 서하로 도망간 옹 칸은 그곳의 구르 칸에게 원군을 청했으나 때마침 위구르와 탕구트의 도시에서 반란이 일어나자 더 이상 그곳에 머물 수 없는 처지가 되었다. 그에게는 식량이 바닥나고 가축이라고는 두 마리 낙타와 염소 다섯 마리밖에 없었다. 어렵게 겨우 끼니만 때우며 지내다 테무친이 강성해졌다는 소식을 듣고 몽골로 돌아왔다. 옹 칸이 오고 있다는 소식을 들은 테무친은 사람을 보내는 한편 헤를렌강가로 마중 나가 그를 영접했다.

"많이 수척해지셨군요."

옹 칸을 위로한 뒤 자기 백성들로부터 성금을 거두어 그에게 주었다. 그리고 자신의 '쿠리엔'에 들어와 살게 했다. 테무친은 옹 칸을 그의 쿠리엔 중앙에 머물게 했다. 그의 호의에 감격한 옹 칸은 그해 가을 카라툰에서, 일찍이 옹 칸과 예수게이가 안다를 맺은 것처럼, 테무친과 정식으로 '아버지와 아들'의 인연을 맺고 축하연을 열었다. 1197년 가을의 일이다. 옹 칸은 그 자리에서 테무친에게 이렇게 말했다.

적을 공격할 때는 같이 공격하고, 짐승을 사냥할 때에도 함께 사냥하자.

이로써 테무친과 옹 칸은 일종의 군사동맹 성격을 띤 카라툰 부자 맹약을 맺었다. 말은 그리 했지만 옹 칸의 속내는 그리 간단하지 않았던 것으로 보인다. 자신이 도움을 청했을 때 도와주는 대신, 테무친은 전격적으로 주르킨 씨족을 섬멸하고 키야트족의 칸이 된 것이다. 그를 바라보는 옹 칸의 마음은 복잡할 수밖에 없었다.

물론 테무친으로서는 옹 칸을 도와주지 못하게 된 사정을 자세히 설명했을 것이다. 그리고 옹 칸에게 정성을 다했다.

당장은 군사가 없는 옹 칸이지만, 옹 칸이 누구인가? 타고난 모사꾼에 정치꾼 아니던가. 테무친은 옹 칸을 존중하면서도 그 점을 잘 알고 있었다.

카라툰의 부자 맹약을 맺은 후, 테무친은 옹 칸의 비호하에 주르킨 씨족의 잔당을 토벌하기 시작했다. 이해 겨울 주르킨 씨족의 족장 세체 베키와 타이초를 추격하던 테무친은 마침내 그들을 사로잡는 데 성공했다.

테무친은 포박되어 끌려온 두 사람에게 물었다.

"그대들은 지난날 내게 뭐라 서약했는가?"

두 사람은 모든 것을 체념한 상태였다.

"우리는 서약을 지키지 않았다. 서약한 대로 처벌받겠다."

그들은 일찍이 푸른 호숫가에서 테무친에게 '우리가 평화를 깬다면 우리를 죽여 사람이 살지 않는 들판에 내다버려라!'라고 서약했었다. 테무친은 두 사람을 처형한 다음, 그들이 서약한 대로 시신을 들판에 내다버렸다.

얼핏 너무 잔인한 처사가 아니냐고 생각할 수 있다. 따지고 보면 그들 모두 테무친의 친족들이기 때문이다. 게다가 그가 이 일을 어떻게 처리할지 많은 사람들이 지켜보고 있었다. 테무친은 고심했을 것이다. 하지만 그들을 용서하기보다는 그들이 말했던 대로 시행함으로써, 한번 입에서 내뱉은 말은 하늘이 두 쪽이 나도 다시 주워 담을 수 없다는 것을 사람들에게 보여주어야 한다고 생각했던 것으로 보인다. 당장은 사람들이 너무 심하지 않느냐며 비난할지 모르지만, 몽골고원을 평화로운 세상으로 만들려면 그와 같은 확고한 원칙이 있어야 하기 때문이다. 실제로 테무친은 한번 입으로 내뱉은 말은 반드시 지켜야 한다는 원칙을 끝까지 고수했다.

테무친과 옹 칸은 그해 겨울 보르칸 칼돈산 동북쪽에 있는 겨울 유목지 코바 카야에서 함께 지냈다. 코바 카야는 '붉은 바위'란 뜻이다. 그들의 공동 유목은 이듬해 여름까지 이어졌다. 테무친은 옹 칸이 독립하여 다시 케레이트부를 장악할 수 있도록 어떻게든 옹 칸을 도우려 했다. 그래서 생각해낸 게 메르키트부를 치는 것이었다.

테무친은 어린 가축들이 어느 정도 성장한 가을에 메르키트부의 토크토아 베키를 공격하여 바이칼의 바르코진으로 쫓은 다음 그들의 군마와 게르, 양식, 가축 등을 약탈하여 모두 옹 칸에게 주었다. 덕분에 옹 칸은 다시 자기 세력을 모을 수 있었고, 마침내 케레이트부의 칸으로 복귀했다.

그런데 세력을 회복한 옹 칸은 이듬해인 1198년에 다시 메르키트부를 쳤다. 부족한 물자를 조달하기 위한 것은 아니었던 것 같다. 토크토아 베키의 큰아들을 죽이고, 토크토아 베키의 아들 둘과 딸 둘, 그리고 카톤들까지 포로로 잡아온 것을 보면 단단히 벼르고 메르키트부를 친 것이 분명했다. 그런데 문제는 옹 칸이 메르키트부를 치면서 테무친에게 알리지 않고 독자 행동을 했다는 사실이다. 그리고 전리품도 나누어주지 않았다. 속이 상한 테무친은 측근들에게 이렇게 말했다고 한다.

이제 마음이 멀어졌다.

옹 칸의 속을 알 수 없는 행동들을 보며 그를 온전히 신뢰할 수 없음을 깨달은 것이다. 그러나 옹 칸의 생각은 달랐다. 그의 독자적인 행동은 테무친에게 자신이 아직 건재하다는 것을 보여주는 동시에, 부자 동맹 또한 전적으로 자신의 의지에 달렸다는 것을 보여주기 위한 것이라고 할 수 있다. 테무친은 옹 칸을 아버지처럼 모셨지만, 옹 칸은 그렇지 않았던 것이다.

테무친으로서는 난감했을 것이다. 카라툰의 부자 맹약만으로는 옹 칸을 자기편으로 묶어둘 수 없게 됐다는 것이 분명해졌기 때문이다. 타이치오드 씨족들이나 자무카 세력을 치는 것이 쉽지 않게 된 것이다.

옹 칸의 야심은 여기서 그치지 않았다. 이듬해인 1199년, 옹 칸은 3년 전 나이만의 군대가 케레이트부를 기습한 데 대한 응징으로 지금의 홉드 지방에 있던 서(西)나이만을 공격한다면서 테무친과 자무카 세력을 모두 출정케 했다. 옹 칸이 테무친과 자무카를 함께 불러들였다는 데서 우리는 옹 칸의 의도가 무엇인지 읽을 수 있다. 자무카를 불러들여 테무친의 세력을 꺾으려고 한 것이다. 예전에 자무카의 세력을 둘로 나누어 테무친에게 주었던 것처럼.

시태의 진행은 이랬다. 옹 칸과 테무친, 자부카 세력은 파죽지세로 홉드 지역의 서나이만 군대를 무찔렀다. 서나이만의 보이로크 칸은 연패를 당하고 알타이산을 넘어 도주했다. 서나이만을 정복한 옹 칸은 회군을 결정했다. 그렇지만 때는 이미 엄동설한의 겨울철로 접어들고 있었다. 때문에 눈이 쌓여 통행이 어려운 항가이산 북쪽을 포기하고, 남쪽을 택해 회군을 시작했다. 그때 나이만의 용장(勇壯) 커그세우 사브라크가 대군을 이끌고 쫓아와 옹 칸 군대의 길목을 가로막았다.

일전이 불가피한 상황이었다. 양군은 대치 상태에 들어갔고, 날이 밝으면 생사를 건 일전을 벌일 참이었다. 그날 밤 테무친과 함께 있던 자무카가 옹 칸의 깃발을 알아보고 그에게 달려가 은밀히 말했다.

"전에도 말씀드렸듯이, 나의 안다 테무친은 한곳에 머무르지 못하고 다른 곳으로 가버리는 철새입니다. 하지만 나는 게르 위에 사는 종달새입니다."

그 말은 테무친은 신의가 없는 사람이며, 나이만과 결탁할 것이라는 말이었다. 그러자 자무카의 그 말에 오브칙 사람 구린 바토르가 언성을 높이며 말했다.

"너는 왜 올곧은 형제를 모함하고 헐뜯는가?"

그들의 논쟁을 지켜보던 옹 칸은 자기 진영의 봉화들을 그대로 밝혀놓은 채, 밤을 틈타 테무친 진영의 동태를 예의 주시할 수 있는 지점으로 이동했다. 물론 옹 칸은 자무카의 말을 믿지 않았다. 하지만 이참에 테무친의 세력을 꺾어 자무카와 균형을 이루게 하려고 했다.

테무친은 옹 칸과 약속한 곳에서 숙영하고 있었다. 교전의 날이 밝아오자 옹 칸의 진영을 바라보던 테무친은 깜짝 놀랐다. 옹 칸 진영이 텅 비어 있었기 때문이다. 뭔가 음모가 있음을 깨달은 테무친은 즉시 그곳에서 후퇴하여 사아리 케에르로 돌아왔다. 이때 테무친이 얼마나 분노했는지 알려주는 말이 있다.

그들은 우리를 제삿밥으로 만들려고 했다.

하마터면 옹 칸의 계략에 말려들어 나이만의 용장 커그세우 사브라크의 대군에 당할 뻔한 테무친은 이 일을 통해 옹 칸이 자무카와 손을 잡는 동안에는 아무것도 할 수 없다는 것을 깨달았다. 그러나 옹 칸의 입장에서 볼 때, 테무친과 자무카는 일종의 꽃놀이패였다. 한쪽의 세력이 커지면 그것을 쪼개면 되는 것이다.

옹 칸과 자무카의 군대는 나이만의 용장 커그세우 사브라크에게 번번이 패하며, 급기야 바가노르시 동쪽의 쳉헤르강 들판까지 쫓겨났다. 다급해진 옹 칸은 테무친에게 사신을 파견해 구원을 요청했다.

　나이만군에 나의 백성들과 처자들을 모두 약탈당했다. 너의 네 준마를 파견하여 나의 백성들을 구해달라.

　옹 칸의 구원 요청을 받은 테무친의 속내는 복잡했을 것이다. 하지만 옹 킨이 무너지도록 그대로 둘 수 없었다. 옹 칸이 무너진다면 그의 앞날 역시 불투명해지기 때문이다. 테무친은 할 수 없이 네 준마를 보냈다.
　네 준마란 테무친이 아끼는 네 명의 너커르, 즉 보오르초, 모칼리, 칠라온, 보로콜을 말한다. 보오르초는 테무친이 말 여덟 마리를 쫓을 때 만난 친구이고, 모칼리는 주르킨 씨족의 예속민으로 있다가 테무친에게 온 사람이고, 칠라온은 테무친이 타이치오드족 사람들에게 붙잡혀 있을 때 그를 도와준 소르칸 시라의 아들이며, 보로콜은 테무친이 주르킨 씨족을 정벌할 때 그곳에서 발견한 고아로 십 대에 이미 테무친 진영에서 두각을 나타낸 걸출한 인물이다. 모두 이름을 떨치고 있던 장수들로, 사람들은 이들을 테무친의 네 준마라 불렀다.
　테무친의 네 준마가 쳉헤르 들판에 도착했을 때 양군 사이에는 한창 전투가 벌어지고 있었다. 그때 교전 중인 옹 칸의 아들 셍굼이 탄 말이 엉덩이에 화살을 맞아 나이만군에게 사로잡힐 위기에 놓여 있었다. 보오르초는 셍굼의 말이 상처를 입어 그가 붙잡힐 지경이 된 것을 보고 그를 향해 말을 달려갔다. 그리고 그를 구해주고 자기 말을 셍굼에게 주었다. 그리고 다른 말을 타고 돌아왔다. 네 준마는 옹 칸의 군대와 함께 나이만군을 공격하여 멀리 쫓아냈다. 케레이트부의 백성들은 가까스로 위기를 모면했다. 옹 칸의 입장이 난처해졌다.

옹 칸은 테무친에게 말했다. 그것을 《몽골비사》 164절은 이렇게 전한다.

나의 안다 예수게이가 예전에 나의 흩어진 백성들을 구해주더니, 이번에는 아들 테무친이 나의 흩어진 백성들을 구해주었다. 이들 부자는 떠나버린 백성을 누구를 위해 거두어주었으며 모아주며 고생했는가? 나도 이젠 늙었다. 머지않아 선조들의 매장 터가 있는 높은 산에 올라가 이 세상을 떠나게 될 것이다. 내가 산으로 가면 나의 백성들을 누가 다스릴 것인가? 나의 아우들은 덕이 없다. 아들 셍굼은 없는 거나 마찬가지다. 나의 아들 테무친을 셍굼의 형으로 만들면, 내겐 두 명의 아들이 있는 셈이니 나는 비로소 마음을 놓을 수 있을 것이다.

마침내 옹 칸과 테무친은 톨강의 검은 숲에서 만나 아버지와 아들로 선언하였다. 당시 옹 칸의 나이는 일흔 전후였던 것으로 추정된다. 나이 들면 마음이 약해지게 마련. 옹 칸 역시 자신의 죽음 뒤를 생각해보았을 것이다. 권모술수에 능한 그이지만, 자신의 사후를 생각하며 테무친을 셍굼의 형으로 삼고 싶다고 한 말은 결코 빈말이 아닐 것이다.

하지만 테무친은 일련의 위기 상황이 자무카 때문임을 상기시켰다. 자무카에 대한 확실한 다짐 없이는 옹 칸을 신뢰할 수 없기 때문이다. 결국 두 사람은 다음과 같이 약속했다.

앞으로는 질투가 심한 큰 이빨을 가진 독사의 꼬드김을 받더라도

그에게 넘어가지 말자.

입과 입으로 서로 말하고 나서 믿을 것이다.

어금니 있는 뱀에게 이간질 당해도

그 이간질을 받아들이지 말자.

얼굴과 얼굴을 맞대어 서로 확인한 다음에만 믿을 것이다..

테무친은 다시 자무카의 귀에 들어가라고 이렇게 말했다.

진실이 없는 말은 힘이 없다.

이렇게 해서 1200년 봄, 마침내 자무카를 공동의 적으로 규정하는 콜라안 코트 군사동맹이 이루어졌다. 인생은 새옹지마라고 하던가. 이제 테무친은 옹 칸의 도움을 받아 타이치오드족과 자무카를 칠 수 있게 되었다.

타이치오드족을 치다

그러나 옹 칸은 자무카를 칠 생각이 없었다. 테무친을 견제하려면 자무카가 있어야 했기 때문이다. 《집사》에 의하면, 타이치오드족을 치기 위해 출정하기 전에 옹 칸과 테무친은 사아리 케에르에서 쿠릴타이를 열었다. 이때 옹 칸은 테무친을 치려는 의도를 갖고 있었던 것으로 보인다. 테무친의 세력이 더 커지기 전에 막으려고 했던 것이리라. 그런데 축제가 벌어졌을 때 바아린족의 우순 노인이 의심을 품고 장화 속에 단검을 넣은 뒤, 옹 칸과 칭기즈 칸 사이에 앉아 고기를 먹으며 옹 칸의 눈치를 살피자, 옹 칸은 테무친이 자신의 행위를 눈치챘다고 생각하고, 그를 치는 것을 포기했다.

따라서 옹 칸이 테무친을 따라 타이치오드족을 치기 위해 출정했던 것은 자신의 행위를 덮기 위해서였던 것으로 생각된다.

옹 칸과 테무친이 콜라안 코트 군사동맹을 체결했다는 소식은 곧바로 몽골고원에 퍼졌다. 그러자 지난번 카라툰 부자 맹약 뒤에 옹 칸과 테무친 세력에게 당했던 메르키트부의 토크토아 베키는 즉시 타이치오드족의 유력한 장로인 코돈 오르창에게 접근하여 군사연합을 제의했다. 타이치오드족 역시 옹 칸과 테무친의 연합에 불안을 느끼고 있던 터라 메르키트부의 제의를 기꺼이 받아들였다. 메르키트부와의 연합이 성립되자 기세가 오른 타이치오드족의 족장 아오초 바토르와 코릴 바토르, 코돈 오르창 등의 장로들은 오논 강가에 모여 쿠릴타이를 열고 옹 칸과 테무친을 공격할 것을 결의했다.

테무친으로서는 타이치오드족을 칠 절호의 기회였다. 하지만 타이치오드족 역시 키야트족 못지않게 막강한 세력을 가지고 있었다. 타이치오드족은 예수게이가 활약했던 시대에는 그의 동맹 세력이었고, 몽골의 칸을 중심으로 한마음으로 단결했다. 그러나 칭기즈 칸 시대에는 귀족들 간에 내분이 계속되어 일치단결된 힘을 보여주지 못했다. 그럼에도 옹 칸과 테무친의 연합군을 향해 진격을 결의했다는 것은 그만큼 자신이 있다는 뜻이었다. 게다가 메르키트군까지 합세하기로 했으니 충분히 승산이 있다고 본 것이다.

타이치오드군이 공격해올 거라는 첩보를 받은 테무친과 옹 칸은 1200년 봄에 사아리 케에르에서 만나 쿠릴타이를 열어 메르키트군이 합세하기 전에 먼저 타이치오드군을 치기로 결정했다. 테무친과 옹 칸의 연합군은 오논강으로 올라가 타이치오드군을 기습했다. 메르키트 연합군이 오기를 기다리고 있던 타이치오드군은 뜻밖에 옹 칸과 테무친 군대가 먼저 나타나자 크게 당황했다.

타이치오드군은 패퇴하여 달아나기 시작했다. 테무친은 '올렌고트 토라스토르(Ülengüt Turas-tur)'에서 밀고 밀리는 공방전 끝에 타이치오드군을 물리쳤다. 옹 칸은 뒤늦게 메르키트군이 나타나자 그들을 추격하여 쫓아갔다. 테무친과 타이치오드족의 전투는 매우 치열했다. 《몽골비사》144절은 이때의 일을 다음과 같이 기록하고 있다.

테무친은 오논강 쪽으로 도주하는 아오초 바토르를 추격했다. 아오초 바토르는 자기 백성들이 있는 곳에 이르자, 서둘러 자기 백성들을 안전한 곳으로 이주시켰다. 그런 다음 그는 타이치오드족 장로 코돈 오르창과 함께 오논강의 건너편에서 군사를 재편성한 뒤 올렌고트 토라스토르에 진을 갖추었다. 테무친은 이곳에 도착한 뒤 그들과 일전을 벌였다. 서로 밀고 밀리는 공방전 끝에 날이 어두워지자 양군은 서로 대치 상태에서 밤을 보내게 되었다. 타이치오드족 백성들도 타이치오드군의 진영으로 몰려와 함께 밤을 보냈다.

날이 밝아오자 대치했던 타이치오드족 병사들은 밤사이 모두 도망치고 없었다. 그러나 그들과 같이 있었던 백성들은 그곳을 떠나지 않았다.

넓은 습지를 이루는 곳의 북쪽 언덕이라면 타이치오드족으로서는 방어하기 좋은 곳이었을 것이다. 지형적으로 불리하므로 테무친으로서도 매우 고전했을 가능성이 높다. 《몽골비사》 145절에 의하면, 이 전투에서 테무친은 목에 상처를 입었다. 그런데 아무리 지혈해도 피가 멈추지 않았다. 모두들 우려하고 있을 때, 젤메가 밤새 테무친의 목에서 응어리진 피를 빨아냈다. 얼마나 열심히 빨았는지, 그의 입가는 온통 피투성이가 되었고, 테무친이 앉아 있던 곳 주변도 모두 피로 얼룩졌다고 한다. 뿐만 아니라 젤메는 테무친이 '목이 마르다'고 하자, 모자와 신발, 전통의상 델 등을 벗고 바지만 입은 채 단신으로 적진에 들어가 타이치오드족 백성의 마차에서 타락을 가져와 물에 타 마시게 했다.

마침내 의식을 회복하고 상체를 일으킨 테무친은 사태를 알아차리고는 젤메에게 고맙다며 이렇게 말했다.

지금 내가 네게 무슨 말을 할 수 있겠느냐. 일찍이 삼성(三姓) 메르키트 병사들이 와서 보르칸산을 삼중으로 에워쌌을 때 네가 나의 생명을 구해주었다. 지금 다시 나의 목에서 응혈을 빨아내어 나의 생명을 열어주었다. 또 목이 말라 괴로워하고 있을 때 제 목숨 돌보지 않고 적진에 들어가 물을 구해와 내 목을 축여주었다. 이 세 번의 은혜를 늘 마음 깊이 간직할 것이다.

젤메의 충성심은 정말 대단했다. 바로 그런 충성스러운 하층 유목민들 덕분에 오늘날의 테무친이 있는 것이다. 테무친은 보르지긴 씨족의 귀족으로 태어났지만, 충성심과 성실함을 잃지 않는 하층 유목민들을 신뢰하고 존중했으며, 그들의 인간적인 모습으로부터 많은 감화를 받았다. 그때마다 그의 확신은 더욱 단단해졌다.

날이 밝고 보니 대치하던 타이치오드 병사들은 밤에 흩어지고 보이지 않았다. 타이치오드 백성들을 돌아가게 하고 있을 때 멀리서 붉은 옷을 입은 한 여인이 외쳤다.

"테무친이다!"

큰 소리로 울며 외치는 소리를 테무친이 듣고 어떤 여자가 저리 울며 소리를 외치는지 알아보라고 사람을 보냈다. 그가 가서 그 여인에게 물으니 그녀가 말했다.

"나는 소르칸 시라의 딸 카다안이라고 한다. 내 남편을 병사들이 죽이려 하므로 테무친이 내 남편을 구해주기를 원해 소리를 지른 것이다."

그가 와서 테무친에게 사정을 말하니 테무친이 그녀에게 달려와 말에서 내려 그녀를 껴안았다. 그녀의 남편은 이미 병사들에게 죽은 뒤였다. 백성들이 돌아간 뒤 병사들이 거기서 야영했다. 다음 날 소르칸 시라 가족이 왔다. 그는 테무친이 타이치오드족 사람들에게 잡혀왔을 때 그를 숨겨 구해주었던 사람이다. 테무친이 그들에게 "왜 이제 왔느냐?"라고 묻자 소리칸 시라가 대답했다.

"속으로 늘 준비하며 믿고 있었다. 하지만 서둘러 오면 타이치오드의 장로들이 뒤에 남은 가족들과 가축과 식량들을 모두 날려버렸을 것이다. 그래서 기다렸다가 이제야 온 것이다."

그러자 테무친은 그 말이 "옳다"고 했다.

올렝고트 토라스토르 전투 이후 테무친은 타이치오드족의 유력한 장로들과 그 가족들을 제거함으로써 타이치오드족이 반란을 일으킬 여지를 없앴다. 그러나 타이치오드족 족장 아오초 바토르는 바이칼 동남쪽의 바르코진으로 도주했다. 귀족들에 대한 처단이 끝나자 테무친은 타이치오드족 백성들을 자기 백성으로 수용했다. 이로써 테무친은 명실상부한 보르지긴 씨족들의 칸이 되었고, 그 세력은 더욱 커졌다. 옹 칸조차 함부로 할 수 없는 호랑이가 된 것이다.

이 전투가 끝난 뒤 테무친과 옹 칸은 자기들의 유목지로 돌아가지 않고 동몽골의 헐런보이르 호숫가로 이동했다. 타이치오드족과의 전투가 끝난 뒤 곧바로 헐런보이르 호수 쪽으로 이동했다는 것은 테무친이 타이치오드족을 치고 나서 헐런보이르 호수로 이동하자고 옹 칸을 설득했다는 것을 의미한다.

아마도 테무친은 타이치오드족을 물리치자 이참에 자무카와 연합할 가능성이 있는 헐런보이르 일대의 부족들을 제압해두는 것이 좋겠다고 생각했을 것이다. 만일 테무친이 자무카까지 칠 생각을 했다면 옹 칸은 응하지 않았을 것이다. 옹 칸이 비록 말로는 자무카를 공동의 적이라 했지만, 여전히 그는 테무친과 자무카의 두 패를 쥐고 있었기 때문이다.

타이치오드족과 최후의 전쟁을 치른 후 옹 칸과 테무친 군대는 치타주 남부를 경유하여 중국의 국경 도시 만저우리 근처를 지나 헐런보이르 호수로 이동했다.

동몽골, 이곳을 장악하는 자만이
몽골초원을 통일했다

여기서 잠시 동몽골에 대해 간단히 정리하고 가는 것이 좋겠다. 동몽골은 몽골 역사에서 대단히 중요한 곳이다. 이곳을 장악하는 자만이 몽골고원을 통일할 수 있기 때문이다.

동몽골은 크게는 몽골의 울란바토르에서 흥안령 동쪽 초원에 이르는 지역 전체를 가리킨다. 예로부터 몽골의 땅은 서쪽은 알타이산까지이고, 동쪽은 흥안령산까지라는 말이 있다. 당연히 흥안령 일대의 초원도 그들의 활동 영역에 들어간다. 그래서 동몽골의 범주에는 만주의 흥안령 동쪽 초원 지대도 포함된다. 실제로 청나라 시대에는 몽골의 코르친족, 카르친족 등 여러 부족이 창춘(長春)과 선양(瀋陽) 서쪽에서 유목을 했다. 그러므로 단순히 흥안령을 경계로 만주와 몽골을 나누는 것은 잘못된 것

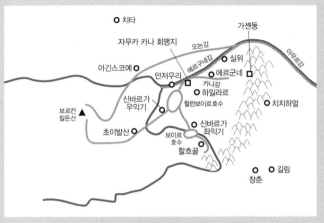

동몽골의 지도

이다.

그러나 동몽골은 좁게는 몽골의 초이발산에서 흥안령 서쪽 지역 전체를 가리키는 말로도 쓰인다. 여기에는 우선 흥안령산맥 서쪽 지역의 중심 도시인 하일라르 일대가 들어간다. 하일라르는 17세기에 러시아 국경을 드나드는 사람들을 관리하기 위해 헐런보이르 정청(政廳)이 세워지면서 생긴 도시다. 하일라르 주위에는 헐런보이르 호수와 보이르 호수가 있다. 참고로 현재 보이르 호수의 북부 해안은 중국령이고, 나머지는 몽골령이다. 그리고 몽골의 할흐골솜 지역이 여기에 들어간다. 또 중국과 러시아의 국경선을 이루고 있는 에르구네강 일대와 흥안령 북부 산림 지대, 그리고 러시아의 치타주가 포함된다.

따라서 동몽골을 좁게 잡는다 해도 그 범위는 매우 넓다. 이들 지역은 과거에는 모두 몽골 땅이어서 자유롭게 왕래할 수 있었지만, 지금은 몽골과 중국, 러시아 국경으로 나뉘어 있어 여행하는 데 어려움이 많다. 당장 보이르 호수 쪽에서 가까운 헐런보이르 호수나 하일라르로 가려고 할 경우, 한나절이면 갈 수 있는 거리이지만 국경에 가로막혀 있다. 그래서 울란바토르로 돌아와 중국의 베이징으로 간 다음 그곳에서 비행기를 타고 하일라르로 가든지, 아니면 육로로 가야 하는데 적어도 3일 이상 걸리는 굉장히 번거로운 길이다. 이런 사정은 동몽골 지역을 답사하고 연구하는 것을 어렵게 만든다.

하지만 칭기즈 칸 시대의 동몽골 역사를 둘러보려면 세 나라로 갈라져 있는 이들 지역을 두루 살펴보아야 한다. 그러지 않고는 동몽골의 역사를 제대로 알 수 없기 때문이다.

도리이 류조의 발자취를 따라가다

여기서 잠시 일본의 고고학자 도리이 류조(鳥居龍藏) 이야기를 해야겠다. 그는 진즉부터 북방 지역을 탐사하고자 하는 꿈을 갖고 있었던 사람이었다.

당시 만주는 러시아의 지배하에 있었다. 러시아와 일본은 사이가 좋지 않았다. 그렇다면 도리이 류조는 어떻게 그 시절 적성국인 러시아 땅에 들어갈 수 있었을까?

1918년, 소비에트 혁명이 극동 지역까지 확산되는 것을 두려워하던 일본은 영국, 프랑스 등의 연합군이 러시아를 침공하자 곧바로 가세했다. 일본은 1918년 1월 가장 먼저 군함 1척과 순양함 1척을 블라디보스토크에 파견했다. 겉으로는 자국의 권리와 생명을 지키기 위해서라는 명분을 내세웠다. 그리고 1918년 4월 5일, 영국과 함께 일본의 육군 전투부대가 블라디보스토크에 상륙했다. 그들은 시베리아 횡단철도를 이용해 러시아에 출병했다.

일본은 대(對) 소비에트 전쟁에 중국을 끌어들일 속셈으로 1918년 5월에 베이징 정부와 군사조약을 맺었다. 그 결과, 일본은 러시아가 부설했던 동청(東淸) 철도를 이용해 군대를 러시아에 출병할 수 있게 되었고, 도리이 류조는 일본군을 따라 러시아로 들어갔다. 러시아의 지원과 보호를 받고 여행할 수 있었다.

마침내 그는 1919년 7월에 '만저우리─오논강' 루트를 탐사했다. 그때의 여행을 기록한 그의 책《인류학과 인종학에서 본 동북아시아─시베리아, 북만주, 사할린》(1924)에 의하면, 만저우리에서 치타로 가는 시베리아 기차를 타고 가다가 오논강 건너편에 있는 도시 올로뱐나야에서 내려 그곳에서 말 타고 오논강을 따라가며 답사했다고 한다.

흥미로운 것은 당시 도리이 류조는 치타주 부랴트인들의 교육열이 몽골 사람이나 러시아인들보다 훨씬 더 높았음을 전하고 있다는 점이다. 서점에 가면 러시아어로 된 책은 잘 안 보이고 부랴트어로 된 책들이 가득했다고 한다. 러시아에서 소수민족인 부랴트인들이 러시아인들과 당당하게 어깨를 맞대고 살아갈 수 있는 데는 그들만의 남다른 교육열이 있었던 것이다.

일찍이 칭기즈 칸은 그의 〈성훈〉에서 부랴트인과 몽골인들에 대해 일찍이 이렇게 말한 적이 있다.

바르코진과 오논강과 헤를렌강에서 태어난 젊은이들은 지도나

지시가 필요 없을 정도로 대장부답고, 용맹하며, 슬기롭고, 총명하다. 이 지역에서 태어난 처녀들 역시 빗질이나 화장을 하지 않아도 아름다우며, 비할 데 없이 기민하고 영리하다.

치타에서 남쪽의 아긴스코예로 내려가면, 중국과 러시아 국경이 있는 오논강이 나온다. 그곳의 한 언덕에 올라가면 시야가 탁 트이는 게 광대한 오논강 습지가 한눈에 들어오는데, 오논강 건너편에는 빽빽한 산림 지대가 징대하게 펼쳐져 있다.

이곳이 바로 타이치오드군이 칭기즈 칸에게 멸망한 올렌고트 토라스토르로 추정되는 곳이다. 일본 학자 도리이 류조가 그의 여행기에서 말하던 '바가토르 하다'가 그곳이다. 그동안 칭기즈 칸이 타이치오드군을 물리친 올렌고트 토라스토르의 위치에 대해서는 정확히 알려져 있지 않지만, 여러 가지 상황으로 볼 때, 오논강이 러시아로 들어간 뒤 넓은 습지를 이루는 곳의 북쪽 언덕, 즉 '바가토르 하다'가 올렌고트 토라스토르가 아닐까 추정된다. 《친정록》에서는 그 주위의 들판에서 타이치오드의 여러 장로들을 잡았다고 말했다.

당시 이곳을 둘러본 도리이 류조는 자신의 책에 이렇게 썼다.[*]

오논강을 따라가니 얼마 안 있어 멀리 건너편에 높이 200미터 정도의 구릉이 나왔다. 그 위치는 한편은 강에 접하고, 한편은 넓은

•   도리이 류조, 《인류학자와 일본의 식민지 통치》, 최석영 역주, 서경문화사, 2007, 176쪽.

평원을 끼고 있어 그야말로 경치가 좋다. 주변 지역은 모두 광활한 평야이나 오직 그 구릉만은 우뚝 솟아 있어 사람들의 눈길을 끌었다. 몽골 사람들은 이 구릉을 '바가토르 하다'라고 불렀다. '하다'는 산을 의미하는데, 나무가 없는 붉은 바위산 등을 가리켜 하다라고 한다. '바가토르'는 용감한 사람, 영웅을 의미한다. 그러므로 바가토르 하다는 영웅산을 의미한다.

어떤 이는 칭기즈 칸이 이곳에 성(城)을 가지고 있었다고 말한다. 구릉은 화강암으로 되어 있어 방어하기에 이보다 더 좋을 수 없다. 따라서 이곳은 오논강 북쪽에선 최전방 방어선이라는 것을 알 수 있다. 지금은 이 구릉 정상에 라마탑이 있고, 좌우에 조그만 탑이 네 개씩 여덟 개가 서 있다.

현재 바가토르 하다의 정상에는 흰 라마탑이 서 있다. 해발 800미터쯤 되는 곳이다. 하지만 도리이 류조가 썼듯이, 언덕 아래 초원이나 오논강에서 보면 불과 100~200미터밖에 안 됐다. 전체적으로 지대가 높은 탓이다.

바가토르 하다에서 오논강을 바라보면, 서쪽 몽골고원의 보르칸 칼돈산에서 흘러와 동북쪽으로 아무르강을 향해 달리고 있었다. 만일 이곳이 1200년 봄, 타이치오드군이 테무친과 옹 칸의 군대에 대항하기 위해 최종 방어선을 쳤다는 올렌고트 토라스토르라면 몰려오는 테무친의 군대를 방어하기에 최적의 장소였을 것이다. 오논강의 넓은 습지 때문에 남쪽에서 공격하기가 쉽지 않은 데다, 그곳에 서면 오논강을 건너오는 적의 동태를 한눈에 볼 수 있었기 때문이다.

오논강에서 남쪽에서 오는 대군을 방어하기에 지정학적으로 이만한 곳이 없어 보였다. 도리이 류조가 만났던 주민들도 칭기즈 칸이 이곳에 머물렀다고 하지 않던가. 더욱이 오논강 주변에 넓은 습지가 있는데도 불구하고 몽골과 러시아의 국경 초소가 있다는 것은 예부터 이곳이 오논강을 건너는 길목이었음을 시사하고 있었다.

해마다 음력 4월 15일이면 수민들이 이 산에 올라 제를 지낸다고 했다.

6.
숙명의 라이벌
자무카,
동몽골에
피바람이 불다

일본 작가 시바 료타로(司馬遼太郎)는 흥안령이라는 이름이 몽골어의 '칸 올라(Khan Ula)'에서 왔다고 했다. 만주인들이 '칸 올라' 또는 '한 올라'의 발음을 따서 '힝안 다바간(Hinggan Dabagan)'이라 불렀고, 거기에서 지금의 '흥안령(興安嶺)'이란 이름이 생겨났다는 것이다.[*] 그의 말대로라면 흥안령이란 이름은 몽골어에서 온 셈이다. 만주어 '다바간'은 '큰 고개'란 뜻이다. 흥안령이 산이라기보다 큰 고개 또는 '재'로 인식되었다는 점도 흥미롭다.

　　그 흥안령의 서쪽 초원의 중심 도시가 하일라르다. 하일라르는 몽골 말로 '눈이 녹는 곳'이란 뜻이다. 겨울에도 다른 곳보다 따뜻한 까닭에 눈이 일찍 녹아서 그런 이름이 붙었을 것이다.

　　사람들은 하일라르를 '초원의 진주'라고 부른다. 그 서쪽에는 헤를렌강이 흘러드는 헐런보이르 호수가 있다. 17세기 이래로 중국과 러시아의 관문 역할을 했던 곳이다. 하일라르시에서 벗어나면 끝없는 초원이 펼쳐진다. 이곳에서부터 보이르 호수 남쪽의 메넨긴탈 평원에 이르는 광대한 지역이 칭기즈 칸 시대의 말 목장이었다. 이 지역의 헐런보이르 호수와 보이르 호수라는 거대한 호수 사이에는 어르순강이

●　　시바 료타로, 《몽골의 초원》, 양억관 옮김, 고려원, 1993, 149쪽.

흐른다. 또 풀들이 잘 자라니 말 목장으로는 최고다. 이곳에서 수십만 마리의 말을 길러서 몽골의 군마로 내보냈다.

동몽골에서는 양보다는 소를 많이 길렀다. 풀이 길어서 굳이 양을 기르지 않아도 되기 때문이다. 그만큼 동몽골에서 풀이 잘 자란단 뜻이다. 몽골 중부 지역의 초원들은 동몽골보다는 풀이 적은 편이다. 그런 지역에서는 양이나 염소를 데리고 풀을 찾아 이동하면서 유목을 한다. 하지만 풀이 잘 자라는 이곳 동몽골에서는 굳이 양이나 염소를 칠 필요가 없다. 소가 기르기도 쉽지만, 많이 이동하지 않아도 되기 때문이다. 게다가 양이나 염소를 기르는 경우 보통 한 게르당 100~200마리 이상을 키우는데, 매일 아침 그 많은 양들의 젖을 짜려면 여간 고역이 아니다. 하지만 소들은 그리 많은 수를 키우지 않아도 되기 때문에 젖을 짜는 일도 수월하다.

동몽골은 그런 곳이었다. 끝이 보이지 않는 드넓은 초원과 자유롭게 방목하는 군마들, 그리고 소가 무리를 지어 풀을 뜯는 곳이다.

동몽골 지역에서 옹기라트 씨족과 함께 일대 세력을 형성하고 있는 살지오트족과 카타킨족의 본거지는 헐런보이르 호수로 흘러드는 하일라르강 유역에 있었다. 자무카의 자다란족은 에르구네강 서쪽에 있었을 것으로 추정된다. 그들이 이곳에서 대 세력을 이룰 수 있었던 것은 치타주의 드넓은 산록초원 때문이다. 칭기즈 칸 시대에는 이 일대가 모두 몽골 땅이었다.

하일라르에서 에르구네강을 따라 북쪽으로 올라가면, 카나(銀河) 강과 합류하는 삼각주 지역에 자무카가 구르 칸에 등극했던 홀랑 에르기가 나온다. 홀랑은 '야생마' 또는 '호랑이'란 뜻이고, 에르기는 '언덕'이란 뜻이다. 그러므로 홀랑 에르기는 '야생마 언덕'이란 뜻이다. 그곳에는, 최근에 세운 것으로 보이는, 자무카가 구르 칸에 등극한 장소임을 기념하는 석상이 세워져 있고, 그 비석에는 자무카가 구르 칸에 등극할 때의 모습이 자세히 새겨져 있다.

석상 뒤편 언덕으로 올라가면 바로 낭떠러지가 나온다. 과연 홀랑 에르기, 야생마 언덕이라고 할 만한 곳이었다. 바로 아래에는 멀리 에르구네강이 보이는데, 거대한 습지가 형성되어 있었다. 돌아서서 석상 쪽을 둘러보면, 당시 자무카의 카나 회맹(會盟)이 열렸던 들판이 멀리까지 드넓게 펼쳐져 있었다. 과연 홀랑 에르기는 그 들판이 한눈에 내려다보이는 천혜의 명소로서 손색이 없었다.

테무친과 옹 칸에 맞선 동몽골의 11개 씨족

테무친의 처가인 옹기라트 보스카울 씨족은 하일라르에서 남서쪽으로 내려간 곳에 있는 보이르 호수 동쪽에 있었다. 테무친은 그곳 처가에서 아홉 살부터 열세 살 때까지 살았다. 보이르 호수 일대는 사방 어디에나 넓은 초원이 있었다. 풍요로운 곳이었다. 아마도 테무친은 이곳에서 지내는 동안 헨티 아이막의 가난한 유목민들과는 비교할 수 없는 풍요로운 삶을 보았을 것이다.

그런데 테무친이 열세 살이 되었을 때, 예수게이가 아들이 잘 지내는지 살펴볼 겸 사돈댁에 왔다가 돌아가는 길에 타타르인들에게 변을 당했다.

당시 타타르인들은 헐런보이르 호수 밑에 있는 복드산 근처에서 살았다. 몽골부의 2대 칸이었던 암바카이 칸이 타타르족과의 혼인 약속을 지키기 위해 딸을 데리고 간 곳이 바로 그곳이었다. 당시 암바카이 칸은 호위 병사도 없이 직접 딸만 데리고 왔다. 당시 몽골 풍습은 혼인식에 군사를 데리고 가는 것은 실례였기 때문이다. 그 역시 지금의 빈데르에서 바얀동을 지나 금나라 천리장성을 지나왔을 것이다. 예수게이가 테무친을 데리고 그 길로 왔던 것처럼. 그것이 고대의 루트였다. 따라서 예수게이가 타타르족으로부터 독이 든 음식을 먹은 것도 그 근처일 가능성이 높다.

여기서 주목할 것은 1200년 여름, 테무친이 오논강 너머에서 타이치오드족을 멸한 뒤 옹 칸과 함께 머물렀던 장소가 바로 헐런보이르 호수였다는 점이나. 그랬다. 테무친은 옹 칸과 함께 이곳에 한동안 머물며 헐런보이르 호수 일대의 몽골족 동태를 살폈다.

테무친과 옹 칸이 자기들의 안방과 다름없는 헐런보이르 호숫가에 주둔하자, 동몽골의 몽골족들은 술렁거렸다. 살지오트족과 카타킨족은 서둘러 대책을 논의했다. 그들은 옹 칸이 출정한 이상, 옹 칸과 긴밀한 관계를 갖고 있는 자무카는 출정하기 어렵다고 보고 옹기라트족 일부와 더르벤족 등을 규합했다. 그런 다음 헐런보이르 호수 쪽에 있던 차강 타타르부(部)를 통해 내몽골의 실링골 초원에 있는 타타르인들과 연합하여 대응한다는 전략을 세웠다.

내몽골의 실링골 초원은 타타르족의 본거지로, 몽골의 다리강 가에서부터 이어지는 대초원이 있는 곳이다. 지금도 내몽골에서 유일하게 대규모 유목이 이루어지고 있다. 당시 타타르족의 위세는 대단했다. 그들은 흥안령 남쪽의 구릉지인 달란 네무르게스를 넘어 할힌강을 따라 보이르 호수와 헐런보이르 호수로 올라오는가 하면, 초이발산 쪽으로 해서 금나라의 천리장성에 와서 주둔하기도 했다. 차강 타타르족은 아예 복드산 근처까지 올라와 자리잡고 있었다.

헐런보이르 호수 일대의 부족들은 타타르부만 호응한다면 능히 테무친과 옹 칸의 연합 세력과 맞붙어 싸울 만하다고 생각했다. 마침내 헐런보이르 호수 일대의 부족들은 타타르족과 함께 실링골에 모여 '올코이 불라크 맹약'을 맺었다. 《몽골비사》에 의하면, 이 맹약에는 살지오트족, 카타킨족, 더르벤족 등 헐런보이르 호수 일대의 부족들과 메르키트부의 토크토아 베키, 타이치오드족의 아오초 바토르와 타르코타이 키릴토크 그리고 알치 타타르족과 차강 타타르족 등 11개 씨족이 참여했다.

그 명단에는 흥미롭게도 오논강 전투 때 탈출했던 타이치오드족 족장 아오초 바토르와 타르코타이 키릴토크의 이름이 들어 있었다. 타르코타이 키릴토크가 살아 있었던 것이다. 《몽골비사》 149절에 의하면, 오논강 전투 때 타르코타이 키릴토크가 숲속으로 도망치는 것을 보고 타이치오드족의 예속민 시르구에투 노인과 그의 두 아들 알라크와 나아야가 쫓아가 사로잡았다. 그러자 타르코타이 키릴토크가 그들에게 말했다.

"나를 죽이면 너희들은 죽은 목숨이나 다름없다. 테무친이 어렸을 때, 눈에는 불이 있고 얼굴에는 빛이 있었다. 나는 그가 초원에 버려져 있을 때 데려왔으며, 가르치면 배울 것 같다고 생각해 두 살 난 망아지를 길들이듯 그를 가르쳤다. 그를 죽이려고 했다면 벌써 죽였을 것이다. 지금 사람들은 '그는 지혜가 있고 마음이 열려 있다'고 말한다. 테무친은 나를 죽이지 않는다. 오히려 나를 잡아온 시르구에투를 죽이지 않을까 걱정된다."

그를 데리고 테무친이 있는 곳으로 향하는 동안, 노인의 둘째 아들 나아야가 말했다.

"우리가 타르코타이 키릴토크를 바치면, 테무친은 자기 주인인 칸을 잡아온 자들을 어찌 믿겠는가, 어찌 동무를 하겠느냐 하면서 우리를 죽일지도 모릅니다. 그러니 이곳에서 그를 풀어주고, 테무친 칸에게 가서 우리의 신명을 다 바치러 왔다고 말하는 게 좋겠습니다."

시르구에투 노인과 큰아들 알라크가 가만히 생각해보니 나아야의 말이 옳았다. 무엇보다 신의를 중시하는 테무친의 태도로 볼 때, 도리어 자기들에게 해가 올 수도 있음을 깨달은 것이다. 그들은 타르코타이 키릴토크를 풀어주고 테무친에게 갔다.

테무친이 그들에게 어떻게 왔느냐고 묻자, 노인은 그동안 있었던 일들을 사실대로 털어놓았다. 그러자 테무친이 말했다.

"만일 너희 주인인 타르코타이 키릴토크를 잡아왔다면, 너희는 물론 너희 일족까지 모두 참수했을 것이다. 자기 주인을 풀어주고 온 너희의 태도는 옳은 것이다."

그리고 그들에게 상을 내렸다. 자신이 모시던 사람을 배신하면 안 된다는 테무친의 일관된 태도가 타르코타이 키릴토크를 살린 것이다.

내몽골 실링골의 올코이강에 모여 맹약을 맺은 11개 씨족은 곧바로 달란 네무르게스를 넘어 보이르 호수 쪽으로 밀고 올라왔다. 장인 데이 세첸을 통해 11개 씨족이 올코이 불라크 맹약을 맺고 올라온다는 소식을 전해 들은 테무친과 옹 칸은 신속히 보이르 호수 쪽으로 내려와 그들을 맞았다. 그리고 보이르 호수 평원에서 그들을 일거에 섬멸했다.

만일 이 전투에 타타르부의 6개 씨족이 모두 참여했다면, 테무친은 승리를 장담할 수 없었을 것이다. 그런데 타타르족에 내분이 일어났다. 때문에 6개 씨족 중 헐런보이르 호수 쪽에 살던 차강 타르족과 올코이강을 본거지로 하는 알치 타타르족 정도만 합세했다.

테무친과 옹 칸은 전리품을 수습한 뒤 겨울을 나기 위해 각자 겨울 유목지로 이동했다. 옹 칸은 보르칸 칼돈산 동북쪽에 있는 코바 카야로 갔다. 옹 칸이 허더 아랄을 두고 보르칸 칼돈산 위쪽으로 올라간 이유는 무엇이었을까? 그곳에서 동북쪽으로 조금만 올라가면 바로 자무카의 본거지가 있었다. 테무친은 옹 칸이 그곳으로 간 이유를 짐작했다. 그리고 장차 또 다른 태풍이 불어오리라는 것을 직감했다. 하지만 그에게는 옹 칸을 막을 방법이 없었다.

옹 칸이 떠나자 테무친은 헐런보이르 호수 일대 부족들의 움직임과 타타르족의 동태를 살필 겸 호수 아래쪽에 있는 체크체르산으로 이동했다. 체크체르산은 아마도 복드산을 말하는 것 같다. 그 일대에 넓은 초원을 낀 산으로 그만한 산이 없기 때문이다.

타타르의 주력군을 치다

테무친은 생각했다. 만일 자무카가 움직인다면 메르키트부와 타타르부를 묶어 함께 움직일 게 틀림없었다. 보이르 호수 평원의

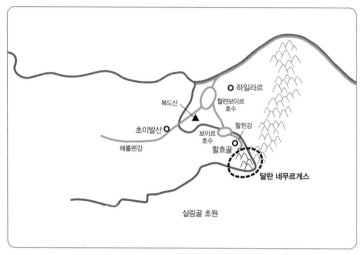

달란 네무르게스의 위치

전투에서 두 타타르 씨족이 타격을 입긴 했으나, 타타르족은 거대한 말 목장과 군마를 보유하고 있는 용맹하기로 이름난 부족이었다. 타타르의 모든 부족이 자무카와 연합한다면 테무친으로서도 승리를 장담할 수 없었다.

마침내 테무친은 자무카가 움직이기 전에 먼저 달란 네무르게스로 내려가 타타르부의 주력을 깨기로 결정했다. 달란 네무르게스는 '70개의 모피 외투'란 뜻에서도 짐작할 수 있듯이 주름이 많이 잡혀 있는 구릉지다. 흥안령이 동몽골 남쪽으로 꺾어 들어온 부분으로 지금은 '넘러크'로 불린다. 그곳을 통과하면 바로 내몽골의 초원이 나온다. 몽골고원을 가로지르는 초원의 고속도로 동쪽 끝 지점으로, 그곳을 넘으면 내몽골은 물론 베이징까지 밀고 내려갈 수 있는 전략적 요충지다. 고대부터 몽골군이 동몽골에서 중국으로 내려가거나 반대로 중국군이 동몽골로 올라올 때 통과하는 중요한 길목이었다.

보이르 호수 평원 전투에서 동몽골 연합군이 테무친과 옹 칸에게 패하자 위기의식을 느낀 타타르족은 반목을 멈추고 다시 하나로 뭉쳤다. 테무친은 1200년 겨울, 타타르족을 치기 위해 은밀히 달란 네무르게스를 향해 남하하기 시작했다.

테무친 군대가 달란 네무르게스로 이동해온다는 첩보를 접한 타타르부의 씨족들은 비상 전시체제로 돌아섰다. 타타르부의 여섯 씨족 가운데 도타오트 타타르, 알로카이 타타르, 쿠인 타타르, 테레이트 타타르 등 4개 씨족이 연합해 진영을 갖추고 달란 네무르게스를 넘어와 진을 쳤다. 보이르 호수 평원에서 테무친과 옹 칸에게 패한 차강 타타르족과 알치 타타르족은 이 전쟁에 참가하지 않았다. 패전의 상처를 추스르느라 여력이 없었던 것이다.

테무친의 군대는 할흐골에서 남쪽으로 난 초원의 고속도로를 달려 달란 네무르게스를 마주 보고 진을 쳤다. 테무친의 세력이 강해졌다곤 하지만, 아무도 결과를 예측할 수 없었다. 사생결단의 싸움이 벌어질 것이 분명했다. 그렇지만 테무친의 군대는 그들을 도저히 용서할 수가 없었다. 금나라의 앞잡이가 되어 수시로 몽골의 부녀자들을 잡아다 노예로 팔았을 뿐 아니라 몽골족의 2대 칸인 암바카이를 금나라에 넘긴 이들이었기 때문이다. 그들은 철천지원수였다. 그동안 그들에게 당하기만 하던 몽골군이 마침내 그들을 섬멸하러 이곳까지 온 것이다. 그들의 사기는 충천했다.

차디찬 겨울비가 주룩주룩 내리는 가운데 치른 전투는 매우 치열했다. 서로 한 치도 물러설 수 없는 전투였기 때문이다. 끝을 봐야만 끝나는 전투였다. 칭기즈 칸은 뒷날 이때의 전투를 기억하며 보오르초에게 이렇게 말했다. 《몽골비사》 205절에 나온다.

타타르부의 백성들과 달란 네무르게스에서 대치하면서 숙영할 때, 비가 밤낮으로 쉬지 않고 내렸다. 너는 밤에 내가 잠이 들게 하려고 너의 모포를 내 위에 펼쳐들고 꼬박 밤을 새웠지. 하지만 너는 단 한 번만 다리의 위치를 바꾸었을 뿐, 한 번도 움직이지 않았다.

수일간에 걸친 피비린내 나는 전투에서 몽골군은 타타르의 주력을 괴멸시켰다. 타타르 백성들은 공포에 휩싸인 채 테무친에게 투항했다. 금나라에서는 타타르족만 장악하고 있으면 몽골은 별문제가 없다고 생각했을 정도였다. 하지만 그들이 자랑하던 수많은 군마들은 모두 몽골군에 넘어갔다. 타타르군을 섬멸한 후 타타르의 백성들을 어떻게 처리할 것인가를 놓고 테무친은 즉석에서 쿠릴타이를 열었다. 쿠릴타이에서는 "예부터 타타르족은 우리의 선조들과 부모들을 살해해왔다. 조상들의 원수를 갚기 위해 타타르인들을 수레바퀴 앞에 세워 그보다 큰 자는 모두 죽여버리자. 그리고 여자와 아이들은 노예로 삼아 각 부족에 분배하자"라고 결론이 났다.

칭기즈 칸 군대가 타타르족을 그토록 잔인하게 처리한 이유는 그들에 대한 원한도 있지만, 아직도 배반과 이간이 판을 치는 몽골 고원에서 그들이 혹여나 다른 부족과 손잡고 반란을 일으킬 가능성이 있었기 때문이다.

그런데 벨구테이가 쿠릴타이의 결정을 사전에 누설했다. 그러자 타타르인들은 단검을 소매에 숨기고 "적을 베개로 삼아 죽자"라며 강하게 저항했다. 본래 타타르인들은 단검을 잘 다루기로 유명했다. 그 바람에 많은 몽골 병사들이 죽거나 다쳤다. 그러자 테무친은 벨구테이를 당분간 쿠릴타이에 참석하지 못하게 했다.

타타르 주력군을 괴멸시킴으로써 자무카를 제외한 동몽골의 반(反)테무친 세력은 대충 정리된 셈이었다. 이제 남은 것은 자무카와 메르키트부뿐이었다. 그러나 자무카는 어떻게든 주변 세력을 모아 테무친에게 대항하려 했다.

여기서 잠시 칭기즈 칸의 여성관을 살펴보자. 그의 여성관을 알려주는 일화가 있다. 그는 버르테 외에도 여러 명의 카톤을 두었다.

그는 어느 날 보오르초에게 물었다.

"남자의 즐거움과 쾌락은 무엇인가?"

보오르초는 말했다.

"자신의 푸른색 매를 어깨에 긴고 다니는 것, 겨울이면 날개를 펴서 사냥감을 포획하는 것, 살찐 준마를 타는 것, 초봄이면 머리가 푸른 새를 사냥하는 것, 좋은 옷을 입는 것입니다."

칭기즈 칸은 보로콜에게 말했다.

"너도 말해보아라."

보로콜이 대답했다.

"남자의 쾌락은 매와 같은 맹금류를 붉은 꿩을 향해 날려 그가 발톱을 세워 공중에서 낙하하여 낚아채게 하는 것입니다."

다시 칭기즈 칸이 1206년 군정총관에 임명했던 코빌라이에게
물었다.

그가 말했다.

"남자의 쾌락은 맹금류를 날리는 것입니다."

그러나 칭기즈 칸은 이렇게 말했다.

"너희들이 말하는 것은 옳지 않다. 남자의 즐거움과 쾌락은 적
을 분쇄하고 승리를 거두는 것, 그를 송두리째 드러내어 그가 갖고
있는 모든 것을 빼앗는 것, 그들의 부인들의 눈에서 눈물이 나오고
자식들의 얼굴 위로 눈물이 흐르게 하는 것, 엉덩이가 살찐 준마
들을 타고 그들의 잘생긴 부인들의 가슴과 배를 잠옷과 담요로 삼
는 것, 그들의 장밋빛 뺨을 바라보며 입맞춤하는 것, 대추처럼 빨갛
고 감미로운 입술을 빠는 것이다."

그의 〈성훈〉에 나오는 이야기다. 그는 목숨을 걸고 치열하게 패
권을 다투는 유목 사회의 군주답게 적의 가족을 파괴하고, 그들의
부인들을 빼앗는 것을 남자의 즐거움과 쾌락이라고 말하고 있는
것이다.

또 다른 일화가 있다. 전쟁이 끝난 후 테무친은 타타르족 귀족
의 딸 중에 예수이란 여성을 카톤으로 맞아들였다. 거기에는 다음
과 같은 사연이 있다.

테무친은 당초 예수겐이란 여성을 카톤으로 맞아들였다. 그런
데 그녀가 테무친에게 말했다.

"저에게는 예수이란 언니가 있습니다. 그녀는 저보다 더 예쁘
고 뛰어납니다. 그녀야말로 칸에게 어울리는 사람입니다. 언니는 전

쟁이 일어나기 전에 신랑을 맞았는데, 전란 중에 어디로 갔는지 모르겠습니다."

그러자 테무친은 군사들을 시켜 그녀를 찾게 했다. 그리고 예수겐 카톤에게 물었다.

"만일 네 언니를 찾는다면 언니에게 너의 지위를 양보할 수 있겠느냐?"

그러자 예수겐 카톤이 말했다.

"저희 자매를 거두어주신다면, 기꺼이 양보하겠습니다."

마침내 병사들이 숲속에 숨어 있던 예수이를 찾았다. 예수겐 카톤은 자기가 말한 대로 언니에게 자기 자리를 내주고 자신은 그 아래에 앉았다. 테무친은 예수이를 보고 마음에 쏙 들어했다. 그래서 예수이와 마음씨 고운 예수겐을 모두 카톤으로 맞았다. 예수이 카톤은 칭기즈 칸의 총애를 받은 여성으로, 칭기즈 칸이 류판산(六盤山)에서 낙마해 죽음에 이르렀을 때 그의 옆을 지켰다.

그렇지만 칭기즈 칸의 부인이라면 누구나 둘째 부인 콜란을 첫손 꼽는다. 콜란은 몽골인들에게 고려의 여인으로 알려져 있다. 그녀는 몽골 최고의 미인으로, 칭기즈 칸의 총애를 한 몸에 받았다. 칭기즈 칸이 마지막으로 메르키트부를 칠 때 메르키트의 족장 다이르 우순이 자신의 딸을 바쳤는데, 그 여인이 바로 콜란이다. 몽골 역사책《황금사》에도 그 이야기가 자세히 소개되어 있다. 그러나 메르키트족이 거란인들에 의해 몽골로 강제 이주된 발해 사람들일 가능성이 높다는 것을 생각하면, 고려인이라기보다는 발해인으로 불러야 할 것이다.

일본 소설가 이노우에 야스시(井上靖)는 소설 《푸른 늑대》*에서 콜란에 대해서 다음과 같이 묘사하고 있다.

아버지 다이르 우순이 콜란을 칭기즈 칸에게 바치려 하자 그녀는 미리 눈치채고 몸을 숨긴다. 전쟁의 와중에서 그녀가 발견된 것은 10일 정도 지난 뒤였다. 그녀가 테무친에게 끌려왔을 때, 콜란은 자신의 정조를 지킨 상태였다. 하지만 테무친은 전쟁 중이었으므로 병사들에게 그녀의 정조가 유린되었을 거라 생각했나. 콜란을 보자마자 마음을 빼앗긴 테무친은 그녀를 씻겨 자신의 침소로 데려오게 했다.

테무친이 침소에 들어갔을 때 콜란은 강하게 저항하며 말했다.

"들어오지 마시오! 한 발짝이라도 들어오면 나는 이 자리에서 목숨을 끊을 것이오."

"어떻게 죽겠다는 것이냐?"

"혀를 깨물면 쉽게 죽을 수 있소."

그녀의 태도가 예사롭지 않자 테무친은 돌아갔다. 그다음에 찾았을 때도 콜란의 태도는 변함이 없었다. 그렇게 두 달이 지나는 동안 몇 번을 찾아갔지만, 그녀의 태도에서는 여전히 결연한 의지와 냉기가 흘렀다. 부대가 이동하기 전날, 테무친은 다시 콜란을 찾아가 말했다.

"나는 너를 영원히 내 곁에 두고 싶다."

• 이노우에 야스시, 《소설 칭기즈 칸―몽골의 푸른 늑대》, 구혜영 옮김, 노블마인, 2005, 156쪽 이하.

"진정으로 하는 말인가요?"

"물론이다. 내 말은 마음에서 우러나온 것이다."

"아마도 당신 말은 진심이겠지요. 그렇지 않다면 지금까지 나를 살려두지 않았을 테니까요. 당신의 그 마음은 나에 대한 사랑인가 요?"

"그렇다."

"그렇다면 그 사랑은 그 어떤 여인에 대한 사랑보다도 크고 깊은 가요?"

"그렇다."

"당신의 아내 버르테에 대한 사랑보다도요?"

테무친은 깜짝 놀랐다. 뭐라고 대답할 수가 없었다. 그러자 콜란 이 다시 말했다.

"만일 당신의 아내에 대한 사랑보다 나에 대한 사랑이 더 크고 강하다면 나를 차지해도 좋아요. 그렇지 않다면 나는 결코 당신의 것이 되지 않을 겁니다. 난 언제든 죽을 준비가 되어 있어요."

테무친은 대답 대신 콜란에게 한 발짝 더 다가갔다. 콜란은 뒷걸 음쳤지만, 더 이상 거부하지 않았다. 테무친은 콜란을 품에 안았을 때, 자신이 정말 이 여인을 사랑하고 있음을 깨달았다.

콜란의 당찬 저항에 칭기즈 칸은 일순간 당황하긴 했다. 그리 고 콜란이 자신을 차지하려면 그 어떤 여인보다 더 자신을 사랑해 야 한다는 말에 깜짝 놀라기는 했지만, 테무친은 그녀를 정말 사랑 했던 것 같다. 그래서 전쟁터에 나갈 때면 늘 곁에 데리고 다니며 총애했다. 그리고 중요한 결정을 내릴 때는 그녀에게 먼저 물어보았다고 한다. 지금도 내몽골에 있는 칭기즈 칸의 가묘(假墓)에는 부인 버르테와 애첩이던 콜란의 무덤이 칭기즈 칸의 옆자리를 차지하고 있다고 한다.

그러므로 적군의 여인에 대한 태도만 가지고 그가 여성들에게 함부로 했다는 말은 하기 어렵다. 그것은 약탈문화를 갖고 있는 유목 사회의 관습이기 때문이다.

자무카가 구르 칸에 오르다

《집사》나《친정록》등의 기록을 살펴보면, 당시 홀랑 에르기에서 자무카의 카나 회맹에 동참한 부족은 옹기라트족, 이키레스족, 코롤라스족, 더르벤족, 카타킨족, 살지오트족, 두 개의 타타르 부족 등이 망라되어 있었다. 동몽골의 반테무친 세력이 모두 모였다고 보아야 할 것이다.

1201년 여름, 자무카의 부름을 받은 반테무친 세력은 이곳에 모여 자무카를 구르 칸에 추대했다. 그리고《원사》에는 이렇게 맹세했다고 전한다.[•]

카나강에 모여 자무카를 구르 칸으로 세웠다. 그리고 에르구네강

• 1권 태조편. 會于犍河, 共立札木合爲局兒罕, 盟於禿律別兒河岸, 爲誓曰, 凡我同盟, 有泄此謀者, 如岸之催, 如林之伐.

으로 흘러들어가는 삼각주의 넓은 초지에 모여 맹세하여 말하기를, 우리의 동맹을 누설하는 자는 강둑이 무너지듯 저주를 받을 것이며, 나뭇가지가 잘려나가듯 죽임을 당할 것이다.

《친정록》에 따르면, 그들은 서약의 말을 마치자 발을 들어 언덕을 쿵쿵 밟았고, 칼을 휘둘러 나무를 베었으며, 달리거나 말을 몰아 모두 적의 군대가 있는 곳까지 무리지어 갔다가 돌아갔다고 한다.

사실 자무카의 카나 회맹은 때늦은 감이 있었다. 이미 테무친이 하일라르 쪽의 친자무카 부족들과 타타르부를 괴멸시킨 뒤였기 때문이다. 하지만 아직 기회는 있었고, 반테무친 세력들이 속속 모여들었다.

테무친, 새로운 분배법을 정하다

타타르족과의 달란 네무르게스 전쟁이 끝난 뒤 테무친은 첩자들을 자무카 진영에 들여보낸 뒤, 군대를 이끌고 보르칸 칼돈산 동쪽의 구렐구산에서 쉬고 있었다. 테무친은 그곳에 머무는 동안 자무카가 구르 칸에 등극했다는 소식을 들었다. 테무친으로서는 그동안 자무카를 치려 해도 명분이 없었다.

그런데 자무카가 자신의 반대 세력들을 규합하고 나섰으니 더는 주저할 필요가 없었다. 반테무친 진영으로 힐런보이르 호수 쪽

부족 중 살아남은 친자무카 세력들이 속속 모여들었다. 알치 타타르와 차강 타타르 등 타타르족의 남은 두 씨족은 달란 네무르게스 전투 때는 빠졌었다. 그런데 자무카의 카나 회맹에 다시 등장했다. 알타이 지방의 나이만족 또한 몽골 중부에서 옹 칸과 테무친이 주변 세력들을 하나씩 정리해가는 것을 보며 불안을 느꼈다.

자무카는 자신의 세력만으로는 옹 칸과 테무친의 세력을 대적하는 데 한계가 있음을 느끼고 있었다. 메르키트부도 다급하기는 마찬가지였다. 그러자 반테무친 진영은 자구책을 강구하며 세력을 결집하기 시작했다. 그 중심에 자무카가 있었다.

《몽골비사》에 의하면, 테무친은 하일라르강의 지류인 테니 코르칸 강변에서 자무카 연합군을 대패시킨 것으로 되어 있다. 이 전쟁이 끝나자 자무카에게 붙었던 옹기라트족들이 테무친에게 귀부해왔다. 자무카에게 더 이상 희망이 없다고 본 것이다. 전쟁에 패한 자무카는 치타주 쪽으로 도주했지만, 테무친은 뒤쫓지 않았다.

대신 테무친은 자무카를 지원하고 있는 타타르족의 남은 두 부족, 알치 타타르족과 차강 타타르족을 완전히 없애기로 마음먹었다. 자무카 연합군이 테무친에게 패하자 그들은 실링골 초원으로 내려가 있었다.

보이르 호수 근처에 머무르면서 주변 정세를 살피던 테무친은 이듬해인 1202년 봄, 그들을 쫓기 위해 달란 네무르게스를 넘어갔다. 올코이강의 지류인 실루겔지트강으로 접근해 그들을 섬멸했다. 그런데 이 전투를 벌이기 전에 테무친은 귀족들과 군사들을 모두 모아놓고, 새로운 법을 제정했다. 그것은 이제까지 내려오던 귀족 중심의 분배법을 완전히 바꾸는 것이었다.

몽골 사회에서 전리품은 약탈한 사람의 소유였지만, 귀족들은 전리품에 대한 우선권을 갖고 있었다. 꿈과 이상을 갖고 테무친에게 왔던 하층 유목민들은 이런 불공정한 현실에 불만을 드러내기 시작했다. 오랫동안 그 모습을 지켜봐오던 테무친이 마침내 환부를 도려내기 위해 칼을 뽑았다. 테무친은 귀족들과 군사들을 다 불러 모은 다음, 그들에게 전리품 배분에 관한 자신의 생각을 내놓았다. 그 요지는 '전리품을 공정하게 배분하자'는 것이었다. 그는 그 제안을 쿠릴타이에 붙였다.

그렇다면 테무친이 이 시점에서 굳이 전리품 배분에 관한 새로운 군법을 만든 이유는 무엇일까?

여러 가지 이유가 있을 것이다. 우선, 이제는 그 누구도 그의 권위에 대항할 수 없을 만큼 테무친의 힘이 커졌다는 점이다. 따라서 이제는 자신의 꿈과 이상대로 군대와 조직을 이끌 수 있게 되었다. 테무친은 젊은 시절부터 귀족들이 이득을 따라 움직이는 사람들이라는 것을 뼈저리게 느끼고 있었다. 그들은 테무친이 위기에 몰리면 언제든 등을 돌릴 수 있는 사람들이었다. 실제로 테무친의 아버지 예수게이가 죽었을 때, 그들은 테무친의 가족을 헌신짝 버리듯 내팽개치고 떠났다. 초원에서 씨족으로부터 버려진다는 것은 곧 죽음을 뜻한다.

그에 견주어 하층 유목민 병사들은 달랐다. 그들은 자신의 꿈과 이상을 좇아 기꺼이 자신의 목숨을 내놓았다. 그들은 자신보다 동료와 전우를 먼저 챙겼다. 그런 하층 유목민들을 보며 테무친은 생각했다. 저들이야말로 진정한 몽골의 전사라고, 그들에게 희망이 있다고. 그러므로 늘 그들을 신뢰하고 존중했다. 그리고 귀족들에 대해서도 생각해보았다. "과연 그들이 나와 끝까지 같이 갈 수 있을까? 그들이 나의 꿈과 이상을 따라줄까? 아니면, 불리하다 싶으면 언제든 등을 돌리고 말 것인가?" 테무친은 그들이 끝까지 자신의 곁에 남으리라는 것을 확신할 수 없었다.

그러나 이제 테무친은 더는 귀족들의 눈치를 볼 필요가 없었다. 그래서 자신이 당초 꿈꿔온 대로 신분보다는 능력을 중시하는 공정한 사회를 세우고자 했다. 그러므로 전리품을 공정하게 배분하자는 테무친의 제안은 단순한 서약이 아니라 진정한 몽골군의 탄생과 새로운 몽골제국을 예고하는 것이었다.

전리품 배분에 관한 토론을 말없이 가만히 지켜보던 테무친은 마침내 자리에서 일어나 키야트족의 장로들과 하층 유목민 군사들 앞에서 이렇게 소리 높이 외쳤다. 《몽골비사》 153절의 내용이다.

적을 물리쳤을 때는 전리품 근처에 서 있는 것을 금한다. 적을 물리치고 나면 그 전리품들은 우리 모두의 것이다. 이제부터 그것들을 공평하게 배분할 것이다.

서약의 내용은 간단하지만, 테무친은 이 서약을 하기까지 참으로 오랜 세월을 참고 견디어야 했다. 하층 유목민들은 테무친의 그 말을 듣고 모두 감동했다. 그리고 자신들의 꿈과 이상이 실현되어가는 것을 느꼈다. 몽골고원에 뜨겁게 불던 야망의 바람이 마침내 새로운 방향으로 나아가기 시작한 것이다. 그것은 자유와 평등의 바람이었다.

그동안 귀족들은 독자적인 군대를 가지고 있으므로 그들의 권리를 주장할 수 있었다. 당시 몽골고원은 귀족들이 모든 걸 지배하는 봉건사회였다. 하층 유목민들은 귀족들의 예속민이 되어야만 살아남을 수 있었다. 그런데 테무친이 전리품의 공정한 배분이란 명분 아래 귀족과 하층 유목민 간의 신분질서를 뛰어넘는 새로운 이념을 제시한 것이다. 테무친은 사람이 사람답게 사는 사회가 되려면 무엇보다도 귀족과 평민의 차별 없는 평등한 사회가 되어야 한다는 것을 알고 있었다. 그리고 오직 그때에만 몽골고원에서 전쟁이 사라지고 평화가 정착된다는 것을.

군사들은 축제 분위기였을 것이다. 사기도 충천했을 것이다. 귀족들은 자기들의 권리를 침해하는 것이라며 반대했지만, 전리품을 공평하게 분해하자는 테무친의 제의는 통과되었다. 그러고 보면, 몽골 사람들이 칭기즈 칸에 대해 절대적인 신뢰를 보내는 것도 무리가 아니다. 테무친이 죽은 지 800여 년이 지난 지금까지도 그 절대적인 신뢰에는 변함이 없는 것이다. 이 어찌 놀랍지 않은가! 바로 그 때문에 지금 우리가 칭기즈 칸의 발자취를 좇고 있는 것이 아닌가.

얼마 후 작은 사건이 발생했다. 알탄 옷치긴, 코차르 베키, 테무친의 숙부인 다아리타이 옷치긴 등 귀족 세 명이 전쟁이 끝난 뒤 전리품 곁에 서 있는 것을 테무친이 목격한 것이다. 테무친은 즉각 그들이 군법을 어겼다고 말하고, 그들이 갖고 있던 전리품을 코빌라이와 제베를 시켜 모두 압수했다. 이들이 누군가? 키야트계의 대표적인 귀족들 아닌가.

귀족들은 테무친의 서슬 퍼런 눈빛을 보고 섬뜩했을 것이다. 그리고 갈림길에 서 있음을 느꼈을 것이다. 귀족의 특권을 포기하고 테무친의 꿈과 이상을 따라가느냐, 아니면 귀족의 특권을 유지하기 위해 테무친과 결별하느냐.

쿠이텐 전투에서 나이만을 섬멸하다

몽골고원에 타오르는 변화의 불길은 하루가 다르게 몽골고원 전체로 퍼져나갔다. 이제 그 누구도 활활 타오르는 불길의 흐름을 막을 수 없었다.

자무카의 세력이 붕괴되고, 막강한 우군이었던 두 타타르족마저 궤멸되자, 메르키트부의 토크토아 베키는 필사적으로 자신을 도와줄 동맹군을 찾아 나섰다. 한편 서부 알타이에서 몽골고원의 상황을 지켜보던 동(東)나이만의 타양 칸과 서나이만의 보이로크 칸 또한 뭔가 대비를 하지 않으면 안 되겠다고 느꼈다. 수수방관하고 있다가는 어느 날 옹 칸과 테무친의 대군이 알타이로 몰려들 수 있었기 때문이다.

그러던 차에 메르키트부의 토크토아 베키가 연합을 제의했다. 보이로크 칸은 기다렸다는 듯 저격의 주역을 맡고 나섰다. 1202년 여름, 보이로크 칸은 지금의 신장 지방에 있던 오이라트부와 함께 동쪽으로 움직이기 시작했다. 오이라트족은 앙카라강과 예니세이강의 산림 지대에서 수렵과 유목을 하다가, 12세기에 지금의 신장 지방으로 내려온 사람들이었다. 당시는 큰 세력이 아니었지만, 뒷날 서몽골의 강자로 군림하게 되는 세력이었다. 고도카 베키가 족장이었다.

하지만 이들 반테무친 세력에는 가장 강력한 군대를 가지고 있던 동나이만의 타양 칸이 빠졌다. 동나이만의 타양 칸과 서나이만 보이로크 칸은 사이가 나빴다. 그들은 형제이면서도 서로 등을 돌리고 있었다. 당시 결집한 반테무친 세력을 보면 서나이만부, 오이라트부, 헐런보이르 호수 일대의 반테무친 몽골족 패잔병들, 메르키트부와 자무카의 남은 군사들, 그리고 타이치오드족 족장 아오초 바토르 등이었다.

타르코타이 키릴토크는 보이르 호수 평원의 전투 이후 모습이 보이지 않는데, 라시드 앗딘의 《집사》에 의하면, 전투 중 소르칸 시라의 아들 칠라온의 창에 찔려 죽었다고 한다. 사람이란 때론 자기의 의사와 상관없이 적진에 서야 할 때가 있다. 어쩌면 타르코타이 키릴토크도 그런 사람들 중의 하나였을 것이다.

테무친은 타타르의 두 부족을 섬멸한 후, 전열을 정비하기 위해 올코이강과 실루겔지트강가에 머물고 있었다. 테무친은 자무카와 메르기트부 그리고 나이만부를 탐문하던 중, 반테무친 세력이 서나이만을 중심으로 모여들고 있다는 소식을 듣자, 곧바로 옹 칸에게 사신을 보냈다. 옹 칸은 서둘러 군사를 정비해 다리강가를 거쳐 테무친이 머물고 있던 실링골 초원의 실루겔지트강가로 내려와 합류했다.

옹 칸과 테무친 세력은 서나이만을 중심으로 한 반테무친 세력과 1202년 가을 헐런보이르 호수 서남쪽에 있는 복드산 서쪽의 쿠이텐에서 맞붙었다. 테무친은 먼저 기병을 보내 여러 산에서 망을 보게 하였다. 나이만 군대가 점차 가까이 오자, 테무친과 옹 칸은 함께 올코이강과 실지울지트강으로부터 군을 옮겨 요새로 들어갔다.

《몽골비사》에는 그 시기가 가을이라고 되어 있으니 9월 초라고 보면 될 것이다. 몽골의 가을은 9월 초에 시작해서 보름 만에 끝나기 때문이다. 테무친이 실루겔지트강가에서 두 타타르 부족을 친 것이 1202년 봄이고, 복드산 일대에서 저 유명한 쿠이텐 전투가 벌어진 것이 1202년 가을이니까, 불과 4개월 사이의 일이었다. 테무친과 옹 칸은 알란 요새에 의지하여 쿠이텐 들에서 대전하였다.

그곳에서 일진일퇴하며 대치하고 있을 때, 서나이만의 보이로크 칸과 오이라트부의 고도카 베키가 옹 칸과 테무친 진영을 곤경에 몰아넣기 위해 자다석을 이용해 비바람을 부르는 주술을 사용했다. 주술로 기상 변화를 일으켜 몽골군을 제압하려는 것이다. '자다(jada)'는 비바람을 부르는 주술을 말한다. 돌궐족에서 처음 시작된 것으로 보이는 이 주술은 초원의 유목민들이 가뭄 때 비바람을 부르거나 구름, 눈, 안개, 우박, 서리 등을 물러가게 할 때 종종 사용되었다. 방법은 이렇다. 동물의 결석으로 만든 자다석을 물속에 집어넣고 비비면서 주문을 외우면, 하늘이 갑자기 어두워지면서 거센 비바람이 불고 온도가 급강하면서 눈이나 우박이 떨어지는 것이었다.

자다석에 대한 기록은 1202년 이전에는 나타나지 않는다. 그로부터 30년 뒤 테무친의 막내아들 톨로이가 4만의 군사로 금나라의 서울인 개봉의 서남쪽에 있는 삼봉산에서 금나라 군 15만과 대치하고 있을 때, 이 자다석을 이용한 주술을 사용해 금나라 군사 15만 명을 괴멸시킨 적이 있었다. 기록에 의하면, 당시 한여름이었는데, 갑자기 날씨가 추워지면서 눈보라가 치기 시작했다고 한다. 이때 톨로이 군사들은 참호를 파고 말과 몸을 숨겼다. 눈보라가 칠 거라는 것을 미리 알고 있었다는 이야기다. 금나라 군사들은 들판에 휘몰아치는 눈보라에 사지가 얼어붙어 제대로 싸워보지도 못하고 대패했다고 한다.

따라서 만일 저들의 자다석을 이용한 주술이 먹혔다면 옹 칸과 테무친의 군대는 추풍낙엽이 되었을 것이다. 하지만 보이로크 칸과 고도카 베키의 자다석 전술은 오히려 역효과를 낳았다.《몽골비사》143절에는 이때의 일을 이렇게 기록하고 있다.

보이로크 칸과 고도카 베키 두 사람은 자다석을 사용한 주술을 이용하여 비바람을 부르려고 하였다. 그러나 자다석을 이용하여 비바람을 부르자, 비바람은 옹 칸과 테무친 진영에 불지 않고, 도리어 저들의 진영에 불어닥쳤다. 때문에 그들은 앞으로 전진하지 못하고, 밀려 낭떠러지로 떨어졌다. 그들은 "하늘이 우리를 사랑하지 않는다"라고 외쳤다. 저들의 진영은 급속히 무너졌다.

몽골의 가을은 하루가 다르게 일교차가 심해지면서 곧바로 겨울로 들어간다. 그러므로 비바람은 곧 눈보라로 바뀌었을 것이고, 자다석만 믿고 있던 반테무친 세력은 제대로 싸워보지도 못한 채 전선이 무너졌을 것이다. 테무친 세력과 반테무친 세력이 모든 군사력을 동원하여 마지막으로 필살의 대전을 치렀건만, 군사들은 눈보라 속에서 앞으로 나아가지 못하고 뒷걸음쳤다.

반테무친 세력이 무너져 각자 자기 군영으로 후퇴하고 있을 때, 자무카가 쿠이텐에 노착했다. 뒤늦게 쿠이텐에 도착한 자무카는 자신의 연합군이 비바람에 제대로 싸워보지도 못하고 퇴각하는 것을 보고는, 일이 그르쳤다고 생각했는지, 갑자기 태도를 바꾸어 자신을 구르 칸으로 옹립했던 카타킨족, 살지오트족, 더르벤족 백성들을 약탈한 다음 에르구네강을 따라 도주했다. 자무카가 그렇게 한 데에는 이유가 있었다. 테무친과 옹 칸의 입장에서 보면 자무카가 쿠이텐 전투의 주역이어야 하는데, 그는 주변으로 밀려난 상태였다. 카타킨족, 살지오트족, 더르벤족 등은 쿠이텐 전투에 참가하면서 자무카에게 알리지도 않았다. 그래서 자신을 왕따 시킨 저들 부족들을 징벌할 셈으로 약탈했던 것이다.

자무카는 살아남았지만, 날개 잃은 독수리였다. 자무카에게는 테무친이 가졌던 꿈과 이상이 없었다. 그에게는 야망만이 있을 뿐이었다. 몽골고원을 통일했다고 해도, 새로운 시대를 열지는 못했을 것이다. 결국 테무친과 자무카의 대립은 새로운 시대를 열려는 자와 구체제를 지키려는 자의 싸움이었다고 할 수 있다.

그러나 자무카에게 다시 기회를 준 것은 옹 칸이었다. 전투가 싱겁게 끝나고, 적들이 패주하자, 테무친으로서는 자무카를 뒤쫓아 끝장을 내고 싶었을 것이다. 그런데 아니나 다를까. 옹 칸이 나서서 자기가 자무카의 뒤를 쫓을 테니, 테무친은 타이치오드족 족장 아오초 바토르를 쫓으라고 했다. 자무카를 뒤쫓아간 옹 칸은 그를 살려주는 정도가 아니라 용서하고, 따뜻하게 맞아주었다. 자무카를 살려두어야 테무친을 견제할 수 있다고 생각한 것이다.

테무친으로서는 상당히 불쾌했을 것이다. 왜 아닐까. 테무친 측에서는 옹 칸과 자무카의 결합에 대해 제2차 부자의 맹약인 콜라안 코트 맹약을 파기한 거라며 거세게 반발했다. 콜라안 코트 맹약이라면 1199년에 서나이만군의 장수 커그세우 사브라크 군대에게 쫓겨 옹 칸의 군대가 위기에 처했을 때, 테무친이 구해주자 옹 칸이 감격하여 테무친을 정식으로 아들로 인정하며 맺은 군사동맹이다.

모두들 이번 쿠이텐 전쟁으로 몽골고원의 전쟁이 끝날 거라고 생각했는데, 옹 칸과 자무카의 결합은 전혀 예상치 못한 새로운 파란을 낳았다. 역사에는 적당히라는 게 없는 법. 최후의 한 사람이 승자가 될 때까지 끊임없이 반전이 거듭되었다.

테무친과 옹 칸은 쿠이텐 전투를 승리함으로써 몽골고원의 패권을 장악했다. 그러나 옹 칸이 테무친을 견제하려는 목적에서 콜라안 코트 맹약까지 파기하며 자무카를 포용했고, 옹 칸과 테무친 간에는 미묘한 기류가 흘렀다. 옹 칸은 테무친을 아들처럼 생각하면서도 뒷방 늙은이 신세를 용납할 수 없었다. 자무카는 옹 칸을 뒷배로 이용하면서 재기를 노렸다. 몽골고원의 통일을 눈앞에 두고

서 벌어진 이 뜻밖의 사태로 역사는 반전하여 몽골고원에 또다시 피바람이 불어닥쳤다. 이제 몽골고원에서 테무친과 옹 칸의 세력에 대항할 세력은 알타이 동나이만의 타양 칸밖에 없었다.

테무친에게는 네 준마 외에도 네 마리의 충견으로 불린 장수들이 있었다. 젤메, 제베, 수부타이, 코빌라이가 그들이다.

제베는 활을 잘 쏘는 타이치오드족의 장수로 전쟁 중에 테무친의 말을 쏘아 죽인 인물이었다. 전쟁 후 포로로 잡힌 제베는 자신이 칭기즈 칸의 말을 쏘았다고 밝히고 용서를 빌고 다음과 같이 충성을 맹세했다.

"깊은 물은 건너 흰 돌이 부서져라 덤벼들겠습니다! '가라!'고 한 땅에 푸른 돌이 깨지도록 달려들겠습니다. '붙어라!' 했을 때 검은 돌이 가루 되도록 달라붙겠습니다!"

테무친이 말했다.

"적이었던 사람은 자신이 죽이고 적대 행위를 한 것을 숨기고, 말을 바꾸는 것이 상례다. 이 사람은 죽인 것을, 적대 행위 한 것을 감추지 않고 도리어 말하고 있다. 동무 할 만한 사람이다. 이름이 지르고아다이라고 했는데, 나의 전투마, 입이 흰 내 말의 목뼈를 쏘았으니 앞으로는 이름을 제베로 부르게 하라. 내 곁에서 나를 위해 싸우라!"

코빌라이는 1202년 봄 테무친의 명에 따라 군령을 위반한 키야트 장로들의 전리품을 제베와 함께 압수했으며, 1204년 나이만 전에서는 제베와 함께 선봉대를 이끌었다.

젤메는 원래부터 테무친가의 씨족 노예로 테무친이 버르테와 결혼한 후 보오르초에 이어 두 번째로 귀부했다. 1200년 봄에 벌어진 타이치오드족과의 전투에서는 부상당한 테무친을 간호했고 카라 칼지트 전투에서는 초병 역할을 수행했다. 이러한 공로로 1206년 천호 제수와 함께 다르칸 칭호를 받았다.

수부타이는 1189년 테무친이 자무카로부터 떨어져 나올 때, 젤메의 동생인 차오르칸과 함께 오리앙카이족을 떠나 테무친에게 귀부하였다. 1204년 나이만 전에는 '네 마리의 충견'의 한 사람이 되었고, 1206년에 천호장이 되었다.

테무친은 네 마리 충견을 가리키며 이렇게 말했다.

그대들, 나의 네 마리 개는
'그곳에 가라!'고 하면 그곳에 있는 돌이라도 부수고,
'공격하라!' 하면 바위라도 치며,
흰 돌을 부수고 깊은 물을 말렸다.

한마디로 테무친이 원하는 것이라면 두려움 없이 달려가 그들의 임무를 다한 테무친의 믿음과 신뢰가 두터운 인물들이었다. 믿음이란 흔들리지 않고, 변하지 않고, 한결같은 것이다. 신뢰는 거기에 따뜻한 마음이 힘찬 냇물처럼 흐르는 것이다.

한편 중국 북부를 차지하고 있던 금나라 조정은 몽골고원의 싸움을 즐기는 입장이었다. 직접 손을 쓰지 않아도 자기들끼리 치고받는 동안 분열되어 힘이 소진되고 약해질 거라고 여겼다.

그런데 옹 칸과 테무친이 주변 세력을 하나하나 통일해가자, 비로소 관심을 갖고 지켜보기 시작했다. 하지만 몽골고원에 통일 정권이 들어선다 해도 자기들에게 대항할 정도는 못 된다며 태평하게 강 건너 불구경하듯 지켜보았다. 백만 대군을 갖고 있던 금나라였으므로 그깟 수십만 명의 오랑캐쯤은 단번에 섬멸할 수 있다고 여긴 것이다. 만일 금나라가 이때 개입했다면, 몽골고원의 통일은 훨씬 더 복잡하고 어려웠을 것이다.

바이칼 지역이 러시아로 넘어가게 된 사연

칭기즈 칸은 1206년 대칸이 된 뒤 금나라와 서역 원정에 나서기 전에 큰아들 조치에게 시베리아 산림 지대를 정복할 것을 명했다. 그때가 1208년. 몽골군이 금나라와 서역 원정에 나서면 그 틈을 노려 산림 부족들이 비어 있는 몽골 땅으로 내려오는 것을 차단하기 위해서였다. 칭기즈 칸의 명대로 조치는 바이칼의 산림 부족들을 정벌했고, 그 후로 바이칼은 몽골의 땅이 되었다.

그 땅이 러시아에 넘어간 것은 러시아가 시베리아로 진출한 뒤 얼마 후였다. 1640년대에 러시아인들이 바이칼 지역으로 진출하자 몽골 지역에 러시아 상인들의 출입이 빈번해졌다. 그런데 이 무렵, 텐산산맥 북쪽 초원에서는 '준가르'라는 마지막 유목 제국이 일어났다. 이 나라의 대칸은 갈단이라는 사람으로, 어려서 출가하여 라마승이 되었다. 그런데 궁중 쿠데타가 일어나 칸이었던 형이 피살되자, 그가 환속해 형의 뒤를 이어 준가르부의 칸이 되었다. 그리고 주변 부족들을 흡수하며 빠르게 세력을 확장해갔다. 주변 정리가 어느 정도 끝나자 그는 몽골 통일의 기치를 들고 몽골고원으로 쳐들어왔다.

갈단 칸에 밀린 몽골은 청나라에 도움을 청할지, 러시아에 도움을 청할지를 놓고 고민하다 결국 청나라에 도움을 청했다. 이때 강희제는 지금의 내몽골 땅을 청나라에 할양하는 조건으로 몽골을 지원하기로 했다. 1696년 강희제가 직접 군사를 이끌고 출정해 준가르부를 쳤다.

하지만 러시아가 시베리아에서 빠르게 세력을 확장하자, 청나라 왕실은 몽골이 러시아와 손을 잡고 청나라를 공격해오지 않을까 두려워했다. 몽골인들은 청나라와의 싸움에서 밀리면 바이칼의 바르코진으로 피신하곤 했다. 그때마다 청나라는 속수무책이었다. 따라서 바이칼 지역은 몽골 사람들에게 생명선과 같은 곳이었다. 이 점을 잘 알고 있던 청나라는 그들의 배후 도피지를 없앨 목적으로 러시아와 몽골 사이에 국경을 획정하는 교섭을 시작했다. 러시아 역시 시베리아를 경영하기 위해서는 바이칼 지역을 반드시 확보해야 했다. 결국 청나라와 러시아의 이해가 맞아떨어져, 1727년 캬흐타라는 소도시에서 조약을 맺고 바이칼 지역을 러시아에 넘겨주었으니, 그것이 바로 '캬흐타 조약'이다.

지금의 몽러 국경은 그때 확정되었다. 사실상 청나라가 몽골을 압박하기 위해 바이칼 지역을 러시아에 떼어준 것이다. 바이칼 지역이 러시아 땅으로 들어가자 몽골의 힘은 급격히 약화되었고, 마침내 청나라에 복속되고 말았다.

7.
귀족제도를
타파하고
천호제, 만호제를
선포하다

어르 노오는 '거북바위'란 뜻이다. 그곳은, 1204년, 모든 몽골인들이 모인 자리에서 테무친이 천호제, 만호제를 선포하고, 케식텐을 정비함으로써 사실상 몽골제국의 골격이 완성된 곳이다.

동몽골 할흐골시 동남쪽으로 가면 이내 할힌강이 보인다. 6월의 저지대 습지 곳곳에는 창포가 무더기로 피어 있다. 우리나라에선 단오가 되면 여인들이 창포물에 머리를 감았는데, 혹시 북방 여인들이 봄이면 창포에 머리 감던 풍습이 우리나라에 전해진 것은 아닌가 하는 생각이 들 정도다.

할힌강 다리를 건너 좀 더 내려가면 왼쪽으로 흥안령의 산들이 보인다. 산 쪽으로 난 사구(沙丘) 길을 따라 언덕에 오르면, 오른쪽은 할힌강 저지대이고 왼쪽은 흥안령 산악 지대다. 흥미롭게도 산들은 거대한 사구로 이루어져 있고, 산에는 고비 사막에서 볼 수 있는 키 작은 작나무가 자라고 있다. 이곳에는 큰사슴 복과 멧돼지 등이 많은 것으로 알려져 있다. 산에 오르면 오른쪽의 할힌강이 한눈에 들어온다. 강 주위에는 거대한 습지가 형성되어 있다.

작은 고개 몇 개를 넘자 멀리 앞쪽에 왼쪽 경사면이 거의 절벽처럼 생긴 산이 보인다. 이곳에선 까마귀산이라 부른다. 까마귀산을 벗삼아 사구 언덕을 넘어 왼쪽으로 난 조그만 길로 들어가면 이제까지

어르 노오의 위치

흥안령 산록과 할힌강이 나란히 달리던 지형이 변하면서 갑자기 초
원이 나타난다. 10분쯤 달리면 초원은 더 넓어지고, 산들은 멀리 물
러나면서, 초원 한가운데에 누가 봐도 거북처럼 생긴 바위가 나온다.

칭기즈 칸을 공부하며 그처럼 보고 싶어 했던 바로 그 어르 노오
였다.

그 앞에 차를 세우고 둘러보니, 조그맣게 보였던 거북바위는
제법 컸으며, 높이가 30미터는 되어 보였다. 어르 노오 정상에 오르
면 주변 초원이 한눈에 들어온다. 아무도 생각지 못한 흥안령 자락

에 이렇게 넓은 초원이 숨어 있었다니, 참으로 놀라웠다. 이곳이라면 100만 명도 능히 수용할 수 있을 것 같았다.

옹 칸과의 부자 동맹은 깨지고

쿠이텐 전투가 끝나자 옹 칸과 테무친은 각자 겨울 유목지로 떠났다. 테무친은 달란 네무르게스를 넘어 내몽골의 실링골 초원으로 들어갔고, 옹 칸은 도르노드 아이막 북쪽의 바얀올로 갔다. 몽골고원에는 모처럼 평화가 찾아왔다.

하지만 테무친과 옹 칸의 속내는 달랐다. 옹 칸은 쿠이텐 전투에서 자무카를 살려둠으로써 테무친을 견제하고 자신이 몽골고원의 강자로 계속 군림할 수 있는 꿈을 꾸었다. 그러나 테무친은 옹 칸의 술책에 또다시 가슴앓이를 해야 했다. 두 번째 부자 맹약조차 휴지조각이 된 이제, 또다시 자무카의 이간책이 들어올 것을 걱정해야 했기 때문이다. 이 고비를 넘지 못하는 한 몽골고원의 통일과 평화는 보장할 수 없었다.

몽골고원의 절대 강자인 옹 칸은 점점 연로해가고 있었다. 따라서 사람들의 관심은 옹 칸의 두 아들, 테무친과 셍굼 중 누가 후계를 이을 것인가에 모아졌다.

그러나 옹 칸은 자신의 권력을 넘겨줄 생각이 없었다. 하지만 생굼의 생각은 달랐다. 옹 칸의 뒤를 이어 칸이 되어야 한다고 생각한 그는 옹 칸의 권력이 테무친에게 넘어가기 전에 후계자의 위치를 확실히 다져놓으려고 했다. 그래서 기회 있을 때마다 옹 칸에게 자신을 다음 칸으로 명해줄 것을 요구했다. 이러한 사실은 당시 테무친이 생굼에게 전하라며 한 말을 통해 알 수 있다. 《몽골비사》 181절의 내용이다.

너 생굼은 벌거숭이 맨몸으로 태어난 아들이고, 나는 옷을 입은 채 태어난 아들이다. 하지만 칸부(칸 아버지)께서는 우리 두 사람을 항상 똑같이 대해왔다. 내가 너희 부자 사이에 아들로 들어간 뒤부터 너 생굼 안다는 나를 증오했다. 그리고 드디어 나를 몰아냈다. 더는 칸부의 마음을 어지럽히지 말고 아침저녁으로 찾아뵙고 칸부의 마음을 편안하게 해드려라. 너는 이전부터 갖고 있던 야심을 버리지 않고, 칸부가 아직 살아계시는데도 칸이 되려 하는 것이냐. 더는 그런 말씀을 드려 칸부의 마음을 어지럽히지 마라.

사신으로부터 테무친의 말을 전해 들은 생굼은 흥분해서 사신에게 말했다.

그가 언제부터 나의 아버지를 '칸부'라고 불렀느냐. 그는 항상 나의 아버지를 '살인을 즐기는 노인'이라 말하지 않았더냐. 또 언제부터 나를 '안다'라 불렀느냐. 그는 오히려 나를 '위구르인들의 양 꼬리를 몸에 걸친 토크토아 샤만' 같다고 하지 않았느냐. 나는 그의 속셈을 알고 있다. 그는 싸움을 걸어오려는 것이다. 전투태세를 갖춰라. 그리고 거세마들을 살찌워라. 더 이상 머뭇거릴 시간이 없다.

테무친과 셍굼의 갈등은 옹 칸이 어느 누구도 지지하지 않고 중립적인 태도를 취한 후로 더 심해졌고, 급기야 두 사람이 대립하는 양상으로 발전했다.

겨울 유목지 실링골에 도착한 테무친은 옹 칸과 셍굼의 마음을 돌려놓기 위해 고심했다. 그로서는 어떻게든 그들의 마음을 풀어 서로 대립하는 일이 없기를 원했다. 그는 오랫동안 숙고한 뒤에 옹 칸 가문과 결혼 동맹을 맺는 것이 가장 효과적이라는 결론을 내렸다. 자신의 큰딸 코진 베키를 옹 칸의 아들 셍굼에게 시집보내고, 셍굼의 여동생 차오르 베키를 자신의 큰아들 조치의 아내로 맞는 것이다.

당시 몽골에서 최고의 동맹은 결혼 동맹이었다. 성사만 된다면 두 집안은 겹사돈을 맺는 셈이었다. 그리되면 더 이상 자무카를 걱정하지 않아도 될뿐더러, 셍굼도 더는 자기를 의심하지 않을 것이라고 테무친은 생각했다.

테무친은 즉시 사람을 보내 옹 칸에게 혼인을 제의했다. 옹 칸은 테무친의 결혼 동맹 제의를 받고 고민에 빠졌다. 자기가 테무친을 견제하기 위해 자무카를 보호해주긴 했지만, 그렇다고 테무친을 적대시할 생각은 없었다. 테무친 세력은 이미 옹 칸의 케레이트 세력을 능가하고 있었고, 몽골부 내에서는 테무친과 겨룰 상대가 없었다. 그런데 테무친이 자기와 결혼 동맹을 맺자는 것은 궁극적으로 자무카를 제거하자는 것을 의미한다. 이 제안을 거절하면 테무친과 일전을 치러야 할지도 모른다. 그렇다고 제안을 받아들여 결혼 동맹을 맺으면 자무카를 버리지 않을 수 없는데, 그리되면 테무친을 견제할 세력이 모두 없어진다. 그때는 몽골고원의 패자로서의 권위를 테무친에게 내주지 않을 수 없는 것이다.

그는 테무친과 두 번째 부지 맹약을 맺을 때, "테무친을 셍굼의 형으로 하면 아들이 두 명 있는 것이 되니 안심된다"라며 테무친에게 후계를 물려줄 뜻을 비쳤다. 하지만 살아 있는 동안은 그 누구에게도 권력을 물려줄 뜻이 없던 옹 칸은 자무카 카드를 끝내 버리지 못했다.

흔히 권력은 내놓기가 더 어렵다고 한다. 그래서 권력을 쥐고 있는 것을 호랑이 등에 올라탄 것에 비유한다. 호랑이 등에서 내리는 순간 잡아먹힐 수 있기 때문이다. 옹 칸은 테무친의 제의에 자신이 직접 답하는 것을 보류하고, 셍굼에게 이 문제를 맡겼다. 하지만 셍굼은 사신에게 도도한 태도로 말했다.

"나의 여동생이 테무친에게 간다면, 게르의 문 옆에 서서 늘 주인을 쳐다보아야 할 것이다. 그리고 테무친의 딸이 이곳에 온다면 오히려 주인의 자리에 앉아 우리를 내려다볼 것이다."

한마디로 결혼 동맹을 하면 옹 칸의 아들로서 자신의 지위가 흔들리고 테무친이 모든 것을 좌지우지하게 될 거라는 것을 우회적으로 표현한 것이다.

자무카는 옹 칸의 후계를 놓고 테무친과 셍굼 사이가 좋지 않다는 것을 알고 있었다. 테무친이 옹 칸에게 결혼 동맹을 제의했다는 소식을 듣고 자무카는 본능적으로 위기를 느꼈다. 만일 결혼 동맹이 성사된다면 옹 칸이 자신을 버릴 것이 확실했기 때문이다. 자무카는 서둘러 테무친에 반대하는 키야트족의 장로들을 불러 모았다. 그리고 코톨라 칸의 아들 알탄 옷치긴, 예수게이의 형 네쿤 타이시의 아들 코차르 베키, 더르벤 씨족의 카치온 베키 등과 함께 허더 아랄 근처에 머물고 있는 셍굼에게 갔다. 그는 셍굼을 안다라 부르면서 말했다.

"나의 안다 테무친은 나이만부의 타양 칸과 비밀 협정을 맺고 사신을 왕래하고 있다. 테무친이 입으로는 옹 칸을 아버지라고 부르지만 그의 뜻은 다른 데 있다. 그대는 아직도 테무친을 믿는가? 지금 그를 기습하지 않으면 반드시 후회할 것이다. 테무친 안다를 공격한다면 나도 옆에서 함께 공격하겠다."

알탄 옷치긴과 코차르 베키도 거들었다.

"우리는 그대 셍굼을 위해 허엘룬 어머니의 아들들을 공격하여 그들을 처단할 것이다."

테무친 밑에서 자신들의 지위가 흔들리는 데 불안을 느끼던 알탄 옷치긴과 코차르 베키는 이번에야말로 테무친을 제거할 절호의 기회라 생각하고 자무카를 따라 셍굼에게 갔다. 테무친은 그들이 언젠가 등을 돌릴 거라는 것을 알고 있었다. 그들은 대의보다는 자신들의 안위와 보신만을 생각하는 자들이었기 때문이다.

자무카와 키야트족 장로들의 지지에 자신감을 얻은 셍굼은 결혼 동맹을 맺으면 옹 칸의 아들인 자신의 지위는 흔들리고 테무친이 모든 것을 좌지우지하게 될 거라며, 테무친의 제의를 거절했다. 그와 동시에 옹 칸에게 사람을 보내 자무카와 키야트계 장로들의 말을 전했다. 그리고 이번 기회에 테무친을 칠 것을 제안했다. 그러자 옹 칸이 노해서 말했다.

"너희는 나의 아들 테무친에게 어떻게 그럴 수 있는가? 지금까지 나는 그를 지팡이로 삼아왔다. 나의 아들 테무친에게 그런 나쁜 생각을 한다면, 우리는 하늘의 가호를 받지 못할 것이다. 자무카는 중상을 잘하는 자다. 그의 말은 근거가 없다."

비록 옹 칸이 자기 욕심 때문에 자무카를 끌어들여 테무친을 견제하긴 해도 그는 누구보다 테무친을 잘 알았다. 그리고 그를 아끼고 사랑했다.

셍굼은 옹 칸의 말에 "어찌 아들의 말을 못 믿습니까!"라고 말하며 두세 번 사람을 보내 옹 칸을 설득했다. 그래도 옹 칸이 말을 듣지 않자, 마침내 직접 찾아가서 말했다.

"테무친은 지금 칸이신 아버지와 나를 위해 아무것도 하지 않고 있습니다. 만일 아버지가 우유나 물조차 마시지 못할 때가 온다면, 할아버지 코르차코스 보이로크 칸이 어렵게 모은 백성들을 제가 통치하도록 하시겠습니까? 아니면 다른 사람에게 맡기시겠습니까? 저쪽이 우리를 이긴다면 능히 우리 나라를 취할 것이고, 만일 우리가 저쪽을 이긴다면 우리가 그 나라를 취할 것입니다!"

옹 칸이 말했다.

"내 자식과 같은 아들 테무친을 어떻게 버릴 수 있느냐? 그에게 나쁜 생각을 갖는 것이 과연 옳은 일이냐? 네가 그런 마음을 먹고 계속 고집을 부린다면, 하늘이 우리를 돌보지 않으실 것이다."

그 말을 듣자 셍굼은 화를 못 이기고 게르 문을 박차고 나갔다. 마음이 약해진 옹 칸은 셍굼을 불러 다독인 뒤 이렇게 말했다.

"이러고도 우리가 하늘의 가호를 받을 수 있을까? 너는 어찌 테무친을 죽일 생각만 하느냐? 어쩔 수 없다. 네가 정 그리하기로 마음먹었다면, 잘해보아라. 성공하기를 빈다."

자식 이기는 부모 없다고, 옹 칸 역시 자기가 낳은 자식 앞에서는 약해지고 말았다. 셍굼은 후사가 없던 옹 칸이 어렵게 얻은 귀한 아들이다. 그러니 옹 칸의 마음이 어떠했겠는가. 못난 아들이긴 해도 차마 끝까지 안 된다고 할 수가 없었다.

옹 칸의 허락이 떨어지자, 셍굼은 자신의 부장, 그리고 빌게 베키에게 말했다.

"가마솥을 준비하고, 기를 세우고, 말에게 꼴을 먹이고, 이로써 진군을 기다리라!"

그리고 은밀히 테무친이 머물고 있던 초원에 불을 지르게 했다. 그런 다음 측근들과 함께 테무친을 유인할 계책을 논의했다. 셍굼이 먼저 말했다.

"그는 나의 여동생 차오르 베키를 조치의 아내로 맞겠다고 했다. 혼인 날짜를 정해 그를 불러들인 후 사로잡자."

그 말에 측근들이 동의했다. 그래서 계획을 세우고, 1203년 봄에 테무친에게 사신을 보내 혼인하자고 전했다.

셍굼의 초청을 받은 테무친은 즉시 열 명의 호위병만 데리고 혼인 장소로 출발했다. 가는 도중에 테무친은 샤만 멍리크의 게르에서 잠을 자게 되었다. 그때 멍리크가 테무친에게 말했다.

"일찍이 차오르 베키를 달라고 했을 때, 그들은 우리를 박대하며 주지 않았습니다. 그러던 사람이 어찌 한순간에 생각이 바뀌어 차오르 베키를 데리러 오라고 하겠습니까? 자기야말로 칸이 되어야 할 사람이라고 여기는 자가 왜 이제 와서 갑자기 테무친 칸을 초대했겠습니까? 이는 무언가 음모가 있는 것입니다. 말들이 겨우내 세대로 먹지 못해 쇠약해졌습니다. 말 떼를 돌보아야 한다는 구실을 붙여 직접 가지 말고 사신을 보내시기 바랍니다. 지금 그곳으로 가신다면 소용돌이치는 물과 타오르는 불 속으로 뛰어드는 격입니다."

그 말을 들은 테무친은 자신의 경솔함을 깨달았다. 보카타이와 키라타이를 대신 셍굼에게 보내고 서둘러 자신의 유목지로 돌아갔다. 두 사람이 셍굼의 처소에 당도하자, 셍굼 측은 음모가 탄로난 것을 알고 자기들끼리 이렇게 말했다.

"내일 일찍 테무친이 있는 곳으로 쳐들어가자."

그런데 테무친을 치려는 기습 계획이 말 치는 목동 바다이와 키실리크에게 새어나갔다. 그들은 밤새 말을 달려 테무친에게 이 사실을 알렸다. 실링골 초원에 돌아와 있던 테무친은 그 소식을 듣자마자 인근에 있던 전사들을 불러 모은 뒤 한밤중에 마고 운두르산의 북쪽을 지나 카라 칼지트로 이동했다.

테무친은 셍굼의 군대가 온다는 정보를 입수했지만 그를 맞아 싸울 병사가 부족했다. 옹 칸의 아들 셍굼과 테무친의 관계가 첨예하게 대립하자 기회를 엿보던 키야트 장로들이 모두 예속민들을 데리고 떠났기 때문이다. 테무친은 언젠가 그들이 떠날 것은 알았지만 이렇게 위중한 상황에서 그들이 떠날 것이라고는 예상치 못했다. 당시 테무친 곁에 있던 군사는 자유로운 하층 유목민들뿐으로 모두 합쳐봐야 1만 명이 되지 않았다. 테무친으로서는 최대의 위기였다.

비상사태에 돌입한 테무친은 적의 동태를 살피기 위해 마고 운두르산으로 젤메를 보냈다. 그러던 어느 날, 마고 운두르산 근처에서 군마를 관리하고 있던 병사들이 먼지가 하늘 높이 이는 것을 발견하고는 곧장 테무친에게 달려와 옹 칸의 대군이 마고 운두르산 남쪽으로 오고 있다는 것을 알렸다. 소식을 들은 테무친은 카라 칼지트에서 전열을 정비하고 옹 칸의 대군을 기다렸다. 적은 군사로 옹 칸의 수십만 군사를 맞아 싸운다는 것은 테무친에게 절대적으로 불리했다.

군대를 이끌고 마고 운두르산까지 내려온 옹 칸은 자무카에게 테무친 진영에 있는 사람들 가운데 누가 싸움에 능하냐고 물은 뒤, 자무카에게 자기 병사들을 지휘하여 테무친을 공격하라고 했다. 자무카는 그 말을 듣고 당황했다. 옹 칸이 자신을 시켜 테무친을 제거하려는 속셈이라고 판단한 자무카는 동지들과 논의한 뒤 테무친에게 다음과 같이 전하라고 지시했다. 《몽골비사》 170절에 나온다.

나의 안다 테무친이여, 옹 칸은 나에게 테무친 진영에서 싸움에 가장 능한 자들이 누구냐고 물었다. 나는 오로오트족, 망코트족이

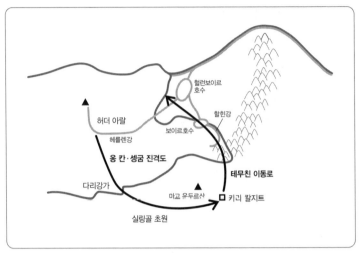

칭기즈 칸 군의 이동로

라고 대답했다. 그러자 지르긴 씨족으로 전위(前衛)를 정했다. 그리고 후위(後衛)는 투멘 투베켄의 아치크 시론으로 정했다. 동카이드의 후위는 옹 칸의 호위병 1000명을 이끄는 코리 실레문 타이지로 정했다. 그 후위로 옹 칸의 본대가 선다고 한다. 옹 칸은 나에게 그들을 통솔하여 안다를 공격하라고 한다. 하지만 나는 안다와 싸울 수 없다. 안다여, 두려워하지 말고 어려움을 잘 이겨내라.

비록 테무친이 그의 라이벌이긴 해도, 안다인 테무친을 자기 손으로 제거하는 데 큰 부담을 느꼈던 것이다.

자무카의 말을 전해 들은 테무친은 오로오트족과 망코트족을 전면에 내세워 옹 칸의 공세를 막았다. 그렇게 테무친이 옹 칸의 군대를 막고 있을 때 뜻밖의 행운이 찾아왔다. 테무친 측의 저항이 만만치 않자 성미 급한 셍굼이 본진에서 군사를 이끌고 달려 나온 것이었다. 그때 코일다르 세첸과 함께 테무친 군의 선봉에 섰던 주르체데이가 말 타고 달려나오던 셍굼을 향해 활을 쏘았는데, 그것이 그의 붉은 뺨에 명중했다. 셍굼이 말에서 떨어지자 놀란 케레이트 병사들은 테무친에 대한 공세를 멈추고 서둘러 셍굼을 둘러쌌다.

뜻밖의 사태가 벌어지면서 전투는 소강상태로 접어들었다. 밤이 되자 테무친의 병사들은 어둠을 틈타 재빨리 올코이강 쪽으로 후퇴했다. 하지만 언제 적군이 뒤따라올지 모르는 긴박한 상황이어서 병사들은 말고삐를 움켜쥔 채 잠을 잤다.

날이 밝을 무렵 한 사람이 테무친 진영으로 다가왔다. 보오르초였다. 테무친은 전투가 끝난 뒤 셋째 아들 오고타이와 보오르초, 보로콜 등이 보이지 않자 크게 걱정하던 참이었다. 보오르초는 전투 도중 말이 화살에 맞아 넘어지는 바람에 할 수 없이 두 발로 달려 몸을 피하고 있었는데, 때마침 짐 실은 말 한 마리가 몸을 흔들어 짐을 떨어뜨리는 것을 발견하고는 그 말을 잡아타고 뒤쫓아왔다고 했다. 테무친은 감격하여 가슴을 치며 말했다.

"영원한 하늘은 이 모든 것을 아시리라."

그때 또 한 사람이 뒤쫓아왔다. 보로콜이었다. 그는 목에 화살을 맞은 테무친의 아들 오고타이를 말에 태워 부축하며, 그의 목에 응혈된 피를 빨면서 온 터라 입술이 피범벅이었다. 목에 부상을 입은 오고타이를 본 테무친의 눈에 눈물이 글썽거렸다고 한다. 그는 즉시 불을 지펴 상처를 지지게 했다.

보로콜로부터 적의 흙먼지가 마고 운두르산 남쪽으로 길게 났다는 이야기를 들은 테무친은 적이 물러간 것을 알고 올코이강의 지류인 실루겔지트강을 거슬러 올라가 달란 네무르게스로 들어갔다.

한편 셍굼의 부상을 살핀 옹 칸은 측근들에게 말했다.

"싸울 만한 상대도 없는데 공연히 전쟁을 일으켜 내 아들 셍굼이 뺨에 화살을 맞았다. 기왕 이렇게 되었으니 아들의 목숨이 붙어 있을 때 그들을 공격하여 끝상내자."

그때 아치크 시론이라는 자가 나서서 옹 칸을 만류했다.

"칸이시여! 고정하십시오. 칸이 후사가 없어 그토록 애타게 아들 얻기를 바랐을 때, 우리 또한 '아보이, 바보이' 하고 주문을 외우며 간절히 기도했습니다. 그리고 마침내 셍굼을 얻으셨습니다. 지금 테무친을 쫓는 것보다 어렵게 얻은 귀한 아들 셍굼이 빨리 회복하도록 돌보는 것이 더 중요합니다. 이미 자무카와 알탄 옷치긴, 코차르 베키 등이 우리와 함께하고 있으며, 또 몽골족 대부분이 우리 쪽에 있습니다. 테무친과 그를 따라간 몽골족은 얼마 안 됩니다. 그들이 가봐야 얼마나 가겠습니까. 그들은 단지 말 한 필씩밖에 없으며, 나무만이 그들을 가려줄 뿐입니다. 만일 그들이 항복해오지 않는다면, 우리가 가서 말똥을 줍듯 그들을 소매에 담아가지고 오면 될 것입니다."

그 말을 들은 옹 칸은 옳다 여기고 회군을 결정했다.

테무친 군은 옹 칸의 추격이 없다는 것을 확인한 뒤 올코이강의 지류를 거쳐 달란 네무르게스에 도착한 다음 남은 군사의 수를 점검했다. 《집사》에는 4600명이라 하고, 《몽골비사》에는 2600명이라고 쓰여 있다. 그러나 어느 쪽이든 테무친의 1만 군사가 절반 이하로 줄어든 것을 알 수 있다. 그만큼 카라 칼지트 전투는 치열했다. 테무친은 군사를 둘로 나누어 할힌강 양쪽에서 진군하게 했다.

군사들은 할힌강을 따라 북상하면서 사냥을 했다. 카라 칼지트 전투에서 선봉에 섰던 코일다르 세첸은 테무친과 안다 맹약을 맺은 인물이다. 카라 칼지트 전투에서 부상당한 그에게 테무친은 사냥 금지령을 내렸다. 하지만 그는 사냥을 해야 병사들의 주린 배를 채울 수 있다며 있는 힘을 다해 동물들을 쫓다 그만 상처가 도져 세상을 떠나고 말았다. 테무친은 그의 죽음을 애도하여 행군을 멈추고 '어르 노오'라는 거북바위에 그를 묻었다. 그리고 카라 칼지트 전투에서 죽어간 수많은 병사들의 영혼을 함께 위로했다.

코일다르 세첸의 장례식은 그만을 위한 것이 아니었다. 카라 칼지트 전투에서 자신의 수족처럼 움직여주었던 수많은 병사들의 죽음을 애도하는 의식이기도 했다.

어르 노오는 할힌강 동쪽에 있는 곳이다. 장례를 마치고 다시 할힌강을 따라 북상하던 테무친은, 해마다 봄이면 옹기라트 본족이 보이르 호수로 흘러들어가는 할힌강으로 내려온다는 것을 알고, 군사를 보내 투항을 권했다. 옹기라트 본족은 저항 없이 투항했다. 그들과 합류한 테무친 군은 다시 북상하다가 퉁게강 동쪽에 이르렀다. 그곳은 보이르 호수에서 멀지 않은 강으로 추정되는 곳으로, 그곳은 풀이 좋아 전마들은 하루가 다르게 살이 쪘다. 테무친은 그곳에서 옹 칸에게 사신을 보내 다음과 같이 전하게 했다. 《집사》의 내용을 옮기면 다음과 같다.

칸부는 악의를 품은 주변 사람들에게 꼬드김을 당한 것입니다.
나의 칸부여, 우리 두 사람은 이전에 '질투가 심한 큰 이빨을 가진
독사의 꼬드김을 받더라도 그에게 넘어가지 않을 것이며, 이빨과 입
을 맞대 서로 확인한 다음에만 믿기로 한다'고 서약하지 않았습니
까. 나의 칸부여, 지금 당신은 누군가 의도적으로 한 말을 서로 만
나 확인도 하지 않은 채, 그것을 믿고 내게서 떨어져나갔습니다.

오, 나의 칸부시여. 왜 나를 두렵게 하시는 겁니까? 왜 당신은 다
내려놓고 편안하게 지내지 않으시는 겁니까? 왜 당신의 며느리들과
아들들이 깊이 잠들도록 내버려두지 않는 겁니까? 당신의 아들인
나는 내 몫이 적다고 말한 적도 없고, 더 많이 바란 적도 없고, 더
좋은 것을 달라고 한 적도 없습니다. 두 바퀴가 달린 수레의 한쪽
바퀴가 부서지면, 소는 그 수레를 끌 수 없습니다. 나는 당신의 한
쪽 수레바퀴가 아니었습니까?

이에 옹 칸은 이내 후회하면서 이렇게 말했다고 한다.《몽골비
사》173절의 내용이다.

아아, 불쌍한 것. 내 어찌 아들 테무친과 헤어졌단 말인가. 사람
으로서 지켜야 할 도리를 내 어찌 내던져버렸단 말인가.

옹 칸은 테무친이 진심으로 자기를 아버지처럼 받든다는 것을

누구보다 잘 알았다. 그랬기에 옹 칸의 자책은 더 컸을 것이다. 하지만 어쩌겠는가. 물은 이미 엎질러진 것을.

테무친은 자무카와 키야트계 귀족들에게도 각각 사신을 보내 자신의 서운한 마음을 전하게 했다. 이 시점에서 테무친이 옹 칸과 자무카 그리고 키야트계 귀족들에게 사신을 보낸 것은 그들을 비난하는 뜻도 있지만, 자신이 아직 건재하다는 것을 알리려 했던 것이다. 실제로 테무친의 사신이 옹 칸의 군영에 도착해 그들을 비난하자 코이도 등 케레이트부 내에 있던 친테무친 세력이 테무친 진영으로 귀부해왔다.

퉁게강가에서 잠시 휴식을 취한 테무친은 다시 발주나 호수로 이동했다. 테무친은 폭우와 번개가 치는 어느 날 초원의 조그만 호수인 발주나에 도착했다. 호수는 쏟아지는 빗물에 흙탕물로 변해 있었다. 테무친은 온갖 고통을 감내하며 끝까지 자신을 따라온 동지들에게 감격했다. 그리고 두 손을 들고 하늘을 향해 부르짖었다. 《원사》 120권은 그 내용을 다음과 같이 전하고 있다.

내가 이 모든 고난을 극복하고 대업을 이룰 수 있도록 도와주소서!

나와 함께 고난의 대업에 참가한 모든 병사들을 기억하소서!

내가 이날 이후로 나의 맹세를 저버린다면, 이 흙탕물처럼 나를 죽이소서!•

•   《원사》120권, '札八兒火者傳'. 太祖擧水仰天而誓曰, 使我克定大業, 當與諸人同甘苦, 苟渝此言, 有如河水, 將士莫不感泣.

그랬다. 그는 일찍이 버르테를 빼앗기고 메르키트 병사들에게 쫓겨 보르칸 칼돈산에 숨어 있다 간신히 목숨을 구한 뒤 태양을 향해 기도했던 것처럼, 다시 한 번 하늘을 향해 감격해 외쳤다. 그때 테무친과 고락을 함께했던 병사들도 모두 함께 울었다고 한다.

불행히도 이 역사적 장소, 발주나 호수의 위치에 대해서는 아직 밝혀지지 않고 있다. 몽골에는 비가 오면 생겼다가 날이 개면 사라지는 호수들이 많다. 또 칭기즈 칸 당시와는 지형이 달라졌을 가능성노 있으며, 대략 보이르 호수와 헤를렌강 하류 사이의 어느 지점이었을 것으로 추정되고 있다.

테무친이 발주나 호수에 도착한 뒤 그곳에서 유목을 하던 코롤라스 씨족과 만났다. 그들은 친자무카 세력이지만 별 저항 없이 테무친에게 투항했다

얼마 후 엉구트부의 이슬람 상인 아산이 흰 낙타를 타고 1000마리의 숫양을 몰며 발주나 호수로 올라왔다. 그는 에르구네강에서 서식하는 수달 등의 가죽을 구하러 가던 도중 양들에게 물을 먹이기 위해 호수에 온 것이다. 테무친을 만난 아산은 굶주려 있던 테무친의 군사들에게 식량을 제공하는 한편, 카라 칼지트 전투 후 케레이트부 안에서 벌어진 일들과 각지의 정세까지 테무친에게 자세히 알려주었다. 이 인연으로 그는 훗날 테무친이 호라즘을 원정할 때 함께 따라갔다. 또 거란인 귀족으로 옹 칸의 행궁에 왔다가 테무친과 인연을 맺은 야율아해(耶律阿海)가 찾아왔다. 테무친이 건재하다는 소식이 전해지자 각지에 흩어져 있던 군사들이 속속 모여들기 시작했다.

테무친은 몹시 기뻐했다. 그들을 통해 케레이트부의 동향을 알수 있었기 때문이다. 하늘은 자신이 선택한 자를 쉬이 포기하지 않는 법이다.

카라 칼지트 전투에서부터 발주나 호수에 이를 때까지의 시기는 테무친 일생 중 가장 큰 시련에 봉착했던 때다. 테무친과 그의 병사들은 발주나 호수의 흙탕물을 걸러 마셨다고 한다. 테무친은 귀족들과 어설프게 손잡는 것이 얼마나 위험한 일인지를 뼈저리게 느꼈을 것이다.

발주나 맹약에 동참했던 사람들은 훗날 모두 최고의 은총을 입었으며, 사람들로부터 '발주나 사람들' 또는 '강물을 마신 사람들'로 불렸다.

테무친이 이 같은 위기를 헤쳐나올 수 있었던 것은 오랫동안 생사고락을 함께한 하층 유목민들과의 끈끈한 동지애 덕분이라고할 수 있다. 키야트족 귀족들이 배반한 상황에서 테무친이 자신의 꿈과 이상을 함께하는 하층 유목민들만으로 이 위기를 극복했다는 것은 장차 그가 만들 몽골제국의 성격이 어떤 것일지 짐작하게한다.

옹 칸의 케레이트부를 괴멸시키다

당시 옹 칸은 카라 칼지트 전투가 끝난 후 허더 아랄에 머물고 있었다. 그 무렵, 뜻밖에도 반테무친 세력이 주동하여 옹 칸을 제거하려는 사건이 일어났다.

옹 칸은 테무친과 자무카를 경쟁시킴으로써 그들을 견제하는 것에서 보듯이, 철저히 세력 균형에 의한 정치를 해온 사람이다. 테무친이란 강력한 세력이 없어진 지금 반테무친 세력은 자신들이 옹 칸의 공격 대상이 될 위험이 있다는 것을 알고 있었다. 결국 반테무친 세력은 옹 칸이 자신들을 치기 전에 먼저 그를 제거하려고 했다. 반테무친 세력은 은밀히 모여 의견을 나누었다.

"우리는 테무친과도 같이 있을 수 없고, 옹 칸과도 같이 있을 수 없다. 그러니 옹 칸을 습격하여 우리가 군주가 되자."

이 음모에는 자무카와 키야트계의 알탄 옷치긴, 코차르 베키는 말할 것도 없고, 테무친의 숙부 다아리타이 옷치긴, 수케켄 씨족의 토오릴, 타타르부의 코토 테무르 등이 모두 가담했다. 그들은 자신들의 이익만을 쫓던 습성을 끝내 버리지 못했다.

하지만 그들의 음모는 사전에 발각되었고, 옹 칸은 그들을 기습하여 그들이 가진 것을 모두 빼앗았다. 그러자 음모에 가담한 일부 세력들이 테무친에게 귀부해왔다. 그러나 알탄 옷치긴, 코차르 베키, 타타르부의 코토 테무르 등은 나이만의 타양 칸에게 도망쳤다.

옹 칸도 꽤 놀랐을 것이다. 나이가 들면 겁이 많아지기 때문이다. 그의 세력은 한풀 꺾였다. 테무친에게는 다행한 일이었다. 옹 칸은 반테무친 세력의 음모를 분쇄한 후 거처를 돌로드 올 칠형제봉 아래쪽에 있는 제제에르 운두르로 옮겼다.

테무친은 옹 칸이 셍굼과 함께 자기를 공격해온 이상 옹 칸과 최후의 일전을 벌일 수밖에 없다는 것을 알고 있었다. 그것은 가슴 아픈 일이었다. 테무친은 자신이 아버지처럼 섬겨온 사람과 결투를 벌이는 것만은 어떻게든 피하고자 했다.

음모 사건의 전말을 전해 들은 테무친은 최후의 결전을 치를 때가 다가오고 있음을 알았다. 상황이 자신에게 유리한 쪽으로 돌아가고 있었기 때문이다. 그는 전열을 정비하는 한편 옹 칸을 기습할 계획을 세웠다.

때마침 테무친의 동생 카사르가 가족들을 옹 칸이 있는 곳에 남겨둔 채 소수의 동지들만 데리고 탈출해왔다. 카사르가 오자 무척 기뻐하던 테무친은 옹 칸을 안심시킬 작전을 생각해냈다. 그리고 카사르의 이름으로 옹 칸에게 보낼 서신을 썼다. 《몽골비사》 183절이다.

형을 찾아 헤맸지만 어디서도 그를 보지 못했습니다. 내가 아무리 형의 자취를 찾아도 그의 흔적조차 찾을 수 없습니다. 형을 불러보지만 그는 나의 목소리를 듣지 못합니다. 나는 지금 별을 바라보며, 나무의 뿌리를 베개 삼아 누웠습니다. 나의 처자는 당신에게 있습니다. 신뢰할 만한 사신을 보내주시면, 당신 곁으로 돌아가겠습니다.

옹 칸을 안심시키려는 것이다. 테무친은 칼리오다르와 차오르 칸에게 위의 내용을 옹 칸에게 전하게 했다. 그런 다음 그들과 오논 강변의 아르갈 게우기산에서 합류하기로 했다. 아르갈 게우기산은 오논강 상류 키모르카 냇가 아래쪽에 있는 산이다. 외부에 노출되지 않을 지역을 집결 장소로 선택한 것이다. 옹 칸이 머물고 있는 제제에르 운두르산은 돌로드 올 아래쪽에 있는 산이다. 테무친은 사신들을 보낸 뒤 곧바로 쉬지 않고 행군하여 아르갈 게우기산으로 향했다.

사신으로 보낸 칼리오다르와 차오르칸이 옹 칸 진영에 도착하여 카사르의 서신을 전하자 옹 칸은 크게 기뻐하며 사신들을 환대했다. 그리고 "카사르를 이곳으로 오게 하라"며 자기가 신뢰하는 이투르겐을 두 사람과 함께 보냈다. 칼리오다르와 차오르칸이 옹 칸의 사신 이투르겐과 함께 약속 장소인 아르갈 게우기산에 이르렀을 때 테무친의 깃발이 보이기 시작했다. 칼리오다르는 이투르겐이 그것을 보고 놀라 도망치지 않을까 걱정했다. 그는 꾀를 내어 자기 말의 발에 돌멩이가 끼어 말이 절룩거린다며 이투르겐을 말에서 내리게 했다. 그리고 말의 앞발을 잡고 있게 했다. 그때 테무친이 군대를 이끌고 나타났다. 테무친은 이내 상황을 눈치채고 이투르겐을 잡아 후방에 있는 카사르의 진영으로 보냈다.

칼리오다르와 차오르칸은 그 자리에서 테무친에게 다음과 같이 보고했다.

"옹 칸은 아무 방비도 하지 않고 있으며, 큰 게르를 짓고 연회를 베풀고 있습니다. 밤 동안 쉬지 않고 서둘러 이동하여 단번에 그들을 포위하여 기습하면 성공할 것입니다."

보고를 받은 테무친은 전열을 정비한 뒤 밤 동안 쉬지 않고 이동했다. 마침내 제제에르 운두르산 가까이 이르자 테무친은 옹 칸의 군대가 산의 한 협곡에 있는 것을 확인한 뒤 입구를 포위했다. 그리고 주르체데이를 선봉 삼아 3일 동안 밤낮으로 공격했다. 사흘째 되는 날, 열세에 몰린 그들은 투항하기 시작했고, 전쟁은 테무친의 완승으로 끝났다.

옹 칸과 셍굼은 전세가 불리해지자 은밀히 탈출했다.《집사》에 의하면, 셍굼은 남고비 쪽으로 도주했다가 티베트로 들어갔다. 그곳에서 파괴와 약탈을 일삼다 티베트 사람들이 저항하자 타클라마칸 사막의 호탄과 카슈가르의 변경으로 도망쳤으나 그곳의 족장에게 붙잡혀 죽었다고 한다.

옹 칸은 동나이만의 타양 칸에게 피신하고자 했다. 당시 동나이만의 타양 칸은 반테무친 세력들이 속속 동나이만으로 귀부해오자, 몽골고원의 상황이 심상치 않음을 알고 국경 수비를 철저히 하도록 지시한 상태였다. 동나이만 국경에 이른 옹 칸은 마른 목을 축이기 위해 네쿤강에 들어갔다가 동나이만의 척후병인 코리 수베치에게 발각되었다. 옹 칸은 자신이 케레이트부의 옹 칸이라고 말했지만, 옹 칸의 얼굴을 몰랐던 그는 수상한 자라 여겨 그 자리에서 살해했다. 한 시대를 풍미하며 몽골고원을 좌지우지했던 옹 칸이 끝내 비참한 최후를 마친 것이다. 욕심이 과하면 화를 부르는 법. 어찌 옹 칸이라고 저주의 여신이 쏜 화살을 피해갈 수 있으리.

마지막 전투를 앞두고

여우는 영리하고 재빠르지만, 체력은 늑대를 당할 수 없다. 아마도 그래서 늑대를 초원의 왕이라고 하는 것이리라. 칭기즈 칸의 군대가 바로 그랬다. 그들은 결코 지칠 줄 모르는 전사들이었으며, 꿈과 야망을 가진 사람들이었다.

옹 칸의 케레이트부가 무너지자 이제 남은 것은 알타이 지방의 동나이만족뿐이었다.

자신의 수비대 병사에게 살해된 인물이 옹 칸이라는 사실이 밝혀지자 동나이만은 경악을 금치 못했다. 케레이트부가 무너진 것도 놀라운 일이지만, 옹 칸이 그처럼 허무하게 죽었다는 사실에 동나이만의 타양 칸은 위기의식을 느꼈다. 머지않아 테무친의 병사들이 알타이 지방까지 밀물처럼 몰려올 게 확실해졌기 때문이다. 그들은 즉시 대책회의에 들어갔다. 하지만 테무친이 쳐들어오기 전에 선제공격하자는 쪽과 좀 더 사태를 지켜보자는 쪽으로 나뉘어 치열한 논쟁을 벌였다. 결국 두 진영 사이에 감정 대립까지 가는 양상을 보이자 고심하던 타양 칸은 선제공격하자는 쪽의 손을 들어주었다.

그리고 쿠이텐 전투 때처럼 반테무친 세력들을 규합해 테무친 군대를 공격할 계획을 세웠다. 당시 타양 칸에게 가세한 반테무친 세력에는 오이라트부의 고도카 베키, 메르키트부의 토크토아 베키, 그리고 옹 칸을 제거하려다 실패하고 동나이만으로 도주했던 자무카와 키야트족의 알탄 옷치긴, 코차르 베키 그리고 더르벤족, 카타킨족, 살지오트족의 살아남은 귀족들이 포함되어 있었다.

나이만부는 몽골계와 혈통이 다른 돌궐계 사람들이다. 8세기에 서쪽으로 이동해간 돌궐의 잔여 세력과 시베리아 레나강에서 남하한 키르기스인, 그리고 위구르인이 뒤섞인 민족이다. 옹 칸이 카라툰에서 케레이트부를 지배하고 있을 때, 알타이 지방에서 이난차 빌게라는 뛰어난 칸이 등장했다. 그는 전투 때 적에게 등을 보인 적이 한 번도 없다는 맹장이었다. 그는 짧은 시간에 서몽골 지방의 부족들을 정복하여 나이만이라는 큰 세력을 이루었다.

그에게는 아들이 둘 있었는데, 큰아들이 타양 칸이고, 둘째 아들이 보이로크 칸이다. 둘은 사이가 아주 나빴다. 《집사》에 의하면, 아버지가 총애하던 여인을 서로 차지하려고 다투다가 적이 되었다고 한다. 이난차 빌게 칸은 두 아들이 서로 적대하고 반목하는 것을 알고는 이렇게 탄식했다고 한다.

"보이로크는 타양이 단 며칠이라도 나의 자리를 차지하는 것을 받아들이지 않을 것이다. 보이로크는 늑대가 자기 뒷다리를 반이나 뜯어 먹을 때까지 꼼짝하지 않는 낙타와 같다."

이난차 빌게 칸이 사망하자 결국 나이만부는 둘로 쪼개졌다. 적장자인 타양은 아버지의 유목지 대부분을 물려받아 동나이만의 칸이 되었고, 동생 보이로크는 알타이 산중으로 들어가 서나이만의 칸이 되었다. 그들은 옹 칸과 테무친에 대항해 싸울 때에도 각자 따로 행동했다.

당시 나이만의 군대는 타양 칸의 어머니 구르베수가 장악하고 있었는데, 그녀는 정력적이고 거만했다. 그녀는 몽골족을 경멸하여 이렇게 말했다고 한다.

"몽골 사람들은 냄새가 지독하고 옷은 더럽다. 그들 가운데 괜찮은 부녀자들을 데려와 손발을 씻기면 그나마 겨우 우리의 소나 양의 젖을 짜게 할 수 있을 것이다."

타양 칸은 귀족들로부터 사냥과 수렵 말곤 할 줄 아는 게 없다며, 여자처럼 나약한 군주라는 비난을 받고 있었다. 귀족들의 주장에 떠밀려 전쟁을 벌이기로 결정한 그는 '하늘에는 해와 달이 함께 비추지만, 대지에는 두 명의 칸이 동시에 존재할 수 없다'며, 전통적 우호 세력인 엉구트부에 사람을 보내 몽골군을 쳐부수자고 제의했다. 그러나 엉구트부의 알라코시 칸은 타양 칸에게 "나는 그대의 오른손이 될 수 없다"라고 선언하고 테무친 측에 사람을 보내 타양 칸이 한 말을 그대로 전했다. 《몽골비사》 190절에 있는 그 내용은 이랬다.

나이만족의 타양 칸이 당신들의 화살통을 빼앗으려고 한다. 타양 칸은 나를 자기의 오른손이 되라고 사신을 파견해왔다. 나는 그 요청에 따르지 않았다. 지금 나는 당신에게 이 경고를 알리려고 사신을 파견한다. 타양 칸에게 화살통을 빼앗기지 않게 조심하라.

엉구트부는 고비 사막 아래 인산산맥 일대에 거주하는 유목민족이다. 동서 교통로의 중심에 위치해 일찍부터 상업이 발달했다. 여섯 개 국어가 통용되는 국제무역의 중계지라 할 수 있었다. 그들은 중국은 물론 서방 세계 그리고 몽골고원의 정세를 누구보다 잘 알고 있었다.

알라코시 칸은 자신들의 상권을 유지하기 위해 나이만이 몽골초원의 지배자가 되는 것보다는 몽골초원의 균형이 유지되는 것이 더 유리하다고 보았다. 그래서 동나이만 타양 칸과의 관계에도 불구하고, 상대적으로 불리하다고 생각되는 테무친에게 타양 칸의 정보를 흘려주었다.

당시 테무친은 케레이트부를 괴멸시킨 후 실링골 초원에 머물고 있었다. 사냥을 하다가 엉구트부로부터 타양 칸에 대한 소식을 들은 테무친은 사냥터에서 긴급 쿠릴타이를 열었다. 그때가 1204년 봄. 쿠릴타이에 참가한 이들은 대부분 말들이 살찌는 가을에 공격하자고 주장했다. 그때 테무친의 막냇동생 테무게 옷치긴이 분연히 일어나 말했다.

"그대들은 왜 군마들이 야위었다는 구실을 갖다 붙이는가. 나의 전마들은 살쪄 있다. 저들의 무례한 말을 듣고 어찌 가만히 앉아 있을 수 있단 말인가."

테무친의 이복동생 벨구테이도 일어나 거들었다.

"살아서 적에게 화살통을 빼앗긴다면, 살아 있다는 것이 다 무슨 소용인가. 이 세상에 태어난 이상 사람은 누구나 죽는다. 기왕 죽을 거라면, 자기의 화살통과 활과 뼈를 함께 묻는 것이 좋지 않겠는가. 나이만부는 백성이 많다는 것만 믿고 큰소리치고 있다. 나이만부로 출정해 저들의 화살통을 빼앗아오자. 만일 우리가 그곳으로 진격한다면, 저들은 수많은 군마를 그대로 세워둔 채 달아날 것이다. 또 그들의 백성은 높은 산으로 도망쳐 몸을 숨길 것이다.

자, 출전하자!"

쿠릴타이의 논쟁을 지켜보던 테무친은 벨구테이의 주장을 받아들였다. 그리고 카라 칼지트 전투 때 선두에서 싸우다 부상을 입고 전사했던 코일다르 세첸을 장례 지낸 어르 노오로 이동했다.

귀족제를 타파하고
천호제, 만호제를 선포하다

동나이만의 타양 칸과 몽골고원의 마지막 결전을 앞둔 테무친은 결단을 내렸다. 그리고 모든 몽골인을 이곳에 집결시켰다. 그 수는 최소한 10만 명이 넘었을 것이다. 그 많은 사람들이 바로 이곳 어르 노오에 모였다. 거북바위를 생각하면 이 글을 쓰는 지금도 초원에 모인 수많은 사람들의 함성이 들리는 듯하다. 그리고 말 달리는 소리, 마차를 끄는 소리, 물 길어 오는 소리, 아이들이 뛰어노는 소리, 병사들이 행군하는 소리 들이 들리는 것 같다.

그는 무엇을 말하려고 이곳 오르 노오에 몽골인들을 모두 모이게 했던 것일까? 바로 천호제, 만호제의 선포였다!

천호제, 만호제는 기본적으로 게르를 10호 단위로 묶고, 그 열 개를 100호라 하고, 100호 열 개를 천 1000호라 하고, 1000호 열 개를 묶어 1만 호라 한 것이다. 각 단위의 10호, 100호, 1000호, 1만 호마다 장(長)을 두어 다스리게 했다. 형식적으로만 보면 천호제, 만호제는 그게 전부인 듯 보인다. 기존의 이동식 군영 쿠리엔을

100호, 1000호, 1만 호 단위로 개편한 것에 지나지 않는다. 게다가 그 전에도 천호장, 만호장의 개념이 있었다. 그와 같은 제도는 금나라 때도 있었다. 맹안모극제(猛安謀克制)라고 해서 300호를 기본 단위로 해서 10개씩 묶었다.

사람들은 물을 것이다. 그렇다면 천호제, 만호제가 뭐 그리 대단해서 동나이만과의 최후 결전을 앞둔 중대한 시점에서 모든 몽골인들을 모아놓고 그것을 선포했느냐고. 천호제, 만호제는 형식적으로만 보면 새로운 것이 아닐지도 모른다. 그러나 천호제, 만호제는 그 이전의 어떤 제도와도 비교할 수 없는 특별한 의미를 갖고 있었다. 테무친이 천호제, 만호제를 선포함으로써, 몽골고원에 귀족제도가 설 자리가 영원히 사라졌기 때문이다! 그러므로 그것은 몽골제국의 탄생을 알리는 중요한 의미가 있었다. 천호제, 만호제가 선포되면서 지연, 혈연은 철저히 무시되었고, 십호장, 백호장, 천호장의 지도자를 조직원 스스로 뽑게 했다. 그리고 지도자의 능력이 부족하면 조직원들이 결정해 바꿀 수 있게 했다.

천호제, 만호제에 대하여

몽골 사회는 씨족끼리 모여 사는 씨족 봉건사회였다. 칭기즈 칸은 1204년 어르 노오에서 튀르크족에게서 십진법으로 군사 조직을 갖추는 것을 배워 몽골 사회를 이 십진법 체계로 바꾸었다.

십진법에 따라 서로 가까운 곳에 사는 10호를 묶어 '아르반'이라 하였다. 칭기즈 칸은 아버지와 아들과 형제와 사촌이 함께 모여 사는 것은 허락했지만, 낡은 체제의 가문, 씨족, 부족, 인종적 정체성의 인습을 파괴했다. 칭기즈 칸은 그들이 서로 형제처럼 함께 살게 했으며, 함께 나아가 싸우게 했다. 그들은 전투에서 아르반의 가족이 포로가 되면 그들을 남겨두고 떠날 수 없었다. 이것이 그들의 형제 관계를 확인하는 궁극적인 방법이었다. 맏형이 모든 것을 통제하는 가족처럼 아르반에서도 가장 나이 많은 사람이 장을 맡는 경우가 많았다. 그러나 필요하면 아르반 가족이 의견을 모아 다른 사람에게 그 자리를 맡길 수 있었다.

아르반 열 곳이 모인 백호를 '자우트'라고 하고, 그들 가운데 한 사람이 장을 맡았다. 그리고 자우트 열 곳이 모인 천호를 '밍간'이라 하였고, 밍간 열 곳이 모인 만호를 '투먼'이라 하였다.

칭기즈 칸에게 천호제, 만호제는 권력의 핵심이었다. 신질서의 상징인 너커르―첫 번째 너커르는 보오르초이며, 하층 유목민들과의 관계가 깊어지면서 칭기즈 칸은 많은 사람들을 너커르로서 자신 옆에 두었다.―집단을 양성하고 강화하려는 거대한 국가 개혁의 조치였다.

칭기즈 칸은 이 새로운 시스템이 정체되지 않도록 그가 세운 대법령(예크 자사크)을 통해 경계하고 또 경계했다. 《집사》의 〈성훈(빌리크)〉을 보면, "자신의 집을 올바르게 정돈할 수 있는 사람은 누구나 나라를 올바르게 이끌 수 있다. 또 십호를 규정된 대로 다스릴 수 있는 사람들은 누구라도 천호와 만호를 그에게 맡겨도 좋을 것이니, 능히 다스릴 수 있을 것이다"라고 하였다. 그는 "자격이 없는 십호장, 백호장, 천호장은 그 조직 내에서 갈아치워야 된다"라고 말했다. 또 "한 해를 시작할 때와 끝날 때 나한테 와서 훈시를 듣고 가는 만호장과 천호장들은 군대의 지휘관을 할 만하다. 그러나 자기 게르에 들어앉아 내 말을 듣지 않는 자는 깊은 물에 빠진 돌과 같고, 갈대밭으로 날아가 사라진 화살과 같으니 그런 사람들은 수령이 되기에 적합지 않다"라고 말하며 만호장과 천호장 들과의 소통을 중요시했다.

칭기즈 칸에게는 그를 호위하는 친위 부대 천호가 있었는데, 아무리 군사가 많을 때도 1000명을 넘지 않았다. 칭기즈 칸의 휘하에 있던 이 천호의 장은 탕구트족 출신의 차간이었는데, 칭기즈 칸은 열한 살이던 그를 자식으로 받아들여 키웠고, 그를 다섯 번째 아들이라 불렀다. 그가 천호에서 필요한 양식과 고삐, 기타 물건들을 징발할 때면, 칭기즈 칸의 소유물일지라도 예외없이 징발했다.

천호장에 오른 사람은 몽골 사회를 이끌어가는 기둥이 되었으며, 그중에는 노예 출신도 있었다고 한다. 기득권 세력이었던 씨족장과 부족장들 사이에서는 원성이 높았지만, 일반 백성들과 병사들은 대환영이었다.

모두 95개의 천호와 4개의 만호가 있었고, 모칼리(좌수만호左手万戶)와 보오르초(우수만호右手万戶), 나야아(중군만호中軍万戶), 코르치(부라트부)가 각각 투먼(만호)을 맡았다.

칭기즈 칸은 이 조직 원리를 모든 몽골인들과 이민족인 타타르족, 위구르족, 여진족까지 통합해 강력한 군사-정치-생활조직을 만들었다. 귀족적 특권과 출생에 기초한 신분제의 벽을 부수어 노예도 능력이 있으면 지도자가 될 수 있게 했다.

천호제의 기원에 대해서는 여러 가지 설이 있다. 일부 학자는 선비족이 유목 생활을 하던 시절의 군사제도에서 찾기도 한다. 투먼 제도는 중국 왕조에서 돌궐이라고 불렸던 터키나, 동유럽의 마자르인들도 사용하였다. 페르시아인은 마자르의 투먼을 칸다(kanda)라 불렀으며, 현대 터키군 또한 투먼 제도와 그 이름을 사용하고 있다.

그 전까지 몽골 사람들은 부족이나 씨족 단위로 움직였다. 그리고 각 부족이나 씨족의 귀족들이 그들을 지배했다. 그 과정에서 힘이 없는 수많은 부족들이나 씨족들이 힘이 센 부족이나 씨족의 예속민 집단으로 전락했다. 때문에 몽골고원의 패권 경쟁이 치열하면 할수록 예속민 집단은 기하급수적으로 늘어날 수밖에 없었다. 그런 현실을 보면서 테무친은 몽골의 모든 부족과 씨족들을 해체하고, 몽골족을 천호, 만호 단위로 재편했다. 더 이상 귀족도, 예속민도 없는 시스템을 만들겠다는 의지의 표현이라고 할 수 있었다.

1202년 봄, 타타르족의 잔당을 치기 전에 테무친이 병사들에게 전리품을 공동 분배하자는 원칙을 정한 것도 같은 배경에서 나온 것이었다. 그것이 귀족과 하층 유목민 간의 경제적 불평등을 해소하고, 경제적 평등을 선언한 거라면, 천호제, 만호제는 과거의 신분제도의 인습을 타파하고 사회적 평등을 실현한 선언이라고 할 수 있었다. 이전의 제도를 단순히 개편한 것이 아니라 봉건시대의 가장 강고한 제도인 신분제도를 타파하고자 새롭게 만들어진 시스템이었다. 따라서 전리품의 공동 배분이라든지, 천호제, 만호제의 실시는 봉건주의에서 자유와 평등으로 사회로 이행하는 혁명적 변화라고 할 수 있었다. 이로써 몽골고원에는 신분과 계급 차별이 없어지고 평등 사회가 출현했다.

천호제는 몽골의 경제에도 큰 변화를 불러왔다. 그때까지 몽골인들은 씨족이나 부족 단위로 게르를 둥그렇게 늘어놓아 큰 원을 만드는 쿠리엔 유목 방식으로 가축을 키웠다. 적의 공격에 대처하기 위해 일천 가구가 한 단위로 방목하는 방식이다. 많은 사람들이 한데 모여 있다 보니 생산성이 떨어졌다. 다른 씨족이나 도둑 들의 약탈이 두려워 어쩔 수 없는 측면도 있었다. 하지만 천호제가 도입되면서 유목 조직도 소규모화할 수 있었다.

이러한 유목 조직을 '호트아일(qota ayil, hotail)'이라고 하는데, 부모 자식이나 형제자매와 같이 아주 가까운 사람들끼리 3~5개 게르의 가족이 서로 돕고 의지하면서 함께 유목하는 방식이다. 호트아일은 '호트(가축우리)를 공유하는 가정들'이라는 뜻이다.[*] 그러므로 천호제가 도입되면서 유목민들은 생산성이 크게 향상되었다. 주변 초지의 상황에 따라 하나의 호트아일, 즉 3~5개의 게르가 함께 이동하는 방식으로 지금도 몽골에서 이어져오고 있다. 자연히 한 가구당 가축을 방목할 수 있는 면적이 크게 넓어졌다. 적이 공격해오면 천호조직을 가동해 방어하면 되었다. 천호제 실시로 몽골인들의 삶은 크게 개선되었다.

그때만 해도 전 세계적으로 봉건주의가 지배하던 시대였다. 서구에서는 18세기에 시작되어 20세기 중반에 와서야 비로소 완성된 민주화에 대한 꿈이, 몽골에서는 1204년에 바로 이곳 어르 노오에서 그 구체적인 모습을 드러냈다. 오랫동안 몽골 사회의 폐악을 지켜봐오던 테무친이 마침내 귀족 중심의 신분제도를 타파하고 평등한 사회를 만들기 위해 몽골족을 이곳 신성한 어르 노오로 불러들였던 것이다. 그것은 오랫동안 고락을 함께했던 하층 유목민들과의 약속이었으며, 그들을 신뢰하고 존중하는 테무친의 마음의 표현

• 　유원수, 〈몽골 고원의 유목 전통과 현실—유목민, 가축, 목영지를 중심으로〉, 《인문논총》 제67집, 2012, 356쪽 이하.

이기도 했다.

테무친은 몽골인들이 어르 노오에 모이자 천호제, 만호제를 쿠릴타이에 붙여 논의케 한 다음 그것을 만천하에 선포했다. 이로써 몽골고원에서 귀족과 평민, 예속민의 차별은 사라졌다. 마침내 몽골을 지배했던 상위 1퍼센트의 귀족과 그에 예속되었던 나머지 99퍼센트의 몽골 사람들 사이의 경계가 사라진 것이다. 그것은 혁명이었다. 모든 사람이 평등하다는 것을 만천하에 선포한 사건이었기 때문이다. 당시의 모든 나라가 봉건 체제를 고수하고 있을 때, 신분제도를 철폐하고 자유와 평등의 이념을 제시했다는 점에서 어르 노오는 몽골사, 아니 인류사에서 영원히 잊을 수 없는 신성한 곳이라 할 수 있다.

어르 노오에서의 개혁은 그뿐만이 아니다. 테무친은 키야트계의 칸이 된 이후 사람들이 자신의 능력을 마음껏 펼치고, 또 그것을 인정해주는 사회를 만들려고 노력했다. 그리고 그동안 시험적으로 해오던 케식텐을 어르 노오에서 제도화하여 150명의 케식텐을 선발했다.

케식텐은 각 분야의 최고 전문가를 칭기즈 칸의 호위 무사로 뽑아 그들에게 각 분야의 일을 맡기는 한편 젊은이들에게 그 노하우를 전수함으로써 보다 많은 사람들이 각 분야의 전문가가 되게 하는 시스템이었다.

일부 문서에 남아 있는 당시 케식텐의 분야들을 살펴보면, 활과 화살로 무장한 전사, 칼을 잘 쓰는 전사, 매를 관리하는 자, 문서를 정리하는 자, 서기관, 요리사, 군마를 관리하는 자, 종마를 관리하는 관리자, 술을 만들고 관리하는 자, 역참을 관리하는 자, 마차를 관리하는 자, 천막과 의상을 관리하는 자, 통역관, 낙타 돌보는 자, 양 떼 돌보는 목동, 도적을 잡는 자, 음악을 연주하는 자, 아이들을 돌보는 자, 야영을 관리하는 자, 맹견을 관리하는 자, 정보를 수집하는 자, 정보를 전달하는 자 등등이었다. 아마도 당시 숙련된 기능과 지식을 필요로 하는 모든 분야가 망라되었을 것이다.

케식텐으로 선발된 이들은 각 분야마다 3~10명이 한 조가 돼서 움직였다. 그들은 자기 분야의 일에 대해 다른 케식텐 병사들과 토론할 수 있었으며, 자유로운 분위기에서 창조적으로 일할 수 있었다. 각 케식텐 분야별로 경험이 많은 이들이 배치되어 그들을 가르치고, 방향을 제시하여 그들을 이끌었으며, 중요한 문제에 대해서는 상하가 함께 모여 쿠릴타이를 개최하여 의견을 조정했다. 또 그들은 개인의 명예나 출세보다는 공동체에 봉사하고 헌신하는 것을 더 중요시했다. 그리고 몽골제국과 자신을 하나로 여겼다. 몽골제국이 중국과 중앙아시아와 중동 지방까지 세를 확장해가면서 그처럼 탄탄한 조직을 유지할 수 있었던 것은 이런 확고한 국가관을 가진 몽골 병사들을 각 분야 최고의 전문가로 키워 적재적소에 공급했기 때문이다.

몽골군이 강하다는 것은 누구나 알고 있었지만, 케식텐 병사들이 그처럼 열린 조직을 통해서 창조적으로 일할 수 있었다는 것은 놀랍고 경이로운 일이 아닐 수 없다.

그러고 보면 몽골에서는 학교가 따로 없었다. 몽골 사회 전체가 학교였던 셈이다. 사내아이들은 서너 살 때 말타기를 배우는 것으로 시작해서 활 쏘는 법을 배우고, 그렇게 말타기와 활 쏘는 법을 배우게 되면 아버지 목동들을 따라 목동 일을 시작했다. 당시 우리 나이로 15세면 성년이 되었다. 칭기즈 칸 시대에는 몽골고원 전체가 전쟁터나 마찬가지였다. 때문에 15세가 되면 소년병으로 전투에도 참가했다. 그리고 케식텐 제도를 통해 자신들의 능력을 발전시켜갈 수 있었다.

사실 몽골제국이 중국과 중앙아시아와 중동 지방까지 확장해가면서 그렇게 탄탄한 조직을 유지할 수 있었던 것은 몽골 병사들을 각 분야의 최고의 전문가로 키워냈기 때문이었다. 그리고 그런 인재들을 적재적소에 공급하고 배치했다. 몽골군은 적들과 싸울 때도 끊임없이 최신 무기를 개발하여 다른 나라들을 압도했는데, 이 역시 케식텐 제도 덕분이었다. 그런 점에서 케식텐 제도는 인재풀을 가장 효과적으로 활용한 시스템이라고 할 수 있었다.

당시 케식텐에는 누구나 지원할 수 있었다. 십호장, 백호장, 천호장의 아들들은 기본적으로 케식텐에 배치되었고, 나머지는 병사들 중에서 뛰어난 자들을 선발했다. 이 케식텐 제도는 빠르게 정착하여 1206년에는 1만 명으로 확대되었고, 코빌라이 칸 때는 1만 2000명까지 늘어났다.

테무친은 사람이 능력대로 인정받는 사회를 꿈꾸었고, 케식텐 제도를 통해 몽골 사람들이 자신의 능력을 창조적으로 국가와 민족을 위해 사용할 수 있도록 했다.

뿐만 아니라 테무친은 오래전부터 하층 유목민들과 자주 쿠릴타이를 열어 그들의 꿈과 이상을 함께 나누었다. 또 전시에는 군사들과 함께 야전 생활을 하며 즉석에서 쿠릴타이를 열어 문제를 해결했다. 테무친은 쿠릴타이에서 한 말은 반드시 책임을 지게 했다. 테무친 또한 자기가 한 말에 대해서는 끝까지 책임을 졌다. 리더십이 무엇인지 보여준 것이다.

하층 유목민들이 테무친을 절대적으로 신뢰한 이유는 사람에 대한 신뢰와 존중, 사회적 평등과 자유에 대한 일관된 태도, 그리고 사람이 사람답게 사는 사회를 건설하려는 굳건한 의지 때문이라고 할 수 있었다. 테무친의 이 같은 개혁은 초원의 승냥이처럼 서로 으르렁거리던 몽골 사람들을 순한 양처럼 변화시켰다. 사람들은 서로에 대한 믿음을 회복했고, 자신보다는 공동체를 먼저 생각했다. 모래알같이 흩어졌던 몽골 사람들이 마침내 칭기즈 칸을 중심으로 단단한 바위처럼 하나로 뭉친 것이다.

이 모든 변화가 어르 노오에서 일어났다.

마침내 몽골고원을 통일하다

어르 노오에서 기존의 신분 질서를 폐지하고 천호제, 만호제로 개편한 테무친은 1204년 4월 16일 나이만부를 정벌하러 헤를렌강을 따라 진군했다. 그리고 초여름, 사아리 케에르에 도착했다.

당시 반테무친 세력을 규합한 타양 칸은 척후병들을 사아리 케에르 인근까지 파견하고 있었다. 척후병들은 몽골군의 말들이 야위었으며, 군사의 수도 생각보다 많지 않다고 보고했다. 나이만의 군사들은 사기가 충천했다.

그때 도다이 체르비가 칭기즈 칸에게 말했다.

"우리는 타양 칸의 군사에 비해 수가 적습니다. 게다가 먼 거리를 행군해온 탓에 모두 지쳐 있습니다. 그러니 이곳에서 일단 행군을 멈추고, 말들이 살찔 때까지 사아리 케에르에 널리 포진하는 게 좋겠습니다. 그리고 밤에 군사들마다 다섯 개씩 모닥불을 피우게 하여 불의 수로 적을 놀라게 합시다. 나이만 백성들의 수가 많다곤 하지만 저들의 칸은 게르에서 나와본 적이 없는 약골이라고 합니다. 모닥불의 수를 보고 적들은 틀림없이 혼란에 빠질 겁니다. 그동안 우리의 말은 포식할 수 있으니 그때 나이만의 척후병들을 뒤따라가 그들의 본거지를 공격하는 것이 좋겠습니다."

그 말을 들은 테무친은 좋은 생각이라며 그 제안을 받아들였다.

한편 척후병들로부터 "몽골의 병사들은 사아리 케에르를 가득 메울 정도로 많습니다. 날마다 병력이 충원되는 듯합니다. 그들의 진영에선 별보다 많은 모닥불이 타오르고 있습니다"라는 보고를 받은 타양 칸은 지레 겁을 먹고 귀족들에게 일단 알타이로 후퇴한 다음 추격해오는 몽골군이 지쳤을 때 공격하여 일거에 섬멸하자고 제안했다.

하지만 타양 칸의 아들 쿠출루크와 장로 코리 수베치 등은 타양 칸의 나약한 태도에 강력히 반발했고, 나이만의 명장 커그세우 사브라크는 자신이 늙은 것을 한탄했다. 그러자 타양 칸은 분노하여 외쳤다.

"어차피 죽을 목숨, 살아 있다는 것은 고통이다. 모두가 똑같은 운명이다. 정 그렇다면 차라리 전쟁을 하자!"

그러고는 군대를 동쪽으로 이동하여 나코산으로 진군했다. 나코산은 오르콘강 동쪽에 있는 것으로 추정되는 산으로, 한쪽 사면이 절벽을 이루고 있었다. 타양 칸은 산 남쪽 기슭에 진을 쳤다.

그러나 타양 칸은 몽골군이 길가의 카라가나 관목들처럼 일사불란하게 움직이며 진군해오는 모습에 겁을 먹고 본진을 계속 산기슭 위쪽으로 옮겼다. 그 모습을 지켜보던 자무카는 타양 칸에게 승산이 없다고 여겨 타양 칸의 군영을 빠져나온 뒤 몰래 테무친에게 사람을 보내 타양 칸의 상황을 알려주었다. 다음은 《몽골비사》 196절이다.

타양 칸은 내 말을 듣고 혼비백산하여 산꼭대기로 도망갔다. 나는 그들을 말로 죽이고, 입으로 두렵게 만들었다. 그는 두려움에 떨며 산 정상으로 올라갔다. 나의 안다여, 잘 이겨내라. 그들은 산 위로 올라갔다. 그들은 몽골군과 맞서 싸울 용기가 없다. 나도 나이만 진영에서 빠져나왔다.

테무친 군대는 날이 어두워지자 나코산을 포위한 채 숙영했다. 다음 날 몽골군은 타양 칸의 군대를 향해 총공세를 펼쳤다. 이 전투에서 타양 칸은 온몸에 상처를 입고 가파른 산기슭 위로 도망쳤다. 나이만의 장로들이 타양 칸에게 "그래도 힘을 내어 일어나 싸웁시다"라고 외쳤지만 이미 심하게 부상을 입은 타양 칸은 움직일 수도 없었다. 그러자 장로들은 호기롭게 "타양 칸이 죽기 전에, 우리가 죽는 것을 그가 보도록 나가서 싸웁시다" 하고 외치며 산기슭에서 내려와 격렬하게 저항했다.

테무친은 장로들을 생포하려 했지만, 그들은 필사적으로 저항하며 단호하게 죽음을 택했다. 테무친은 그들의 결의와 충성심에 놀랐다. 그러나 타양 칸이 죽었다는 사실이 알려지자 나이만군은 순식간에 무너졌고, 군사들은 혼란 속에 다투어 도망쳤다.

나이만군이 패하자 타양 칸에게 붙었던 대부분의 반테무친 세력이 모두 투항했다. 테무친은 그들을 받아들였다. 이미 대세가 결정된 터라, 새삼 그들을 징벌할 필요가 없었다.

나이만군을 멸망시킨 테무친은 이해 겨울 나코산 전투에 참가했던 토크토아 베키의 메르키트부를 정벌했다. 그리고 이듬해인 1205년, 테무친은 남쪽의 서하를 침공하여 수많은 낙타를 빼앗고 돌아왔다.

한편 나이만군이 패하자 자무카는 몇몇 병사들과 함께 러시아의 투바 지방에 있는 탕누산으로 도주했다. 그러나 자무카에게 더 이상 희망이 없다고 생각한 병사들은 자무카의 손을 묶은 뒤 테무친에게 넘기려 했다. 주인을 배반하고서라도 살길을 찾으려 한 것이다. 이에 분노한 자무카는 은밀히 사람을 시켜 테무친에게 자신이 부하들에게 포박되어 잡혀왔다는 사실을 전하게 했다.

칸 안다에게 말해라. 평민과 노복이 제 칸에게 손을 대는 세상이 되었다. 나의 칸 안다여, 어찌 이럴 수 있는가? 노복과 종자는 주인을 배반하고 모의하여 붙들었다. 나의 현명한 안다여, 어찌 이럴 수 있는가?

자무카의 말을 전해 들은 테무친은 이렇게 말했다.

"제 칸에게 손을 댄 사람을 어떻게 살려두겠는가. 그런 사람이 누구에게 참된 친구가 되겠는가."

그리고 그들을 모두 주살했다. 그 점에서 테무친은 일관성이 있었다. 실제로 테무친이 모래알 같던 몽골 사람들을 단단한 바위로 만들 수 있었던 것은 사람에 대한 믿음과 신뢰, 그리고 그들을 존중하는 마음이었다고 할 수 있다.

잡혀온 자무카를 바라보며 테무친은 만감이 교차했을 것이다. 마침내 테무친은 자무카에게 말했다.

"오랜만에 다시 만났구나. 예전처럼 다시 친구로 지내자. 짝을 이루는 두 바퀴의 하나가 되어 다시는 헤어질 생각을 하지 말자. 이제부턴 같이 지내면서 잊어버린 것은 서로 일깨워주고, 잠이 들면 서로 깨워주자. 그동안 서로 멀리 떨어져 있었지만, 너는 변함없이 나의 소중한 안다다. 내가 메르키트 병사들에게 버르테를 빼앗기고 죽을 것만 같았을 때, 너는 진심으로 마음 아파했다. 나와 헤어져 적들과 함께 있을 때도 네가 힘들어 했다는 것을 안다. 그래서 케레이트족과 카라 칼지트에서 전투를 벌일 때, 네가 옹 칸 아버지에게 했던 말을 내게 은밀히 알려주었던 것 아니냐. 또 나이만족을 말로 죽이고 입으로 두렵게 만든 뒤, 그들은 이미 전투에 진 거나 다름없다고 내게 말해주었던 것 아니냐."

그러자 자무카가 말했다.

"옛날 코르코나크 숲에서 안다를 다시 맺을 때, 우리는 결코 잊을 수 없는 약속의 말을 했었다. 그리고 소화 안 될 음식을 같이 먹고, 잊히지 않을 말들을 하고 한 담요를 덮고 같이 잤다. 그러나 너는 주변 사람들의 말에 속아 나를 떠났다. 헤어진 뒤 마음에 못을 박는 말들을 주고받으며, 내 검은 얼굴에 모욕을 주었다. 그래서 다시 안다와 가까이 할 수 없었다. 흥분한 내 얼굴이 드러날까 봐 영원한 마음을 가진 안다의 진실된 얼굴을 볼 수 없었다. 그런데 지금 대칸이 된 안다가 다시 친구가 되자고 한다. 하지만 나는 친구로 있을 때도 친구가 되지 못했다. 지금 안다는 모든 몽골의 씨족들을 평정했다. 그리고 외방을 모두 합병했다. 몽골의 대칸 자리는 네게 주어졌다. 천하가 완성되려 하는 지금, 내가 친구가 되어 네게 무슨 도움이 되겠는가. 도리어 그대 안다의 꿈에 검은 악몽이 되어 나타날 것이다. 대낮에도 너의 마음을 괴롭힐 것이다. 너의 옷깃에 사는 이 같은 존재가 되거나 너의 소매를 찌르는 가시가 될 것이다. 나는 많은 거짓과 위선을 행했다. 나는 안다를 넘으려는 잘못된 생각을 가졌던 사람이다. 안다는 현명한 어머니를 갖고 있으며, 준걸로 태어났고, 재능 있는 아우들이 있고, 용맹스러운 너커르들이 73마리의 거세마가 되었다. 나는 어릴 때 부모와 사별해 홀로 남겨졌고, 아우도 없다. 나의 처들은 허황된 말을 좋아했고, 주위엔 믿음 없는 친구들뿐이었다. 그 결과, 나는 천명을 받은 안다에게 패했다. 내가 안다에게 마지막으로 바라는 게 있다면 빨리 죽여달라는 것이다. 그리고 죽일 때 피가 나오지 않게 죽여달라는 것이다. 내가 죽으면 나를 높은 산 위에 매장해달라. 그러면 나는 영원히 네 자손의 자손에 이르도록 축복할 것이다. 이제 그만 서둘러달라."

아무리 설득해도 자무카가 말을 듣지 않고 죽음을 결심하자, 마침내 테무친은 그가 원한 대로 피 흘리지 않고 저세상으로 갈 수 있도록 해주었다. 그리고 그 시신을 수습해 양지바른 곳에 묻어주었다.

두 사람 간의 대화에서도 볼 수 있듯이, 지난날 섭섭했던 점을 말하면서도, 서로에 대한 신뢰와 우정에는 변함이 없었다. 몽골고원의 패권을 놓고 다투기는 했지만, 서로에 대한 우정만은 버리지 않았던 것이다.

사실 자무카는 테무친 못지않은 걸출한 인물이다. 하지만 그는 테무친이란 더 큰 산에 가로막혀 번번이 그 꿈을 잃었다. 만일 테무친이 없었다면 그는 능히 몽골 통일의 주역이 되었을 것이다. 하지만 자무카는 테무친과 달랐다. 그에게는 테무친이 가졌던 꿈과 이상이 없었다. 오직 야망이 있을 뿐이었다. 따라서 자무카가 몽골고원을 통일했다 해도, 새로운 시대를 열지는 못했을 것이다.

하늘이 테무친을 택한 것은 무엇보다 그에게 꿈과 이상이 있었고, 그것을 이루기 위해 기꺼이 귀족의 신분을 버리고 하층 유목민들과 뜻을 같이한 데 있었다고 할 수 있다. 결국 테무친과 자무카의 대립은 걸출한 두 영웅의 대립이라기보다는 새로운 시대를 열려는 자와 그렇지 않은 자의 대립이었다.

그렇게 자무카를 보낸 뒤, 테무친은 이듬해인 1206년 호랑이

해에 오논강 상류에 모여 아홉 개의 술이 달린 백기를 세우고 대
쿠릴타이를 개최했다. 오논강 상류는 앞에서 보았던 빈데르 벌판
을 말한다. 그곳에서 열린 대쿠릴타이에서 테무친은 몽골의 대칸으
로 추대되었다. 그리고 샤만 텝 텡그리는 테무친에게 '칭기즈 칸'이
란 칭호를 주었다.

이 '칭기즈'란 칭호에는 여러 가지 설이 있다. '왕 중의 왕'이란
설도 있고, 바다를 뜻하는 '탱기스(tänggis)'에서 왔을 것이란 설도
있다. 하지만 칭기즈의 의미가 무엇이든 칭기즈 칸은 칭기즈 칸일
뿐이다. 그 이상 더 무엇이 필요하랴.

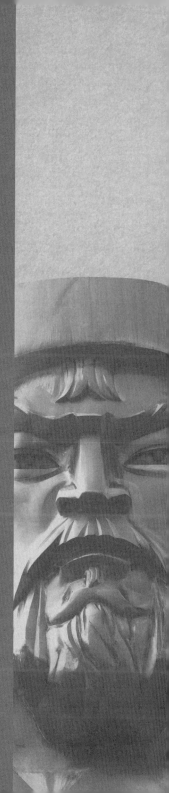

8.
칭기즈 칸은
죽지 않았다

몽골을 여행해본 사람들은 안다. 울란바토르를 벗어나 초원으로 나가면 사람들이 그렇게 순박하고 착할 수 없다는 것을, 전혀 가식 없이 처음 본 손님들한테 주저 없이 자기 게르를 내준다는 것을. 몽골초원의 여인네들이 이처럼 손님을 따뜻하게 대접하는 것은 칭기즈 칸의 가르침 때문이다. 칭기즈 칸 시대의 전통이 지금도 몽골에서 그대로 이어지고 있는 것이다.

몽골 사람들은 칭기즈 칸을 통해 진정한 몽골인으로 다시 태어났다고 할 수 있다. 그러므로 칭기즈 칸 없는 몽골은 생각할 수 없다. 역으로 몽골 사람들을 이해하려면 칭기즈 칸을 알아야 한다. 칭기즈 칸이 곧 몽골이고, 몽골이 곧 칭기즈 칸인 셈이다. 800년이 지난 지금도 몽골 사람들이 칭기즈 칸에 대해 절대적인 신뢰와 존경을 표하는 것은 그 때문일 것이다.

예크 자사크, 칭기즈 칸의 대법령

동나이만 세력을 토벌한 테무친은 1206년 대칸으로 등극한 뒤, 휴식을 취하며 다음에 할 일을 생각했다. 측근들에게 그들의 생각을 물었다. 흔히 사람들은 테무친이 몽골고원을 통일하자마자 중국과 서역 정벌에 나섰다고 생각하지만 그렇지 않았다. 오히려 그는 중국과 서역 정벌을 결정하기까지 많은 사람들의 의견을 들었다.

물론 몽골의 숙원인 금나라에 대해서는 어떻게든 응징할 생각을 했을 것이다. 하지만 금나라는 몽골보다 컸다. 중국 북부와 만주를 지배하고 있던 금나라의 인구는 대략 4000만~5000만 명 정도로 추산된다. 당시 몽골 인구를 200만~300만 정도로 볼 때 무려 20배나 된다. 게다가 생산력에서도 비교가 되지 않았다. 결코 쉽게 상대할 나라가 아니었다.

칭기즈 칸이 주변 사람들에게 의견을 물은 것은 금나라를 치기 위한 작전보다는 앞으로 몽골제국이 나아갈 큰 방향과 틀을 잡기 위해서였다고 생각된다. 어렵게 이룬 몽골고원의 통일이 아니던가. 이제는 그 평화를 어떻게 영구히 지켜나갈지를 생각해야 할 때였다.

칭기즈 칸은 통일된 몽골이 오래도록 평화를 누리고 번영을 구하려면, 전쟁보다 교역이 더 중요하다는 것을 잘 알고 있었다. 10여 년에 한 번씩 닥치는 가뭄과 한파는 몽골인들의 삶을 근본적으로 위협했다. 전쟁은 약탈을 통해 필요한 생필품을 손쉽게 얻을 수 있지만, 주변 국가들을 적대 세력으로 만들면 또 다른 대가와 희생을 치러야 했다. 때문에 전쟁은 대안이 될 수 없었다. 그렇다면 방법은 한 가지, 다른 나라와의 안정적인 교역 체계를 확립하는 것뿐이었다.

칭기즈 칸은 몽골고원을 통일한 후 측근들에게 의견을 물으며 오랫동안 '어떻게 하면 안정적인 교역 시스템을 구축할 수 있을까'를 고민했다. 하지만 중국의 왕조들은 늘 교역을 빙자해 초원 사람들을 정치적으로 지배하려 했다. 자연히 만리장성을 두고 유목민과 농경민 사이의 감정이 좋을 리 없었다. 그래서 초원 사람들은 북방에 가뭄과 한파가 닥칠 때마다 종기가 곪아 터지듯 말에 올라 만리장성을 넘었고, 그 보복으로 중국인들은 대규모 원정대를 구성해 초원을 쓸어버렸다.

칭기즈 칸은 어떻게든 이 기회에 안정적인 교역 체계를 세워 다시는 몽골에 가난과 전쟁이 없는 세상이 오기를 원했다. 그러자면 몽골에 적대적인 주변 환경을 바꾸어야 했다. 몽골에 반감을 품은 세력들을 그대로 두고는 안정적인 교역 체계를 세울 수가 없었기 때문이다. 따라서 칭기즈 칸이 주변 국가들의 정벌에 나선 것은 단순히 세계 제국을 이루려는 야심에서 시작된 것이라고 볼 수 없었다. 그것은 한때의 바람처럼 덧없는 것임을 그는 누구보다 잘 알았다. 또 권력의 무상함도 잘 알고 있었다.

안정적인 교역 체계를 세우려면 몽골과 주변 국가 모두에 이익이 되는 새로운 정치·경제 환경을 만들어야 했다. 칭기즈 칸이 주변 나라들을 정복하기 전에 반드시 먼저 정중히 예를 갖춰 사절단을 보낸 것은 그 때문이었다. 몽골과의 교역을 받아들이는 나라는 즉시 몽골제국의 일원으로 받아들였다. 하지만 교역을 거부하거나 몽골에 적대적인 국가에 대해서는 단숨에 밀고 들어갔다.

칭기즈 칸은 케레이트부와의 전쟁에서 승리를 거둔 직후 무질서와 혼란에 종지부를 찍고 초원에 새로운 질서를 세울 필요를 느꼈다. 천호제, 만호제를 도입하고, 전리품의 공동 분배와 같은 체계를 마련하긴 했지만, 사람들은 여전히 부족 시대의 관습에서 벗어나지 못했다.

말 위에서 세상을 지배할 수는 있어도 사람들의 마음을 얻을 순 없는 법. 평화를 이루려면 그에 맞는 새로운 규범이 있어야 했다. 마침내 그는 대쿠릴타이를 소집하고, 자신이 생각한 새로운 규범을 토론에 붙였다. 그런 다음 앞으로 몽골인들이 지켜야 할 새로운 법령을 선포했다. '예크 자사크', 즉 '대법령'이란 이름으로 불리는 이 법령은 이미 자기를 따르던 하층 유목민들에게 일관되게 요구해오던 것들이다. 그는 그것을 정리해 대법령으로 선포했다.

칭기즈 칸의 대법령 가운데 현재는 36개 조항 정도만 알려져 있는데, 그중에는 다음과 같은 것들이 있었다.

간통한 자, 고의로 거짓말한 자, 다른 사람의 일을 몰래 훔쳐본 자, 남의 싸움에 끼어들어 고의로 한쪽 편을 든 자는 사형에 처한다.

물과 재에 오줌을 눈 자는 사형에 처한다.

도망하는 노예나 죄인을 발견하고도 주인에게 돌려주지 않는 자는 사형에 처한다.

짐승을 잡을 때는 고통스럽지 않게 죽여야 한다. 함부로 도살하는 자는 그도 그처럼 도살될 것이다.

전투 중 무기나 짐을 떨어뜨렸을 대, 뒤따르던 자는 반드시 그것을 주워 주인에게 돌려주어야 한다.

탁발승, 이슬람 성직자, 법관, 의사, 학자, 기도하는 자, 해탈을 위해 수행하는 자, 장의사 등은 조세와 부역을 면한다.

모든 종교를 차별 없이 존중해야 한다. 종교란 신의 뜻을 받드는 면에서 모두 같다.

음식을 제공하는 사람은 그 음식에 독이 없는지 먼저 먹어본 다음 권할 수 있다. 음식을 끓이는 불과 음식이 담긴 그릇 위로 넘어다니는 것을 금한다.

음식을 먹고 있는 사람들 옆을 지나가는 객(客)은 말에서 내려 주인의 허락 없이도 그 음식을 먹을 수 있다. 주인은 이를 거부해서는 안 된다.

사람이 먹는 물에 손을 담가서는 안 된다.

옷은 완전히 너덜너덜해질 때까지 입어야 한다.

만물의 어떤 것도 부정하다고 말하면 안 된다. 만물은 애초부터 모두 청정하며, 깨끗한 것과 부정함의 구별은 존재하지 않는다.

모든 종교의 종파에 대해 좋거나 싫은 정을 나타내거나 과대 포장하지 말고 경칭도 사용하지 마라. 대칸을 비롯한 그 누구에게나 경칭 대신 이름을 불러라.

만일 병사가 필요한 물품들을 제대로 챙기지 않으면 처벌한다.

제국에서 가장 높은 지위의 장로라도 과실이 있어 견책하는 사신이 도착할 때는 그 사신의 지위가 아무리 낮더라도 정중하게 맞이해야 한다. 그가 전하는 명령이 사형일지라도 그 앞에 공손히 엎드려 형의 집행을 받아야 한다.

전투에 태만한 병사와 공동 사냥 중 짐승을 놓친 자는 태형 내지 사형에 처한다.

살인한 자라도 그 죄에 상응하는 벌금을 내면 사형을 면한다.

말을 훔친 자는 훔친 말과 같은 종류의 말 9마리를 더해 변상해야 한다. 변상할 말이 없으면 자식으로 대납한다.

거짓말과 절도를 금하고, 이웃을 자신처럼 사랑해야 한다.

서로 사랑하라. 간통하지 마라. 도둑질하지 마라. 위증하지 마라. 모반하지 마라.

노인과 가난한 사람을 정성껏 돌봐주어라. 이 명령을 지키지 않는 자는 사형에 처한다.

사령관의 문지방을 밟은 자는 사형에 처한다.

술을 끊을 수 없다면 한 달에 세 번만 마셔라. 그 이상 마시면 처벌하라.

첩이 낳은 아들도 적법자이며 아버지가 정한 바에 따라 상속을 받을 권리가 있다.

막내아들은 아버지의 게르와 가재도구를 상속받는다.

아버지가 사망하면 아들은 생모(生母)를 제외한 처첩을 임의로 처리할 수 있다. 결혼해도 좋고 다른 사람에게 시집을 보내도 좋다. 그리고 적법한 상속자 외에는 그 누구도 그의 유물에 손을 댈 수 없다.

대법령의 규율이 상당히 엄했음을 알 수 있다.

당장 사람들은 이의를 제기할 것이다. 칭기즈 칸의 마음을 이해하지 못하는 바는 아니지만, 간통했다고, 거짓말 좀 했다고, 해코지 좀 했다고, 못된 짓 좀 했다고, 물과 재에 오줌을 누었다고, 길에 떨어진 물건을 주워 갔다고, 도망치는 노예를 못 본 척했다고 처형까지 하는 것은 너무 심하지 않느냐고 말이다. 일리 있는 말이다. 하지만 칭기즈 칸은, 독풀은 그 씨앗까지 제거해야만 뿌리가 뽑힌다고 본 게 아니었을까.

칭기즈 칸이 살았던 몽골고원이 어떤 곳이던가. 부모 형제가 서로 적이 되어 칼을 겨누던 사회가 아닌가. 그만큼 사람들 사이에 믿음이 깨진 사회였다. 그런 사회를 서로 신뢰하는 사회로 만들기 위해서는 극단적이지만 불가피하다고 생각했을 것이다.

이 법령들 중에서 또 우리를 놀라게 하는 것은 어른과 윗사람을 공경하는 문화가 뿌리 깊게 자리한 동양 사회에서 직위 대신 이름을 부르게 한 점이다. 심지어 대칸조차 이름을 부르게 했다. 권위보다는 '인간 대 인간'으로 사람들을 만나고자 하는 그의 소탈한 면모를 엿볼 수 있는 대목이라고 할 수 있다.

서로 사랑하라, 이웃을 자신처럼 사랑하라는 조항은 요즘의 법률에선 찾아볼 수 없는 것이다. 한마디로 사람 냄새가 흠씬 난다고 할 것이다. 칭기즈 칸이 몽골의 미래를 생명에 대한 공경과 사람 간의 신뢰, 그리고 이웃에 대한 사랑과 진실성에 두고자 했음을 엿볼 수 있다.

예크 자사크를 선포한 뒤 칭기즈 칸은 이렇게 말했다고 한다.

나의 후손들 가운데 법령을 한 번 어기면 말로써 충고하라. 두 번 어기면 엄중히 질책하라. 세 번 어긴다면 부모 형제로부터 떨어진 먼 곳으로 보내라. 그곳에서 돌아온다면 반성할 것이다. 만일 그래도 뉘우치지 않는다면 그를 묶어서 감옥에 보내라. 거기서 나와 정신을 차린다면 괜찮다. 하지만 그때도 변치 않는다면 형과 아우들이 모두 모여 그에 대한 처리 방도를 찾으라.

잘못한 사람이 있으면 가르치고 또 가르쳐서 바르게 되도록 힘쓰라는 것이다. 그가 선포한 대법령은 엄하기 그지없지만, 막상 그 법을 실천하는 데 있어서는 서로를 챙기고 배려하는 마음이 담겨 있었다.

칭기즈 칸의 대법령이 시행되자 혼란과 무질서와 파괴가 횡행하던 몽골 사회는 완전히 변했다. 이러한 사실은 당시 몽골을 여행한 사람들의 글을 통해 확인할 수 있다.

칭기즈 칸에 대해 부정적이었던 카르피니조차 "싸움, 분쟁, 상해, 살인과 같은 일은 일어나지 않았고, 강도나 도둑도 찾아볼 수 없었다. 때문에 그들은 물건을 쌓아두는 천막이나 수레에 자물쇠를 채우거나 빗장을 지르지 않았다"라고 적고 있다. 이러한 모습은 몽골뿐만이 아니었다. 이븐 바투타는 자신의 여행기에서, "이라크를 여행하던 중 두 마리 말을 잃어버리고 다른 지방으로 떠났다가 22일 만에 돌아왔는데, 그 말을 돌보고 있던 사람이 내게 돌려주었다"라고 적고 있다. 당시 이라크의 수도 바그다드도 몽골의 지배를 받고 있었다. 또 어떤 이는 "땅에 채찍이 떨어져 있어도 주인이 아니면 아무도 주워가지 않았다"라고 전하고 있다.

1234년 남송에서 몽골에 파견되었던 서정과 팽대아가 귀국한 후 공동으로 올린 보고서의 내용도 비슷했다. "몽골의 풍속은 순박하고 또 몽골인들의 마음이 한결같기 때문에 말과 행동에 차이가 없다. 더욱이 몽골은 남을 속이는 자를 사형에 처하는 법을 가지고 있기 때문에 감히 속이려 들거나 거짓말하지 않는다. … 몽골의 습속은 정말로 길에 떨어진 물건을 줍지 않는다. 줍는다면 도적의 혐의를 면할 수 없다."

그랬다. 잘못된 행위, 부정한 행위에 대해서는 사형을 불사했을 만큼 칭기즈 칸의 결심은 단호했던 것이다. 칭기즈 칸은 이런 말도 했다고 한다.

부모의 충고에 귀를 기울이지 않는 자식들, 형들의 말에 주의를 기울이지 않는 동생들, 부인을 신뢰하지 않는 남편들, 남편의 지시에 따르지 않는 부인들, 며느리를 괴롭히는 시어머니들, 시어머니를 공경하지 않는 며느리들, 아이들을 보호하지 않는 어른들, 연장자의 충고를 무시하는 젊은이들, 아랫사람의 마음을 헤아리지 않는 윗사람들, 외부인을 받아주고 맞아주지 않는 사람들이 있다면…, 그러한 반목으로 말미암아 도둑과 사기꾼과 반역자와 불법자 들이 창궐할 것이며, 그들은 노략질을 당할 것이다.

그가 생각하는 가정과 사회가 어떤 것인지, 사회적 정의가 무엇인지, 사람들이 어떻게 행동해야 하는지를 한눈에 알게 해주는 말이라 할 수 있다.

한편 대법령에는 들어가지 않지만, 그 못지않은 권위를 갖고 있는 것이 있다. 바로 칭기즈 칸이 했던 말들이다. 그가 했던 말들 〈성훈〉 중에는 다음과 같은 것이 있었다.

집안을 잘 다스리는 자는 나라를 올바르게 다스릴 수 있다.

자기 내면을 깨끗이 하는 사람은 나라의 악도 없앨 수 있다.

윗사람 앞에 나아가서는 그가 말하기 전에 먼저 입을 열지 말고, 물어볼 때만 답하라. 먼저 윗사람의 말을 듣는 것이 좋다.

평화 시 사람들과 함께 있을 때는 순한 송아지 같아야 하며, 전쟁 때는 풀어놓은 굶주린 매와 같아야 한다.

진실한 언어는 사람을 움직인다. 꾸며진 언어는 힘이 없다.

자신을 알아야 남을 알 수 있다.

현명한 세 사람이 동의하는 말이라면 어느 곳에서든지 그 말을 다시 해도 좋다. 그렇지 않다면 그 말을 신임할 수 없다.

군대를 이끄는 자는 배고픔과 목마름을 느낄 줄 아는 자라야 한다.

늘 지고한 신께 기도를 올리고 마음을 그분께 의탁하라. 오래된 신의 힘으로 주위를 모두 장악할 수 있도록 하라.

집안에서는 모든 것이 수인을 닮는다. 부인은 언제든 손님이 집을 방문하면 모든 것이 잘 갖추어지고 정돈된 것을 보여주어야 한다. 또 좋은 음식을 만들어 손님을 대접해야 한다. 그렇게 함으로써 남편의 좋은 이름이 퍼지고 그의 명성이 높아져 집회나 모임에서 산처럼 당당하게 고개를 들 수 있어야 한다. 훌륭한 남편은 훌륭한 부인이 만든다.

한마디 한마디가 모두 귀에 쏙쏙 들어오는 것들이다. 아마도 이런 마음으로 갈가리 찢기고 상처투성이인 몽골 사람들의 마음을 달래고 어루만져주었기에 그들을 원래의 순박한 심성으로 돌아가 단단한 바위처럼 뭉치게 할 수 있었던 것이리라.

중국과 서역 원정에 나서다

칭기즈 칸의 몽골군이 주변국 정복에 나선 것은 1208년부터

다. 칭기즈 칸은 1208년 큰아들 조치에게 시베리아 산림 부족들을 정벌하게 했다. 주변 국가들을 정복하기 전에 먼저 몽골고원을 안정시켜야 하기 때문이었다. 몽골고원에 강력한 세력이 없으면 북방의 산림 부족들이 밀고 내려왔던 것을 알고 있는 칭기즈 칸은 사전에 이를 방비하려 했다.

그런 다음 1209년부터 본격적으로 주변 국가에 대한 정복에 나섰다. 첫 번째 원정 대상은 당연히 금나라였다. 몽골족의 암바카이 칸이 그들에게 끌려가 수레바퀴에 매달려 살해되는 수모를 겪었을 뿐 아니라 수많은 몽골인들이 노예로 끌려갔었다. 그만큼 금나라에 대한 원한이 컸다. 게다가 금나라는 경제적으로도 부유한 나라였다.

하지만 금나라는 대국이었다. 쉽게 공략할 수 있는 상대가 아니었다. 그래서 칭기즈 칸은 상대적으로 약한 서하를 먼저 치기로 했다. 서하를 제압하면, 북쪽과 서쪽에서 동시에 금나라를 공격할 수 있었기 때문이다.

서하는 티베트계의 탕구트족이 세운 나라다. 그들은 실크로드의 동서 교역로를 장악하고 있었기 때문에 경제적으로 풍요로웠다. 그래서 칭기즈 칸이 몽골고원을 통일했다는 소식을 듣고도 무시했다. 별것 아니라고 본 것이다. 칭기즈 칸이 친교의 사신을 보냈을 때도 마찬가지였다. 칭기즈 칸은 1209년 마침내 서하 정벌에 나섰고, 6차에 걸친 공격 끝에 마침내 굴복시켰다.

그런데 탕구트를 공격하는 과정에서 몽골인들은 이전에는 경험해보지 못한 '공성전(攻城戰)'이란 새로운 전쟁 형태를 경험하게 된다. 이제까지는 아무것도 없는 초원의 벌판에서 백병전하듯 싸웠는데, 탕구트족 역시 중국처럼 주요 도시에 성(城)을 쌓았다. 그리고 둘레에 해자(垓子)를 만들고 요새화했다. 탕구트와의 전쟁은 금나라와의 전쟁을 앞둔 몽골 병사들에게 공성전에 대한 새로운 전략과 무기 개발을 자극했다.

서하가 몽골에 항복하자, 톈산 지방에 있던 위구르인들이 투항해왔다. 위구르인들은 몽골이 에르구네 쿤에서 오논강을 따라 남하하기 진에 이미 몽골고원을 쓸고 지나갔던 사람들이다. 그들은 지금의 톈산산맥 북쪽 초원과 타클라마칸 사막의 오아시스를 기반으로 수백 년 동안 동서무역을 하며 막대한 부를 축적하고 있었다. 몽골고원을 통일한 칭기즈 칸 군대의 힘을 알고 있던 위구르의 왕은 서하가 가볍게 무너지는 것을 보고는 칭기즈 칸의 다섯 번째 아들을 자처하며 서둘러 몽골에 귀부했다. 테무친은 이에 화답하여 그에게 딸을 주었다.

초원과 오아시스의 복합 문화를 가지고 있던 위구르인들은 막대한 부 외에도 그들이 오랫동안 쌓아온 정치, 경제, 언어, 문화적 유산을 몽골에 주었고, 이는 훗날 몽골이 세계 제국을 건설하는 데 결정적인 기여를 했다. 흔히 색목인(色目人)으로 알려진 그들은 몽골제국 시대에 몽골의 행정과 세금, 경제를 담당했다. '색목인'이란 말은 위구르인들의 눈빛이 동양인과 다르기 때문에 붙여진 말이었다. 위구르인들이 몽골에 귀부하면서 몽골은 사실상 실크로드의 상권을 장악하게 되었다.

서하가 몽골에 항복하고, 위구르인들마저 몽골에 귀부하자 금나라와 강남의 송나라는 몽골에 위협을 느끼기 시작했다. 칭기즈 칸은 금나라에 선전포고를 한 뒤, 서하국을 앞세워 서쪽에서 금나라를 공격해 들어갔다. 동시에 칭기즈 칸은 거란 사람 야율아해 등을 앞세워 거란인들의 고향인 랴오시(遼西) 지방의 시라무렌으로 진군했다. 몽골군에 위협이 될 수 있는 금나라 기마 군단의 주력 부대인 거란족 병사들을 회유하기 위해서였다.

시라무렌은 염호가 있는 곳으로 유명하다. 지금도 그곳에서 소금 채취를 할 정도다. 광개토왕비에는 395년에 광개토왕이 직접 군대를 이끌고 가서 사라무렌으로 가서 그곳에 사는 거란의 한 갈래인 비려(碑麗)인들을 정벌하고, 수많은 소와 말, 양들을 몰고 돌아왔다고 되어 있다. 주변에 습지가 많고 너른 초원이 있어 일찍부터 거란족이 이곳에 터전을 잡고 살았다. 당시 이곳에는 금나라의 국영 목장들이 줄지어 늘어서 있었다. 금나라는 이곳 변방에 군대를 주둔시키고, 거란족들을 시켜 말을 사육했다. 당시 변방 군대의 병사들은 대부분 거란족이었는데, 그들은 여진족과의 혼인을 거부할 정도로 금나라에 대한 반감이 컸다.

칭기즈 칸의 군대가 닥치자 예상대로 거란족 병사들은 별 저항 없이 투항했다. 말은 몽골 병사들과 마찬가지로 여진족 기병에게도 생명과 같은 것이었다. 그런데 그들의 군마는 물론 거란 병사들까지 눈 깜짝할 사이에 칭기즈 칸에게 통째로 넘어갔다. 금나라로서는 충격이 매우 컸을 것이다. 거란인들은 자신들을 멸시하고 착취하는 금나라보다 새로운 초원의 강자인 몽골에 붙는 게 더 유리하다고 판단했던 것이다. 칭기즈 칸은 그들을 몽골국의 일원으로 받아들이고, 그들의 조직을 천호제로 개편했다. 그리하여 1206년에 95개였던 천호의 수가 1211년에는 129개로 늘어났다. 당시 몽골에 투항한 거란군 병사들의 숫자가 그만큼 많았다는 것을 뜻한다.

1211년 5월, 금나라의 변방 방어선을 돌파한 몽골군은 금나라의 최고 사령관 완안승유(完顔承裕)가 이끄는 40만 정예 군단과 회하보(澮河堡)라는 곳에서 만나 치열한 접전을 벌인 끝에 그들의 정예 군단을 몰살시켰다. 거란족의 이달로 기동력을 상실한 데다 정예군마저 무너지자 금나라는 궁여지책으로 도시와 요새를 중심으로 방어 전략을 바꾸었다. 하지만 그도 여의치 않자 금나라는 1214년 수도를 남쪽의 카이펑(汴京, 오늘날의 開封)으로 옮기고, 화베이(華北)와 랴오둥(遼東) 지방을 포기했다.

남쪽으로 쫓겨간 금나라를 공격하던 칭기즈 칸은 1215년, 바이칼 산림 부족들이 반란의 조짐을 보인다는 첩보를 받자, 당시 랴오둥과 만주 지역을 원정 중이던 모칼리를 불러 권(權) 황제로 임명한 뒤 금나라에 대한 공격을 맡기고 몽골초원으로 회군했다.

모칼리는 칭기즈 칸이 자무카와 코르코나크 숲에서 공동 유목을 할 때 그의 사람이 된 자로, 무장이면서도 뛰어난 영적 능력을 갖고 있었다. 그때 모칼리는 칭기즈 칸이 몽골의 대칸이 될 것을 예언했다.《원사》〈모칼리전〉에는 모칼리 부자에 대한 다음과 같은 일화가 소개되어 있다.

나이만족이 반란을 일으켰을 때 칭기즈 칸은 겨우 여섯 명의 기병과 함께 도망치고 있었는데 허기가 밀려왔다. 그때 모칼리의 아버지 구운 고아가 두 살 된 낙타를 찾아 요리하여 음식을 마련했다. 음식을 먹고 나서 다시 길을 재촉하는데, 갑자기 적들이 나타나 활을 쏘았다. 그때 칭기즈 칸이 탄 말이 활을 맞고 쓰러졌다. 다섯 명의 다른 기병이 어쩔 줄 몰라 하고 있는데, 구운 고아가 자신이 타고 있던 말을 칭기즈 칸에게 주어 도망치게 하고 자신은 그곳에서 전사했다.

모칼리의 충성심과 용맹함 또한 그의 아버지에 뒤지지 않았다. 칭기즈 칸이 30여 명의 기병과 함께 계곡을 지날 때였다. 칭기즈 칸이 "여기서 적을 만나면 어찌하느냐?"라고 하자 모칼리는 "그런 일이 있으면 제가 몸을 던져 막겠습니다"라고 했다. 그때 적들이 숲에서 튀어나오며 활을 쏘았다. 화살이 비 오듯 퍼붓자 모칼리가 활 세 발을 쏘아 세 사람을 명중시켰다. 적장이 누구냐고 외치자 "나는 모칼리다"라고 대답했다. 그러고는 자신이 타고 있던 말안장을 내려 칭기즈 칸의 몸을 보호하며 포위망을 뚫고 나왔다.

그 아버지에 그 아들이라 할 수 있다. 이런 모칼리 부자의 충성심을 높이 샀던 칭기즈 칸은 모칼리에게 자신과 버금가는 권 황제의 지위를 주고 금나라로부터 빼앗은 땅을 다스리게 했다.

그런데 모칼리가 중국 북부 지역을 다스리고 있을 때, 거란족 9만 명이 반란을 일으키는 사건이 발생했다. 모칼리의 군대에 쫓긴 그들은 고려 북쪽, 지금의 평안도 지역으로 밀려들어왔다. 고려는 변경의 성을 점령하고 난동을 부리는 거란족 때문에 골머리를 앓고 있었다. 그런데 1218년 몽골군이 거란족을 추격해왔다. 몽골군의 원수 카진(哈眞)은 고려 장수 조충에게 함께 거란족을 토벌할 것을 제의했다. 그리고 "칭기즈 칸이 명을 내리기를, 적을 물리친 후에 형제의 맹약을 맺으라고 했다(帝命, 破賊之後, 約爲兄弟)"라는 사실을 알려주었다.

이에 거란족을 토벌한 고려와 몽골은 "형제의 맹약을 맺고 자자손손 대대로 이날을 잊지 말자(結兄弟之盟世世子孫無忘今日)"고 맹세했다. 형제의 맹약은 우호적인 분위기에서 맺어졌다. 칭기즈 칸은 역사와 신뢰를 중시하는 사람이다. 그는 몽골과 고구려가 모두 코리족의 후예이며, 고려가 고구려를 계승한 국가란 사실을 알고 있었다. 그래서 일부러 명을 내려 고려를 형제 국가로 인정하고, 그 같은 맹약을 맺게 했던 것이다.

그렇게 형제의 맹약을 굳게 맺었던 고려와 몽골의 관계에 균열이 생긴 것은 1221년 이후 몽골 사신들이 과도한 공물을 요구하면서부터다. 당시 칭기즈 칸은 호라즘 원정을 떠나며 몽골의 전통에 따라 막냇동생 테무게 옷치긴에게 제국의 통치를 맡겼다. 당시 몽골과 고려의 관계를 지휘한 것은 테무게 옷치긴이었다. 따라서 고려에 지나친 공물을 요구한 것이 바로 그의 지시였음을 알 수 있다. 이를 뒷받침하듯,《고려사》는 당시 분위기를 이렇게 서술하고 있다.

몽골의 칭기즈 칸은 멀리 있어 그 소재를 알 수 없고, 테무게 옷치긴은 탐욕스럽고 포악하며 어질지 못했다. 마침내 지난날의 좋던 관계가 끊어졌다(蒙古成吉思師老絶域不知所存, 訛赤忻貪暴不仁. 已絶舊好).

결국 공물 문제로 갈등을 빚던 고려와 몽골의 관계는 1224년 몽골 사신 저고여(著古與)가 피살되는 사건이 일어나면서 파국을 맞았다. 이후 7년 동안 고려와 몽골은 국교가 단절되었다. 하지만 몽골은 자기들이 보낸 사신을 죽인 경우 예외 없이 원정을 단행했다. 칭기즈 칸에 이어 몽골의 대칸에 오른 오고타이는 1231년 저고여 피살 사건을 문제 삼아 고려 침공을 지시했고, 고려 무신정권은 강화도로 천도하며 몽골에 30년 동안 저항했다. 몽골과 고려의 관계가 회복된 것은 코빌라이 황제 때다.

한편 칭기즈 칸은 몽골고원으로 돌아간 뒤 호라즘을 원정할 계획을 세웠다. 호라즘 원정은 1218년에 시작되었다. 칭기즈 칸은 호라즘의 술탄 무함마드와 우호 관계를 맺고 교역하기를 원했다. 그는 1217년 호라즘의 술탄에게 선물과 함께 세 명의 사절단을 보내며 이렇게 말했다.

나는 양국 사람들이 서로 안전하게 교역하고, 완벽한 화합을 이루어 모든 왕국이 바라는 최고의 축복인 평화와 풍요를 함께 누리기를 바란다.

하지만 당시 서하와 호라즘 사이에 있던 서요(西遼)에서 소란이 일어났다. 서요라면 요나라가 망할 때 거란 귀족들이 서역으로 가서 세운 나라다. 그런데 당시 서요는 나이만의 타양 칸의 아들 쿠출루크가 다스리고 있었다. 쿠출루크는 나이만의 타양 칸이 테무친에게 패할 때, 남쪽으로 달아났다가 요행히 서요의 공주와 결혼을 했다. 그 뒤 서요의 왕권을 찬탈해 권좌에 올랐다. 당시 서요에는 거란인보다 토착민인 위구르인들이 압도적으로 많았다. 위구르인들은 이슬람교를 믿었다. 따라서 거란인들은 위구르인들을 효과적으로 다스리기 위해서 이슬람교를 억제할 필요가 있었다. 이점에서 거란 지배자들과 쿠출루크는 이해가 일치했다. 권좌에 오르자 쿠출루크는 공개적으로 이슬람교를 탄압했다. 그러던 차에 쿠출루크가 다른 곳으로 군사 원정을 떠나자, 위구르인들은 성문을 걸어 잠그고 그의 귀국을 막았다. 쿠출루크는 그에 대한 보복으로 수도를 공격하여 완전히 파괴해버렸다. 위기의식을 느낀 위구르인들은 자신들을 보호해줄 무슬림 통치자를 찾지 못하자 몽골군에게 도움을 청했다. 칭기즈 칸은 즉시 제베에게 군사 2만을 주어 쿠출루크 정권을 제거하게 했고, 제베는 쿠출루크 군에게 승리를 거둔 뒤 달아나는 쿠출루크를 잡아 처형했다.

이때 몽골군은 민간인들에 대한 약탈이나 파괴를 하지 않았다. 서요가 불과 몽골의 기병 2만에 무너지는 걸 본 호라즘의 술탄 무함마드는 비로소 몽골의 힘을 깨달았다. 그리고 서둘러 몽골에 교역을 위한 사절단을 파견했다. 그에 화답하여 칭기즈 칸은 1218년에 무슬림과 힌두 상인들과 관리를 뽑아 450명의 사절단을 구성해 호라즘으로 보냈다.

그러나 당시 호라즘제국의 동방 영지인 오트라르의 성주는 칭기즈 칸의 말에 반신반의했던 것으로 보인다. 그는 몽골 사절단이 가져온 금은보화를 빼앗고 그들을 간첩으로 몰아 죽였다. 흔히 사람들은 성주의 개인 욕심에서 그랬다고 말하지만 그보다는 오트라르 성주가 몽골과의 화해에 반대한 호라즘의 중심인물 가운데 한 사람이었을 가능성이 높다. 그래서 몽골과의 화해를 차단하고, 호라즘의 술탄에게 저항하는 표시로 그런 무모한 행동을 저지른 것이 아닌가 생각된다.

그러나 신뢰를 중시하는 칭기즈 칸은 호라즘 술탄의 명조차 무시한 오트라르 성주의 행패를 도저히 묵과할 수 없었다. 인간에 대한 신뢰와 존중이야말로 그가 만들려고 했던 새로운 세상의 근간이었기 때문이다. 칭기즈 칸은 마침내 그에 대한 응징으로 오트라르성을 무자비하게 공격했다. 그 대가는 참혹했다. 오트라르성이 함락되고 주민들이 무참하게 살육되는 것을 본 호라즘 제국은 걷잡을 수 없는 혼란에 빠져들었다. 그들은 파죽지세로 밀려드는 몽골군에 변변히 대응도 못한 채 무너졌고, 술탄 무함마드는 이란 쪽으로 도주했다.

칭기즈 칸의 오트라르성에 대한 무자비한 공격에 대해서는 말이 많은 것이 사실이다. 그리고 칭기즈 칸을 폭군이라 부르는 사람들도 있다. 하지만 몽골인들 역시 거짓말하고, 남을 해코지하고, 길에 떨어진 것을 주운 자는 사형에 처했던 것에서 볼 수 있듯이, 이런 일관되고 엄격한 태도가 몽골고원을 통일하게 했다는 데는 이론이 없다. 그렇게 본다면, 오트라르 성주가 몽골과 칭기즈 칸에 대해 너무 몰랐다고 할 수밖에 없다. 상황을 제대로 파악하지 못한 채, 자신의 정치적 신념만 고수하여 무모한 행위를 저질렀다고 생각되기 때문이다.

당시 중앙아시아는 아랍, 튀르크, 페르시아의 문명이 결합되어 최고의 문명을 자랑하고 있었다. 수학이나 천문학, 농학, 언어학에 이르기까지 학문의 거의 모든 분야에서 가장 높은 수준에 이르러 있었다. 문맹율도 당시 가장 낮았고, 경제적으로도 매우 부유했다. 하지만 다양한 문명과 종족들이 모이다 보니 내부적으로 갈등이 끊이지 않았고, 몽골군에 견주어 단합된 조직력을 갖추지 못했다.

칭기즈 칸은 제베와 수부타이 장군에게 군사 3만을 주어 술탄 무함마드를 추격하게 하는 한편, 별동대를 조직하여 이란과 아프가니스탄에서 저항군을 이끌고 대항하던 무함마드의 아들 잘랄 웃딘을 추격했다. 인도까지 쫓아간 그는 마침내 1222년 인더스 강변에서 잘랄 웃딘의 군대를 섬멸했다. 그때 살아남은 잘랄 웃딘이 투항을 거부하고 인더스강으로 뛰어들자, 칭기즈 칸은 추격을 중지시키며 이렇게 말했다고 한다.

"잘랄 웃딘은 훌륭한 전사다. 아버지라면 마땅히 저런 아들을 두어야 한다. 그가 무사히 강을 건너도록 내버려둬라."

진정한 전사는 훌륭한 전사를 알아보는 법이다. 마지막 저항군을 잃은 잘랄 웃딘은 각지를 떠돌다가 1231년에 쿠르드의 산중에서 한 농부의 칼에 찔려 비극적으로 죽었다. 그 뒤 잘랄 웃딘은 이곳을 지배하던 몽골인들에 의해서 이슬람 문명을 끝까지 사수하기 위해 싸웠던 영웅으로 높이 칭송되었다.

호라즘의 저항 세력이 거의 다 분쇄되자 칭기즈 칸은 점령지에 몽골 관리 다루가치를 두어 다스리게 하고, 1225년 봄에 몽골로 돌아왔다. 무려 7년 만의 회군이었다.

한편 무함마드를 쫓아 이란으로 들어갔던 수부타이 군대는

1221년 무함마드가 카스피해의 조그만 섬에서 폐렴으로 죽자 이듬
해에 카스피해와 흑해 사이에 있는 캅카스산맥을 넘어 흑해 지역
으로 들어갔다. 그리고 그곳의 키예프 연합 세력을 무너뜨린 뒤 역
시 1225년에 몽골로 돌아왔다.

호라즘을 정복함으로써 몽골은 유라시아의 동서 지역을 평정
하고 명실공히 세계 제국이 되었다. 칭기즈 칸이 회군할 때 이미 중
앙아시아의 사마르칸트에서는 그의 얼굴을 새긴 금화가 통용되었
으며, 각 지역의 상업 활동도 다시 활기를 띠기 시작했다.

몽골제국은 상인들의 자유로운 상업 활동을 부추기고, 제국
내 다른 지역들과의 교역을 확대하기 위해 상인들에게 3퍼센트의
상업세만 부담시켰다. 물품의 3퍼센트에 해당하는 세금만 내면 그
밖의 어떤 세금도 낼 필요가 없었다. 지금도 그렇지만 장사를 하려
면 등록세니, 물품세니, 통관세니, 부과세니 각종 항목이 줄줄이
붙는 법이다. 그런데 그것을 3퍼센트로 통합해버린 것이다. 3퍼센
트라면 오늘날 각국의 통관세보다도 낮다. 그러므로 이것이 얼마나
혁명적인 조치였는지 알 수 있다.

상업이 활성화될 경우, 3퍼센트의 세율만으로도 충분하다고
생각한 것이다. 몽골의 이러한 방침이 알려지자 무슬림 상인들은
적극적으로 몽골제국의 상업 정책에 동참하는 한편 제국 내에 하
나의 통일된 경제 시스템을 구축하려고 시도했다. 그러자면 우선
각국의 화폐를 공정하게 평가하는 기준이 있어야 했다. 그들은 그
것을 소금에서 찾았다. 소금을 제국 내 무역의 결제수단으로 삼도
록 한 것이다. 이를 위해 각국의 재무 관료들은 어음 대신 소금의

가치와 연동된 수표를 발행했다. '염인(鹽引)'이라 불리는 그 수표는 제국 내 어디에서든 일정한 양의 소금과 즉시 바꿀 수 있었다. 이러한 제도는 제1차 세계대전 후 각국이 채택했던 금본위제와 거의 같은 시스템이다. 따라서 20세기에 사용된 그 제도와 유사한 것이 이미 13세기 몽골제국 시대에 출현했던 것이다.

한편 몽골의 경제를 담당했던 색목인들은 종이 화폐인 교초(交鈔)를 발행하여 백성들이 일상의 거래에 무거운 은이나 동전을 들고 나니지 않아도 되게 했다. 말하자면 오늘날의 종이 화폐와 같은 것이 당시 몽골제국 내에서 통용된 것이다. 마르코 폴로는 《동방견문록》에서 다음과 같이 묘사하고 있다.

대도(大都, 지금의 베이징)에는 칸의 조폐국이 있다. 이곳에선 뽕나무의 내피를 벗겨 아교를 넣고 풀같이 찧어 종이를 만든다. 종이는 검은색을 띠고 있는데, 화폐 단위에 따라 여러 가지 크기로 재단한다. 이 종이 화폐에는 칸의 옥쇄가 찍혀 있으며, 금이나 은과 동등한 권위가 부여된다. 칸은 모든 지불을 종이 화폐로만 한다. 종이 화폐는 그의 통치하에 있는 모든 지방과 왕국에서 통용된다. 사람들은 어디를 가든 이 종이 화폐로 모든 거래를 할 수 있다. 칸의 백성들은 그들이 원하는 것을 사고팔 때 이 종이 화폐를 사용한다. 종이 화폐가 오래 사용하여 낡았을 땐 조폐국에 가서 3퍼센트의 수수료만 내면 새것으로 교환해주었다. 황제의 군대도 이 종이 화폐로 봉급을 받는다.

이러한 일련의 새로운 경제 정책 덕분에 각 지역의 독립된 지역 경제들이 빠르게 하나의 경제체제로 통합되었고, 상인들과 물자의 왕래가 더욱 활발해졌다. 마침내 칭기즈 칸이 그토록 간절히 꿈꿔왔던 안정적인 교역 체계가 이루어졌다.

그리고 다른 나라에 대한 정보와 지식이 풍부해지면서 각국 간의 문화적 융합이 일어났다. 그 결과 중국인들은 이란의 의학과 천문학을 알게 되었고, 반대로 이란에서는 극동의 기술과 학문에 대한 관심이 고조되었다. 중국의 의학서를 비롯한 많은 책들이 서양어로 번역되었고, 몽골인과 무슬림의 의술 학교가 여러 곳에 세워졌다. 또 원나라 때 성행한 몽골 잡극(雜劇)의 영향을 받아 중국 문학과 연극에 구어체인 '백화체(白話體)'가 등장한 것도 바로 이 시기였다. 중동의 소주가 고려에 전래된 것도 마찬가지다.

그런가 하면 몽골제국 내에서는 누구나 자유롭게 여행할 수 있었다. 이전 시대에는 상상도 할 수 없는 엄청난 변화였다.

이 세상 어디에도 그와 같은 사람은 없었다

몽골초원으로 돌아온 칭기즈 칸은 그해 가을과 겨울, 카라툰의 행궁에서 쉬었다. 하지만 칭기즈 칸은 더 쉴 수가 없었다. 몽골에 항복했던 서하인들의 태도가 심상치 않았기 때문이다. 서하는 티베트의 탕구트족이 세운 나라로 지금의 간쑤성, 칭하이성 쪽에 있었다. 서하는 동서 교통로의 중간에 위치해 있어 금나라나 남송과 손을 잡고 몽골에 반기를 든다면, 몽골제국이 동서로 양분될 수 있었다. 게다가 서하의 재상이었던 아사 감부는 칭기즈 칸에 대한 모욕적인 언사마저 서슴지 않았다.

마침내 칭기즈 칸은 1226년 가을, 60대 중반의 나이에 서하 원정을 단행했다. 그는 고비 사막을 지나 곧바로 지금의 간쑤성으로 내려가 서하의 수도 중흥부가 있던 지금의 인촨(銀川)을 포위 공격했다. 그리고 카라호토(黑水城)를 공격하여 마침내 서하의 왕을 붙잡아 목을 베었다. 하지만 1227년 음력 7월 5일, 서하 멸망을 눈앞에 두고 칭기즈 칸은 사냥을 나갔다가 말에서 떨어지는 참변을 당했다. 당시의 상황을 《몽골비사》 265절은 이렇게 전하고 있다.

칭기즈 칸은 평소 아끼던 홍사마(紅紗馬)를 탔다. 야생말들이 다가오자 홍사마는 갑자기 두 발을 들고 몸을 일으키더니 칭기즈 칸을 말에서 떨어뜨렸다. 그 바람에 칭기즈 칸은 엉덩이와 발목에 큰 부상을 입었다.

칭기즈 칸은 젊어서부터 사냥을 좋아했다. 그러한 성향은 말년까지 이어져 전쟁 중에도 틈이 나면 사냥을 즐겼다. 결국 몸이 안 좋은 상태에서 무리하게 사냥을 나갔다가 낙마했다. 칭기즈 칸은 심한 고열과 기침에 시달렸다. 예수이 카톤과 측근들이 모여 퇴각을 논의했으나 칭기즈 칸은 끝까지 서하를 정벌할 것을 명했다.

칭기즈 칸은 내몽골의 류판산에서 낙마 사고를 당한 후 회복이 불가능하다는 것을 알자 영혼이라도 사아리 케에르 초원의 갈로트 행궁에서 하늘로 올라가기를 원했다. 그곳은 칭기즈 칸이 특별히 사랑하는 곳이었다. 《원사》 태조 22년조에는 칭기즈 칸이 발병한 지 일주일 뒤에 사아리 케에르의 갈로트 행궁에서 영원히 눈을 감았다고 되어 있다.

칭기즈 칸이 1227년 음력 7월 5일 류판산의 청수이현에서 발병하여 음력 7월 12일 사아리 케에르의 갈로트 행궁에서 영원히 눈을 감았으며, … 66세였다. 기련곡에 매장했다(秋七月壬午, 崩羽薩里川哈老徒之行宮…. 壽六十六, 葬起輦谷).

몽골 역사책 《황금사》에 의하면, 칭기즈 칸은 죽기 전에 이런 유언을 남겼다고 한다.

칸께서 서하(탕구트) 원정길에 이리로 지나실 때, 말씀하였다. 서하에는 내가 죽었다는 것을 알리지 말 것이며, (내가 입던) 갑옷과 궁정 천막, 그리고 한쪽 신발은 (오르도스) 초원에 묻어라.

그러므로 오늘날 내몽골의 오르도스에 있는 칭기즈 칸의 능묘 이진호러(ejinhoro, 伊金霍洛)는 칭기즈 칸의 의관총(衣冠塚)이라고 할 수 있다.

사아리 케에르 초원의
갈로트 행궁 터와 기련곡에 대해

사아리 케에르 초원에 있는 갈로트 행궁은 칭기즈 칸이 가장 사랑했던 곳이다. 그는 1227년 여름 내몽골의 류판산에서 낙마 사고를 당한 후 회복이 불가능하다는 것을 알자 이곳에서 영원한 하늘로 올라가기를 원했다. 그만큼 칭기즈 칸은 이곳을 사랑했다. 그리고 그의 뜻대로 이곳에서 마지막 영혼의 눈을 감은 것으로 알려져 있다.

사아리 케에리 초원은 '말 엉덩이'란 뜻이다. 갈로트 행궁은 제에긴 텐드게르산 밑에 있다고 되어 있다. '제에긴'은 낙타 코에 꿴 끈이란 뜻이다. 허더 아랄에서 바라보면, 사아리 케에르는 헤를렌강 서쪽 편에 있는 초원이다. 울란바토르에서 바가노르로 가는 차도가 생기기 전, 옛날 사람들은 사아리 케에르 초원을 지나 위쪽의 바가노르로 가거나 헤를렌강을 건너 허더 아랄로 갔다.

칭기즈 칸이 이곳 갈로트 행궁에 머물기 시작한 것은, 《몽골비사》에 사아리 케에르 초원이 처음 언급된 1187년 무렵이라고 할 수 있다. 테무친과 자무카의 연합이 이루어진 직후였다. 테무친은 몽골제국의 대칸이 된 후에도 여름이면 이곳에 머무르는 것을 좋아했다. 갈로트 행궁 터에서 바라보는 사아리 케에르는 초지가 남북으로 길게 펼쳐져 있었다. 그리고 길옆 습지들에는 창포 꽃들이 무더기로 피어 있었다.

초원의 남쪽에는 갈로트강의 발원지가 있는데, 그곳에는 강의 발원지답게 습지가 넓게 형성되어 있었다. 그리고 호수가 있는데, 그 주위에는 흰 소금기가 가득했다. 호수 북쪽 편에 있는 샘에서 물을 떠서 맛을 보니, 유황기와 탄산기가 있지만, 자극적이지 않고 달콤하기까지 했다. 그리고

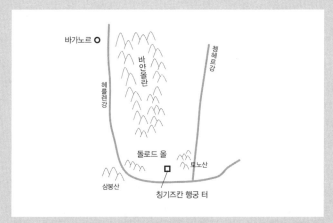

바가노르 ○

바얀올란

헤룰렌강

쳉헤르강

돌로드 올

토노산

삼봉산

칭기즈칸 행궁 터

사아리 케에르 위치

보니 칭기즈 칸의 행궁이 있는 곳마다 근처에 광천수 온천이 있었다. 허더 아랄의 행궁에 있을 때와 마찬가지로 칭기즈 칸은 갈로트 행궁에 묵는 동안 건강을 위해 종종 이 광천수 샘이 솟는 호수에 와서 몸을 씻었을 것이다.

그런데 《원사》에는 칭기즈 칸이 갈로트 행궁에서 죽은 뒤 '기련곡(起輦谷)'에 묻혔다고 되어 있다. 칭기즈 칸의 나이 66세 때다. 그렇다면 기련곡은 어디일까?

칭기즈 칸은 생전에 보르칸 칼돈산을 자신의 매장지로 택하면서 "우리와 우리 후손들의 매장지는 이곳이 될 것이다"라고 말했던 것으로 전한다. 라시드 앗딘의 《집사》에는 칭기즈 칸을 묻은 기련곡과 관련해 다음과 같은 일화가 실려 있다.

칭기즈 칸이 사냥을 나갔다가 그곳의 들판에 이르렀을 때, 매우 싱싱한 나무 한 그루가 자라고 있었다. 그 아래 멈추었는데, 그의 마음에 기쁨이 가득 차올랐다. 그는 장로들과 측근들에게 말했다. "이곳은 내가 묻힐 만한 곳이다. 이곳을 잘 기억해두어라." 이 말을 들었던 사람들이 그의 장례를 치를 때 이 일을 말하자, 왕자들과 장로들이 그의 명령에 따라 그곳을 선정했다. 전하는 바에 따르면, 그를 묻은 바로 다음 해에 그 평원에 수많은 나무와 풀들이 자라나 지금은 울창한 숲이 되어 그 안으로 들어갈 수 없으며, 장지(葬地)를 다시는 알 수 없게 되었다. 오래된 대금구 지킴이들조차 그곳으로 가는 길을 찾지 못했다.

몽골제국 당시부터 보르칸 칼돈산 일대가 일반인의 출입이 금지된 '대금구'로 묶여 있던 것도 그런 추정을 뒷받침한다. 그곳에는 칭기즈 칸뿐 아니라 몽케 칸, 코빌라이 칸, 아리크부카, 톨로이 등과 그들의 자손들이 묻힌 것으로 알려져 있다. 따라서 기련곡은 몽골 황실의 성지라고 할 수 있다.

1991년부터 1993년까지 일본 학자들이 몽골과 합동으로 보르칸 칼돈산에서 발원하는 오논강, 헤를렌강, 톨강 유역에 대한 지표를 조사한 적이 있었다. 그리고 1994년, 칭기즈 칸의 무덤을 찾았다는 대대적인 발표를 했다. 하지만 이 발표에 대한 몽골인들의 반응은 냉소적이었다. 몽골인들은 이 지표 조사의 실제 목적이 동몽골에 풍부하게 매장되어 있는 구리나 우라늄 등 광물자원에 대한 조사라는 것을 알고 있었기 때문이다. 어쨌든 그 일이 있고 나서, 해마다 여름만 되면 몽골과 세계 각국의 신문에는 칭기즈 칸의 무덤이 발굴되었다는 기사가 단골 메뉴로 등장한다. 그러나 몽골 정부에서는 칭기즈 칸의 무덤과 관련해서 일체의 발굴 조사를 허락하지 않고 있다. 그러므로 그런 기사들은 특정 발굴조사단의 업적을 과시하기 위해 의도적으로 흘린 것일 가능성이 높다.

보르칸 칼돈산에 가본 사람들은 알지만, 그 주위의 산들이 모두 이상하게 정상 부근이 평평하게 조성되어 있는 곳들이 많았다. 누군가 인공적으로 손을 대지 않고는 생기기 어려운 형태들이라고 할 수 있다. 그러고 보니 보르칸 칼돈산 동쪽 편에 있는 산들의 골짜기 이름들이 이상했다. 큰아버지 골짜기, 형 골짜기, 동생 골짜기 등등. 그러므로 칭기즈 칸과 몽골 황제들의 무덤이 보르칸 칼돈산 일대에 있는 것은 분명해 보인다. 아무리 생각해도 그만한 연고지가 없기 때문이다. 죽을 때는 누구나 자기가 가장 그리워하고 사모하던 곳으로 가고 싶어 하는 법이다. 칭기즈 칸이라고 다를 리 없다.

칭기즈 칸의 무덤과 관련된 또 다른 유명한 이야기는 평장(平葬)설이다. 매장한 뒤 봉분을 만들지 않고 땅을 평평하게 만들어 그 위치를 감추었다는 것이다. 칭기즈 칸 장례와 관련하여 섭자기(葉子奇)의 《초목자(草木子)》라는 책에는 다음과 같은 흥미로운 이야기가 실려 있다.

기련곡에 깊은 구덩이를 판 후 파낸 흙을 순서대로 쌓아두었다가 시신을 넣고 파낸 흙을 순서대로 다시 넣었다고 한다. 이렇게 하면 표면은 원래의 흙과 동일한 흙이 되기 때문이다. 이듬해 봄에 풀이 나면 묻은 장소는 더 찾을 수 없게 되었다. 그래서 무덤에 마지막 흙을 덮기 전에 어린 낙타 한 마리를 매장지 위에 순장시켰다고 한다. 그리고 제사지낼 때는 그 어린 낙타의 어미 낙타를 데려갔다. 어미 낙타는 새끼 낙타가 묻힌 곳에 이르러 슬피 울며 움직이지 않는데, 사람들은 그곳을 칭기즈 칸의 매장지로 보고 그곳에서 제사를 지냈다고 한다. 그러나 어미 낙타도 죽으면서 더 이상 어디에 묻었는지 알 수 없게 되었다.

의도적으로 평장을 썼다기보다는 그것이 몽골인들의 오랜 전통이었기 때문에 그런 방식으로 묻었을 것이다. 몽골인들은 지금도 평장을 한다.

평장의 장점은 시간이 지나면 시신을 매장한 곳을 알 수 없게 된다는 점이다. 따라서 간혹 매장지를 확인할 필요가 있을 때를 대비해 어린 낙타를 순장해 그 위치를 파악하는 풍습이 있었던 게 아닐까 생각된다. 아마도 그런 풍습이 이 같은 이야기를 낳았을 것이다.

그런데 왜 하필이면 낙타일까? 그것은 몽골인들이 낙타를 '하늘의 동물'로 신성시하기 때문이다. 몽골 속담에, 여인은 시집갈 때 흰 낙타를 타고, 남자는 장가갈 때 말을 타고 간다는 말이 있다. 하지만 죽을 때는 모두 낙타를 타고 하늘나라로 간다고 한다. 그래서 과거에 몽골인들은 전쟁터에서 죽은 시신을 수습해 올 때는 모두 낙타에 태워서 데려왔다고 한다.

뿐만 아니라 몽골 사람들은 낙타가 병이 들면 그 옆에 가서 마두금을 연주해주었다. 그러면 낙타가 눈물을 흘렸다고 한다. 얼마 전에도 TV에 그런 장면이 방송돼서 화제가 된 적이 있었다. 낙타는 몽골인들의 정서와 깊은 관계가 있다. 그러므로 어린 낙타를 매장한 것은 단순히 평장을 한 지점을 찾기 위해서만은 아닐 것이다. 어쩌면 그곳에 이르러 곡을 하는 낙타의 모습을 통해 매장된 주인공과 소통하려는 의도도 있었을 것이다.

칭기즈 칸이 죽었다는 사실을 은폐하기 위해, 시신을 운반하는 도중에 마주친 모든 생명들을 죽여 칭기즈 칸의 죽음을 은폐했다는 이야기도 있지만, 그것은 후대에 칭기즈 칸의 죽음을 둘러싸고 신비감이 더해지면서 생겨난 이야기일 것이다. 신성한 이가 마지막 가는 길에 뭇 생명을 살해한다는 것은 지극히 비상식적인 이야기이기 때문이다.

이런저런 문헌에 남아 있는 그의 말을 살펴보면, 칭기즈 칸은 무척 소박하고, 상식적이며, 진지했던 사람이었다. 그는 곧잘 "나에게는 특별한 자질이 없다"라고 말했다고 한다. 그는 엄청난 부와 권력을 모을 수 있었지만, 늘 변함없이 소박한 생활을 했다. 자신이 부족한 존재임을 알았던 것이다. 그는 1119년 5월 전진교의 교주인 장춘진인(長春眞人)에게 보낸 서한에서 이렇게 쓰고 있다.

나는 북방의 초원에서 태어나 자랐소. 바라는 게 있다면 그저 사람들이 본래의 순박한 삶으로 돌아가기를 원할 뿐이오. 나는 사치를 멀리하고 늘 절제한다오. 소 치는 목동이나 말몰이와 똑같은 옷을 입고 똑같은 음식을 먹소. 우리는 재물도 함께 나누고 제사 음식도 함께 나누오. 나는 백성들을 내 아이들처럼 생각하고, 병사들을 친형제처럼 돌본다오.

칭기즈 칸의 이런 소박한 모습은 그와 동시대의 젊은이들에게 뛰어난 인간적인 친화력을 발휘했다. 그는 이미 십 대 초에 자무카와 두 번의 안다 맹약을 맺었고, 테무친을 처음 만난 보오르초는 곧바로 평생 동지가 되었다. 또 소르칸 시라의 두 아들은 아버지의 만류에도 불구하고 테무친의 목에 채워진 나무 칼을 잘라 벗겨주고, 양털 더미 속에 숨겨주었다. 금나라 사신으로 옹 칸의 행궁을 찾았던 거란인 야율아해는 테무친과의 첫 대면에서 깊은 인상을 받아 그의 막료가 되었다. 그의 행궁에서는 아무런 격식도 필요 없었으며, 그와 측근들 간의 교류는 자유로웠다고 한다. 그는 결코 은혜를 잊지 않았으며, 재물보다는 그 마음을 중요시했다.

《원사》〈보투전〉에는 다음과 같은 이야기가 실려 있다. 그가 여동생 테물룬을 이키레스 씨족의 보투에게 시집보내려고 했을 때의 일이다. 이키레스 장로들이 혼인을 위해 찾아왔다. 그러자 테무친이 물었다.

"보투에게는 가축들이 얼마나 되는가?"

그들이 대답했다.

"서른네 마리가 있는데, 그중 절반을 예물로 가져왔습니다."

그러자 테무친이 화를 내며 말했다.

"혼인을 하면서 재물을 논하는 것은 장사꾼들이나 하는 짓이다. 옛사람들의 말에, 마음은 어려움 속에서 함께 나누는 것이라 하였다. 어찌 재물을 가지고 혼인을 말하려 하는가."

천하를 얻어도 사람들의 마음을 잡지 못하면 다 소용없는 법. 오직 사람들의 마음을 잡는 자만 세상을 잡을 수 있다는 진리를 칭기즈 칸은 알고 있었던 것이다. 그러므로 신뢰와 존중 없이 재물을 가지고 혼인을 말하는 그를 꾸짖은 것이다.

하루는 발자 칼라라는 인물이 그에게 물었다.

"사람들은 당신이 권세와 용기를 모두 소유한 사람이라고 말합니다. 승리와 정복을 나타내는 어떤 징표가 있으십니까?"

그러자 칭기즈 칸은 이렇게 대답했다.

"내가 권좌에 오르기 전 언젠가 혼자서 길을 가고 있었다. 그런데 적군 6명이 매복했다가 나를 치려고 했다. 나는 그들 가까이에 가자 칼을 뽑아들고 그들을 공격했다. 그들 또한 활을 쏘아댔는데, 화살들이 모두 빗나가 하나도 나를 맞히지 못했다. 나는 칼로 그들을 죽이고 그곳을 무사히 지나갈 수 있었다. 내가 돌아오는 길에 다시 그곳을 지나게 되었는데, 그들이 타던 여섯 마리의 말들이 주인 없이 배회하고 있었다. 나는 그 여섯 마리를 모두 끌고 돌아왔다."

두려움 없이 적과 맞선 자신을 말했던 것이다.

그는 자신이 이룬 업적에 확신을 갖고 있었던 것으로 보인다. 칭기즈 칸은 톨로이가 보낸 무슬림 지도자를 귀히 여겨 그와 자주 대화를 나누었는데, 하루는 칭기즈 칸이 이렇게 물었다고 한다.

"내가 사라진 뒤에도 세상이 내 이름을 기억하겠는가?"

그러자 무슬림 지도자는 칭기즈 칸에게 자신의 목숨을 해치지 않겠노라는 보장을 받은 다음 이렇게 말했다고 한다.

"사람이 있는 한, 명성은 남을 것입니다. 그러나 함부로 사람을 학살한다면 과연 그대의 이름을 전해줄 사람들이 있겠습니까?"

이 말에 분노한 칭기즈 칸은 들고 있던 활과 화살을 땅에 떨어뜨렸다고 한다. 그는 등을 돌리고 섰다가 잠시 후 돌아서서 무슬림 지도자를 향해 말했다.

"나는 그대가 현명한 사람이라 생각했는데, 말하는 걸 보니 내 말을 잘못 이해한 듯싶다. 그럼에도 사람들은 내 이야기를 하게 될 것이다."

칭기즈 칸은 자신이 '큰일'을 하고 있음을 의식하고 있었던 것이 분명하다. 비록 많은 도시를 파괴하고 사람을 살육하긴 했으나, 전 세계를 하나로 통일하고, 전쟁과 굶주림이 없는 세상을 만들기 위해서는 불가피하다고 생각했던 것이다. 하지만 아무리 목적이 고귀해도 그 과정에 무리가 따른다면, 그것은 고귀한 목적을 가리게 마련이다.

　그런 칭기즈 칸이지만, 그도 매사에 자신 있었던 것만은 아니었다. 그는 이런 말을 했다고 한다.

　"우리가 가고 난 뒤에 우리의 후손들은 금실로 짠 외투를 입고, 기름지고 달콤한 음식을 먹고, 잘생긴 말들을 타고 다니며, 예쁜 부인을 얻을 것이다. 그들은 그 풍요로움이 우리의 부친과 형들 덕분이라고 말하지 않을 것이다. 그리고 우리와 이 위대한 시대를 망각할 것이다."

　그는 자기 시대가 지나가면 후손들이 과연 그의 꿈과 이상을 기억하고, 사람들을 신뢰하고 존중하며 소통하는 것을 이어갈 수 있을지 걱정했다. 그가 대법령을 선포한 것도, 그리고 자신이 죽은 뒤 법령들을 바꾸지 말라는 유훈을 내린 것도 다 그 때문이라고 할 수 있다.

　칭기즈 칸은 주변 문명국들의 '오만함과 지나친 사치' 때문에 그들 문명을 벌했다는 말도 했다고 한다. 그 말은 주변 왕족들과 귀족들이 백성은 제대로 돌보지 않고 사치와 향락에만 빠져 있었다는 말로 들린다. 실제로 칭기즈 칸은 그런 생각을 가지고 있었던 것으로 보인다. 백성을 사랑하고 그들과 똑같은 생활을 했던 칭기즈 칸의 눈으로 볼 때, 주변국가의 왕들과 귀족들은 백성은 돌보지 않고 수탈만 일삼는 지배층으로 보였을 테니 말이다.

　칭기즈 칸은 이런 말도 했다.

　마음을 잡는 자, 세상을 잡는다.

말 그대로다. 사람들은 자기 마음을 알아주는 사람을 위해 나서기 때문이다. 물질은 일시적인 것이다. 결국은 마음을 잡는 자가 세상을 얻게 마련이다. 칭기즈 칸은 그 점을 알고 있었던 것이리라.

한번은 이런 일이 있었다. 칭기즈 칸이 어느 날 아침에 일어나니 머리에 새치가 나왔다. 그것을 보고 옆에 있던 자가 말했다. "칸이여. 아직 젊고 건강하신데 흰 머리카락이 났으니 이 무슨 일입니까?" 하며 호들갑을 떨자 칭기즈 칸이 자못 엄숙한 투로 말했다. "하늘이 나를 천호장과 만호장의 우두머리로 삼지 않았는가. 그래서 윗사람의 표시로 흰 머리카락을 내 머리에 얹어주신 것이다."

칭기즈 칸다운 농담이 아닐 수 없다. 그가 뛰어난 군주였고, 도량이 넓었으며, 사람들을 감화시키는 인간적인 매력을 갖고 있었다는 점에 대해서는 어느 누구도 부정하지 않는다. 마르코 폴로는 《동방견문록》에서 칭기즈 칸에 대해 이렇게 쓰고 있다.

그는 대단한 강인함과 통찰력과 용맹을 지녔다. 그가 군주로 선출되었을 때, 그는 얼마나 뛰어난 절제와 정의로 다스렸던가. 그에 대한 사랑과 존경은 한 사람의 군주가 아니라 거의 신과 같았다.

《집사》를 쓴 라시드 앗딘 역시 칭기즈 칸이 넓은 도량으로 사람들의 마음을 휘어잡았다고 쓰고 있다. 또 14세기 영국의 작가 초서는 《캔터베리 이야기》에서 칭기즈 칸을 이렇게 평하고 있다.

이 고귀한 왕은 당대에 큰 명성을 떨쳤으니,

세계 어디에도 그와 같이 모든 점에서 뛰어난 왕은 없었다.

그는 강인하고 지혜로웠으며 정이 많고 정의로웠다.

그는 약속은 반드시 지켰으며 자비롭고 용맹스러웠다.

그는 공정한 사람이었으며,

왕의 직위를 현명하게 잘 수행했다.

이 세상 어디에도 그와 같은 사람은 없었다.

그랬다. 그는 신이 아니다. 그 역시 많은 약점과 결점을 가진 사람이다. 또 정복 과정에서 숱한 살육을 자행하기도 했다. 그럼에도 그가 일관되게 보여준 신뢰와 존중과 소통에 대한 의지는 많은 사람들에게 신에 버금가는 사랑과 존경을 받았다.

자나바자르를 만나다

울란바토르에는 자나바자르 박물관이 있다. 자나바자르(1635~1723)는 몽골의 종교 지도자이면서도 뛰어난 예술적 감성으로 많은 불상과 탱화를 남긴 인물이다. 그래서 종교 지도자보다는 예술가로 더 많이 알려져 있다.

유럽에서는 그가 만든 불상들을 극찬하여 그를 몽골의 미켈란젤로라고 불렀다. 유럽인들은 그의 불상들이 황금분할의 원칙에 따라 제작된 데 놀라움을 금치 못하고, 일찍부터 그의 불상 수집에 열을 올렸다. 그런

연유로 현재 그의 최고 걸작품들은 몽골보다 유럽의 박물관이나 미술관에 많이 전시되어 있다.

자나바자르는 몽골이 라마교로 개종한 후 몽골 라마교의 제1대 복드 칸(제정일치의 최고위직)에 오른 인물이다. 따라서 복드칸은 티베트의 달라이라마에 해당하는 인물로, 종교와 정치를 총괄하는 최고의 신정 책임자였다. 그가 복드칸이 된 것은 불과 네 살 때였다. 티베트에서 달라이라마가 환생하여 어린 나이에 다시 달라이라마로 오듯, 그 역시 환생한 인물로 알려지면서 일찌감치 몽골 라마교의 수장이 되었다.

몽골이 중국 지배를 포기하고 만주로 돌아간 지 200년쯤 지났을 때, 칭기즈 칸의 후손 중에 알탄 칸이란 뛰어난 인물이 태어났다. 그는 내몽골의 수도 후허하오터(呼和浩特)를 건설한 인물로, 그 지역을 중심으로 크게 세력을 떨쳤다. 그는 1542년 칸에 올라 1582년까지 재위했는데, 1550년에는 수도 베이징 근처까지 밀고 들어가 명나라를 위협했다. 그는 1571년에 한 떠돌이 라마승으로부터 당시 티베트의 유명한 라마승이었던 소남 갸초에 대해 들었다. 그는 즉시 소남 갸초를 초청해 법문을 듣고 싶어 했지만, 소남 갸초는 아직 때가 안됐다며 만남을 후일로 미루었다.

7년 뒤인 1578년, 마침내 중국 칭하이성에 있는 칭하이 호숫가에서 10만여 명의 군중이 지켜보는 가운데 알탄 칸과 티베트 라마교의 지도자인 소남 갸초의 역사적인 만남이 이루어졌다. 이 회담에서 알탄 칸은 소남 갸초에게 '달라이라마'란 이름을 주었다. 이때부터 티베트 라마교의 최고 지도자를 '달라이라마'라고 부르는 전통이 생겼다. '달라이'란 몽골말로 바다란 뜻이다. 그러므로 달라이라마는 '바다와 같은 지혜를 가진 라마'란 뜻이다.

알탄 칸은 이 회담에서 몽골인들이 티베트의 라마교를 개종할 것을 결정했다. 그리고 이를 규정하는 법률을 공포했다.

알탄 칸이 몽골의 종교 개혁을 시도한 이유는 소남 갸초란 뛰어난 라마승에 감화된 면도 있지만, 몽골이 중국 지배에 실패하고 혼란 속으로 빠져들면서 대다수 몽골인들이 말할 수 없는 고통을 겪고 있었기 때문이다. 이를 늘 안타깝게 생각하던 알탄 칸이 라마교를 통해 그런 현실을 극복하고자 종교 개혁을 시도한 것이다. 종교 개혁은 많은 몽골인들의 호응을 받았고, 몽골 각지에 라마교 사원이 들어서기 시작했다. 또 수많은 젊은이들이 삭발을 하고 라마승이 되었다.

당시 자나바자르의 할아버지 아브타이는 몽골의 시부 지역을 지배하던 칸이었다. 당시 몽골은 세 한국으로 나뉘어 있었는데, 그중 서쪽에 있던 한국이 구세트한국이었고, 아브타이는 구세트한국의 칸이었다. 그는 1580년, 당시 후허하오터에 머물고 있던 달라이라마 소남 갸초를 만난 뒤 라마교로 개종했다. 그리고 돌아와서 달라이라마의 가르침대로 명나라의 침입을 받아 파괴된 카라코룸의 에르데니 조 사원을 다시 건설했다.

자나바자르는 아브타이 칸의 증손자로, 아브타이 칸이 죽은 지 48년 뒤인 1635년 에르데니 조 사원에서 태어났다. 세 살 때 라마승으로부터 '지혜의 천둥'이란 뜻의 이름을 받는데, 그것이 바로 '자나바자르'다. 몽골의 칸들은 그가 몽골 역사에서 아주 특별한 역할을 할 것임을 깨닫고, 네 살이 되던 이듬해 1639년, 그를 몽골 라마교의 수장인 복드칸으로 모시고, 그를 위해 사원을 건설했다.

자나바자르는 열네 살 되던 1649년에 티베트로 가서 판첸라마로부터 계를 받았다. 그리고 달라이라마로부터 '젭트순담바'란 칭호를 받았는데, '성인(聖人)'이란 뜻이다. 그는 1651년 티베트 라마교 각 종파의 대가들과 천문, 지리, 의학, 언어 학자들 그리고 예술가들로 이루어진 600여 명의 승려들을 이끌고 몽골로 돌아왔다. 그리고 티베트 라싸의 간단사원을 모델로 삼아 같은 이름의 사찰을 울란바토르에 지었다. 그리고 에르데니

조 사원에서 이곳 울란바토르로 행궁을 옮겼다.

자나바자르는 백성들을 변화시키기 위해서는 신앙 이상의 것이 필요함을 깨달았다. 그는 몽골어로 라마교 경전을 펴내고 새로운 사원들을 건설하는 한편, 문학과 예술에 관한 많은 책을 썼다. 특히 그의 예술적 재능은 불교미술에서 절정을 이루어 1680년대에 수많은 불상들과 탱화들을 직접 제작했는데, 오늘날 남아 있는 불상들과 탱화들이 바로 그때의 작품들이다. 그는 칭기즈 칸의 행적을 좇아 보르칸 칼돈산에 오르는가 하면, 오논강 상류의 오논온천에 가서 머물기도 했다.

그리고 일찍이 칭기즈 칸이 그랬던 것처럼, 몽골인들이 과거의 순박했던 마음을 되찾도록 가르치고 인도했다. 또한 그는 칭기즈 칸의 흑마(黑馬) 영기(令旗)를 보호하려는 목적으로 절을 짓기도 했다. 초원의 전사들은 그들이 머무는 영(營)을 세울 때마다 영원한 안내자인 영기를 입구 밖에 세워놓았다. 말총에 부는 바람은 전사들의 꿈의 영감이 되었다.

그렇다면 자나바자르는 어떤 인물일까?

박물관 2층으로 올라가 안쪽 방으로 들어가면 크고 작은 불상들이 가득 진열되어 있고, 그 하나하나에 자나바자르의 작품임이 적혀 있다. 뜻밖에도 그의 불상들은 대단히 현대적인 미적 감각을 갖고 있었고, 밀교 분위기가 느껴지는 불상들의 얼굴에는 하나같이 깊은 명상에 잠긴 듯 침묵이 감돌았다.

태어나면서부터 상서로운 꿈과 길상(吉祥)을 갖고 왔고, 네 살의 어린 나이에 몽골 라마교의 중심인물로 떠오른 자나바자르. 그런 특별한 이력이 아니더라도 불상들은 미묘하고도 깊은 물음을 던져주고 있었다.

다른 방에는 자나바자르가 제작한 탱화들이 수십 점 걸려 있는데, 하나같이 아름답고 세련된 걸작품들이었다. 탱화는 어느 절에서나 쉽게 볼 수 있는 그림이지만 그 품격이 달랐다. 그렇게 2층 전시실들을 한 바퀴 돌아 나오면 오른편 구석에 유독 불상 하나가 눈에 띄었다.

바로 자나바자르 불상이었다!

19세기에 그를 추모하는 이들이 제작한 불상이라고 되어 있는데, 그 분위기가 너무 특별해서 시선을 뗄 수가 없었다. 생전의 모습을 그대로 묘사한 듯 화려한 비단 가사를 걸치고, 오른손을 들고 있는 모습에서 그의 인품이 그대로 느껴졌다.

그 불상을 보고 있으니, 자나바자르 얼굴에 칭기즈 칸의 얼굴이 포개졌다. 만일 칭기즈 칸이 평화로울 때 태어났다면, 자나바자르처럼 영적인 수행을 하며 살았을지도 모르겠다는 생각이 들었다. 비록 난세의 영웅으로 태어났지만, 그는 누구보다 사람이 사는 도리를 알았다. 또 자신을 낮출 줄 알았다. 그래서 전쟁터에선 병사들과 똑같은 식사를 하고, 똑같이 거친 모포를 덮고 이슬과 서리를 맞으며 잤다. 또 떠돌이 하층 유목민들의 꿈과 이상을 기꺼이 자기 것으로 받아들였다. 그리고 대법령과 〈성훈〉을 통해 모래알 같던 몽골 사람들을 단단한 바위처럼 뭉치게 만들었다.

하지만 난세를 평정하는 일은 하늘이 그에게 준 운명일 뿐. 그의 마음은 늘 내면의 깊은 곳으로 향하고 있지 않았을까? 그가 평생 사람들에 대한 신뢰와 존중을 잃지 않는 것은 바로 그 때문이라고 할 수 있었다.

어느 면에서 칭기즈 칸은 기도하는 사람이었다고 할 수 있다. 메르키트부의 급습을 받고 보르칸 칼돈산으로 도망쳤다가 기적적으로 살아났을 때 약속했던 대로, 그는 매일 보르칸 칼돈산을 향해 기도했다. 또 전투를 하기 전에는 늘 산에 올라가 기도했다. 그런 점에서 그는 우리가 생각하는 것보다 훨씬 더 영적인 소양을 갖고 있었던 사람이었던 것이다.

이런 사실은 특히 그의 종교에 대한 태도에서 잘 드러난다. 그는 대법령에서 종교에 대해 다음과 같이 규정하고 있다.

모든 종교를 차별 없이 존중해야 한다. 종교란 신의 뜻을 받든다는 점에서 모두 같다.

모든 종교의 종파에 대해 좋거나 싫은 정을 나타내거나 과대 포장하지 말고 나에 대한 경칭도 사용하지 마라.

신을 받드는 성전의 조세를 면제하고, 성전과 그 일에 봉사하는 성직자들을 우러러보라.

한마디로 종교적인 사람이라고 해도 좋을 만큼 그는 종교에 대한 이해가 깊었다. 그랬기에 모든 민족에게 종교적 자유를 허용하고, 모든 종교에 대해 개방정책을 폈다. 사람들은 지역에 따라 문화와 습속이 다르지만, 그 마음은 하나라고 생각했던 것이다. 때로는 그의 일관된 생각을 보여주기 위해 무리한 살육도 서슴지 않았던 그였지만, 칭기즈 칸을 공부하면 할수록, 그의 다정하고 솔직하고 따뜻한 태도가 아주 특별하게 다가왔다.

그와 장춘진인의 만남 역시 그랬다. 만년에 그의 관심사가 무엇이었는지를 알게 해주기 때문이다. 장춘진인. 그의 본명은 구처기(丘處機)로, 산둥(山東)성 사람이다. 1148년에 태어나 열아홉 살 때 출가했으며, 1217년에 전진교의 5대 교주가 되었다. 구처기는 학 같은 흰머리에 얼굴이 어린 아이처럼 해맑았으며, 푸른 눈에 눈동자가 네모져 있었다고 한다. 그래서인지 사람들은 그가 장생불로술에 정통하다고 믿었다.

칭기즈 칸은 호라즘을 원정하던 중 유중록(劉仲祿)으로부터 장춘진인에 대한 이야기를 들었다. 그는 나이가 삼백 살도 더 되었고, 말 그대로 '인생의 긴 봄'을 누리고 있는 사람이라고 했다. 이미 젊음을 잃은 테무친은 오랜 원정으로 심신이 지쳐 있었다. 그는 무엇보다 자신의 일을 다 끝내지 못하고 죽는 것이 두려웠다.

마침내 그는 유중록을 사신으로 보내 자신이 있는 곳으로 와줄 것을 요청했다. 하지만 장춘진인은 먼 길 떠나기를 주저했다. 현실 정치와 거리를 두어온 데다 칭기즈 칸이 있는 서역까지 가려면 1년은 족히 걸릴 텐데 칠순이 넘은 나이로는 무리였다. 그러자 칭기즈 칸은 그의 마음을 이해하고 자신이 직접 구술한 내용을 받아 적게 한 뒤 파발을 띄워 보냈다. 다음은 그 초청장이다.

송나라와 금나라 조정의 초청을 받고도 가지 않았다는 말을 들었소. 단기 필마로 사신을 보내니 부디 좋게 보시고 마음을 내기 바라오. 짐에게 하늘의 가르침을 말해준다면 내 기꺼이 따를 것이오. 오시겠다는 글이 내게 도착한다면, 그보다 더한 기쁨과 위로가 어디 있겠소. 군사와 국가의 일은 짐의 생전에 이룰 수 있는 일이 아니지만 도덕의 마음은 정성을 다하면 가히 이룰 수 있지 않을까 하오. 달마대사가 동쪽으로 간 것이 법을 전하려는 마음이었듯이, 이제 선생이 서쪽으로 오시면, 혹여 오랑캐를 가르쳐 도를 이루지 않겠소?

초청장에는 칭기즈 칸의 솔직한 마음이 그대로 표현되어 있었다. 그는 몽골의 기치 아래 하나로 통합된 세상을 꿈꾸었다. 그리고 자신의 꿈과 이상이 온전히 실현된 세상을 보기를 원했다. 그러나 그것은 자신의 대에선 이룰 수 없는 꿈이지만, '사람이 사는 바른 도리(道德之心)'는 정성을 다하면 그래도 어느 정도 이룰 수 있지 않겠느냐고 말하고 있었다. 이 한마디에 마음이 움직인 장춘진인은 1221년 음력 2월, 일흔둘의 노구에도 불구하고, 열여덟 명의 제자를 데리고 서역으로 떠났다.

칭기즈 칸의 막냇동생 테무게 옷치긴의 초대를 받은 적이 있는 그는 바이칼로 올라가 음력 4월 1일 테무게 옷치긴을 만난 다음, 알타이산을 넘어 10월 초 탈라스강을 건넜다. 그때 사신으로부터 칭기즈 칸이 사마르칸트에 있지 않고, 술탄 무함마드의 아들 잘랄 웃딘을 쫓아 인도에 가있다는 소식을 들었다. 음력 11월 중순 사마르칸트에 도착한 장춘진인은 그곳에서 칭기즈 칸이 돌아오기를 기다렸다. 그러나 이듬해 3월 칭기즈 칸으로부터 힌두쿠시산맥 남쪽의 카불로 와달라는 전갈을 받고 길을 떠나 아무다리야강을 건너 마침내 칭기즈 칸의 행궁에 당도하니 1222년 음력 4월 5일이었다. 장장 1년이 넘게 걸린 여정이었다.

칭기즈 칸이 만난 장춘진인은 삼백 살의 도인이 아니라 일흔 살이 넘은 백발의 노인이었다. 그러나 칭기즈 칸은 무척 기뻐했다.

"만 리가 넘는 먼 길을 이렇게 와주시니 몹시 기쁘오."

그러자 장춘진인이 말했다.

"저는 그저 칸의 명을 받들 뿐입니다. 제가 이곳에 온 것은 하늘의 뜻입니다."

그 말에 칭기즈 칸은 더욱더 기뻐하며 장춘진인에게 자리를 내주고 음식을 대접한 다음 물었다.

"나를 위해 가져온 장생불사약이 무엇이오?"

도가 높기로 알려진 터라 시험 삼아 물어본 것이다.

장춘진인의 대답은 단호했다.

"위생(衛生)의 방도는 있으나, 장생불사약과 같은 것은 없습니다."

칭기즈 칸은 그의 솔직한 대답에 무척 흡족해했다. 사실 장생불사약은 없다는 것을 그는 누구보다 잘 알고 있었다. 장춘진인이 말하는 위생의 방도란 하늘이 준 생명을 건강하게 지키는 방도를 말한다.

칭기즈 칸은 즉시 행궁 동쪽에 게르 두 개를 설치하게 하고 그곳에 장춘진인 일행이 머물도록 했다. 칭기즈 칸이 그의 제자에게 장춘진인의 호가 뭐냐고 묻자, 제자가 말하기를 사람들이 그를 존경하여 '사부(師父)'

라 하기도 하고, '진인(眞人)'이라고도 하고, '신선(神仙)'이라 한다고도 하자, 칭기즈 칸은 앞으로는 신선이라 부르라고 명했다.

장춘진인은 칭기즈 칸 옆에서 1년 가까이 머물며 칭기즈 칸이 부를 때마다 달려가 많은 이야기를 나누었다. 칭기즈 칸은 장춘진인을 몹시 좋아하여 '하늘이 보내준 사람'으로 여겼다고 한다.

1223년 음력 2월, 장춘진인이 집 떠난 지 3년이 되었다며 돌아가고 싶다고 하자, 칭기즈 칸은 놀라며 이미 동쪽으로 회군하고 있는데 같이 돌아가면 어떻겠느냐고 말했다. 장춘진인이 재차 돌아갈 것을 청하자 칭기즈 칸은 아쉬움을 감추지 못하며 무엇을 주면 좋겠느냐고 물었다. 하지만 장춘진인이 아무것도 필요하지 않다고 말하자 5000명의 군사를 붙여 편안히 돌아갈 수 있도록 배려해주었다. 덕분에 장춘진인 일행은 올 때 1년이 걸렸던 길을 4개월 만에 돌아갈 수 있었다.

장춘진인이 돌아간 뒤 칭기즈 칸은 네 차례나 글을 보내 장춘진인의 안부를 물었다. 그리고 베이징에 있는 금나라의 궁전에 머물며 전진교를 포교할 수 있도록 배려하는 한편, 전진교도들에게 세금을 면해주게 했다. 칭기즈 칸이 1223년 음력 11월 15일에 마지막으로 보낸 글에는 다음과 같은 내용이 들어 있다.

구 신선이여, 그대가 이곳에서 떠날 때는 봄이지만, 곧 여름이 되어 길은 뜨겁고 어려움이 많았을 텐데, 혹 거친 길을 말은 타고 가시었소? 길에서 음식은 적지 않았소? 선덕주(宣德州) 등지에 도착했을 때 관원들이 거칠게 대하지는 않았소? 백성들은 많이 얻었소? 나는 이곳에서 늘 신선 그대를 생각하고 있소. 한시도 그대를 잊은 적이 없소. 그대도 나를 생각하오?

구절구절 장춘진인을 생각하는 마음이 묻어난다. "나는 이곳에서 늘 신선 그대를 생각하고 있소. 한시도 그대를 잊은 적이 없소. 그대도 나를 생각하오?"란 마지막 구절에선 그가 얼마나 장춘진인을 좋아했는지 알 수 있다.

어쩌면 장춘진인처럼 수행하며, 살벌한 전쟁터의 전사가 아닌 '영적 전사(spiritual warrior)'로 살아가고 싶었던 것이 칭기즈 칸의 마음 아니었을까?

흥미롭게도 칭기즈 칸이 죽은 1227년에 장춘진인 역시 죽었다. 우연일까, 운명일까.

제국은 깨지고

칭기즈 칸이 죽고 2년 뒤인 1229년, 허더 아랄에서 열린 쿠릴타이에서 오고타이가 대칸에 올랐다. 오고타이는 대칸이 되자 허더 아랄의 행궁을 서쪽에 있는 자신의 영지로 옮기니, 바로 카라코룸이다. 그는 카라코룸에 성을 쌓고, 그곳에 몽골제국 각지를 다스리는 행정관들을 머물게 했다. 그리고 카라코룸에 세계 각지에서 들어오는 공물들을 쌓아둘 창고를 짓게 했다. 이렇게 해서 생긴 카라코룸은 이후 몽골제국의 수도가 되었다.

그런데 오고타이가 금나라를 원정하는 도중 막냇동생 톨로이가 죽는 사고가 발생했다. 오고타이는 톨로이의 부인 소르칵타니를 위로하고 자신의 아들 귀위크와 결혼할 것을 권했다. 몽골에는 흥노 때부터 남자가 죽으면 다른 형제나 그 자식이 부인을 거두는 전통이 있었다. 예수게이가 죽었을 때, 키야트족 사람들과 그의 예속민들이 허엘룬 가족을 버린 일이 있었다. 그때 허엘룬은 아이들을 데리고 보르칸 칼돈산 옆의 큰 고개를 넘어 오논강 최상류인 키모르카 냇가로 들어갔었다. 초원에서 남자 없이 살아간다는 것은 그만큼 힘들다. 그래서 아버지가 돌아가시면 자식들이 친어머니를 제외한 다른 부인들을 아내로 받아들이는 전통이 생겨났다. 또 형이 죽으면 그 부인을 동생이 거둔다. 현대인들의 눈으로 보면, 야만적이라 생각할지 모르지만, 그들의 입장에서 생각해보면 가족을 챙기는 지극한 문화라고 할 수 있다. 그러므로 오고타이가 소르칵타니에게 자기 아들과 재혼할 것을 권유한 것은 극히 자연스러운 행위라고 할 수 있다.

하지만 오고타이가 소르칵타니에게 귀위크와 결혼하라고 권한 데는 나름대로 정치적 계산이 있었다. 소르칵타니가 귀위크와 결혼하면 톨로이 가문의 영지는 자연스럽게 아들 귀위크의 소유가 되었다. 게다가 자기 사후에 대칸 경쟁에 뛰어들 수 있는 소르칵타니의 아들들을 일찌감치 경쟁에서 배제시킬 수 있었다.

오고타이가 점잖게 권유했지만 하늘과 같은 대칸의 말이니 사실상 명령이나 다름없었다. 하지만 귀위크와 결혼하면 네 아들의 미래가 없어질 것을 걱정한 소르칵타니는 고심 끝에 남은 생을 아비 없는 네 아들을 보살피는 데 쏟겠다며 귀위크와의 혼인을 정중히 거절했다.

톨로이의 네 아들은 첫째가 몽케, 둘째가 코빌라이, 셋째가 훌라구, 넷째가 아리크부카다. 큰아들 몽케는 오고타이의 아들 귀위크에 이어 몽골제국의 네 번째 대칸에 오른 인물이고, 둘째아들 코빌라이는 몽케에 이어 다섯 번째 대칸이 되어 원나라를 세웠으며, 셋째아들 훌라구는 중동 지방을 정벌하여 일한국을 세웠다.

따라서 칭기즈 칸의 유업을 실질적으로 계승하여 몽골제국을 세운 집안은 막내 톨로이 가문이라고 할 수 있다. 만일 그때 소르칵타니가 오고타이의 권위에 밀려 귀위크와 결혼했다면 톨로이 가문이 없어졌을 테니 몽케나 코빌라이 또한 대칸이 되기는 어려웠을 것이다.

역사가들은 그녀가 대단히 총명하고 강인한 여성이었다고 전한다. 아마도 그런 소르칵타니였기에 톨로이 가문을 지켜냈을 것이다. 소르칵타니는 케레이트부의 자카 감보의 딸이다. 케레이트부를 멸한 후 테무친은 동조 세력이었던 자카 감보의 세 딸을 귀히 여겼고, 그중 큰딸 이바카 베키는 자신이 취했다가 카라 칼지트 전투에서 공을 세운 주르체데이에게 주었다. 그리고 둘째 딸 벡투트미쉬 푸진은 큰아들 조치와 결혼시키고, 셋째딸 소르칵타니는 넷째아들 톨로이와 결혼시켰다. 몽골 하면 허엘룬이나 버르테의 약탈에서 보듯이 약탈혼을 떠올리기 쉽지만, 남자들이 전쟁터에 나갔을 때 뒤에서 그 전쟁을 지원하고, 후방에서 아이들을 가르치고, 훈육하여 훌륭한 전사로 길러낸 것은 바로 몽골 여인들이었다. 특히 대칸의 여인들은 제국의 행정은 물론 보급, 교육, 제사 등 제국의 안살림을 담당했다. 그만큼 여성의 지위가 높고, 여성이 사회적으로 중요한 일들을 했다.

오고타이는 칭기즈 칸의 유업을 완수하기 위해 1235년 쿠릴타이를 열어 새로운 정복 계획을 논의했다. 일찍이 캅카스산맥을 넘어 키예프를 공격한 적이 있는 수부타이는 유럽 정복을 주장했다. 하지만 오고타이는 남송 정복을 원했다. 두 견해가 하나로 모이지 않자 쿠릴타이는 몽골군을 둘로 나눠 남송 정벌과 유럽 원정을 동시에 수행하기로 했다. 몽골군은 2년에 걸친 준비 끝에, 1237년부터 1241년까지 5년 동안 유럽에서 정복 전쟁을 벌였다. 이 전쟁은 조치의 아들 바투와 오고타이의 둘째 아들 귀위크, 그리고 톨로이의 큰아들 몽케가 중심이 되어 수행했다.

정복 전쟁이라곤 하지만, 늘 그렇듯 사절단을 먼저 보내 몽골제국의 봉신이 될 것을 요구했다. 하지만 대부분 몽골의 요구를 거부했다. 그러자 몽골군은 1240년에 오늘날 우크라이나에 있던 키예프를 무너뜨리고, 다시 헝가리, 독일, 폴란드를 차례로 정복했다. 그런데 1241년 12월 11일 몽골의 카라코룸에서 오고타이 대칸이 죽었다는 급보가 날아왔다.

오고타이 칸은 술을 좋아했는데, 죽을 때도 취한 상태였다고 한다. 그런데 비슷한 시기에 둘째아들 차가타이 또한 사망했다. 큰아들 조치는 호라즘 원정기간 중 러시아에서 사망했다. 칭기즈 칸의 네 아들이 모두 죽자 손자들 사이에서 대칸 자리를 놓고 경쟁이 벌어졌다. 그러자 오고타이 뒤에서 실질적으로 몽골을 통치하고 있던 황후 투레게네가 귀위크를 대칸으로 만들기 위해 치밀한 정지 작업을 한 끝에 1246년에서 가까스로 그를 세 번째 대칸으로 올려놓는 데 성공했다. 아마도 귀위크의 능력이 다른 사촌들보다 떨어졌던 모양이다. 하지만 대칸에 오른 귀위크는 어머니 투레게네의 섭정에서 벗어나기 위해 그녀가 행정 책임자로 임명했던 파티마란 여인을 고문하여 처형했다. 그러면서 다른 사촌들의 영지에도 손을 뻗기 시작했다.

다행히 귀위크는 대칸에 오른 지 2년 만에 죽었다. 아마도 사고사였을 것이다. 그가 대칸에 오래 있었다면, 소르칵타니와 그의 아들들은 몹시 어려운 처지에 놓였을 가능성이 높다. 귀위크가 죽고, 귀위크의 부인이 그녀의 아들을 대칸에 추대하려는 움직임을 보이자, 소르칵타니는 바투 가문과 연합해서 1251년 허더 아랄에서 쿠릴타이를 개최하고, 큰아들 몽케를 네 번째 대칸에 올려놓는 데 성공했다. 마침내 톨로이 가문의 시대가 열린 것이다.

이후 몽골의 황제들은 모두 톨로이 가문에서 나왔다. 몽골제국은 몽케가 칸이 되면서 다시 제자리를 찾아갔다. 몽케 칸은 수학적인 머리가 대단히 뛰어난 천재로 알려졌다. 그는 몽골제국의 화폐 제도를 표준화하고 부실해진 재정을 튼튼하게 했다. 그런데 남송 원정을 위해 쓰촨성(四川省)에 가 있던 1259년 여름, 병에 걸려 갑자기 사망했다. 대칸에 오른 지 8년 만의 일이었다.

그러자 다음 대칸 자리는 톨로이의 막내아들인 아리크부카에게 돌아가는 듯했다. 그는 막내였으므로 몽골의 전통에 따라 가문을 이을 자격이 있었다. 뿐만 아니라 몽케 칸이 남송 원정을 떠나면서 그에게 몽골제국의 통치를 위임했다. 더욱이 몽케 칸의 장례 의식을 주관하고, 다음 대칸을 선출할 때까지 제국을 다스리고, 감독할 권한까지 가지고 있었으니 누가 봐도 다음 대칸은 아리크부카의 몫이라고 할 수 있었다.

문제는 야심이 큰 둘째아들 코빌라이였다. 그는 대칸이 되어 몽골을 세계 제국으로 키우려는 야심을 갖고 있었다. 당시 그는 송나라를 공격하던 몽골의 좌익군을 장악하고 있었다. 그에 반해 우익군은 몽케 칸 사후 일부는 몽골로 귀환했지만, 여전히 많은 수가 사천 등지에 흩어져 있었다. 하지만 대칸이 되려면 쿠릴타이를 개최해야 하는데, 다음 대칸을 뽑는 쿠릴타이를 개최할 권한은 아리크부카에게 있었다. 그러나 막냇동생 아리크부카가 개최하는 쿠릴타이에서 코빌라이가 대칸이 될 가능성은 희박했다.

따라서 그가 대칸이 될 수 있는 유일한 방법은 독자적으로 쿠릴타이를 개최하여 대칸이 된 다음 아리크부카를 치는 것뿐이었다. 하지만 그에게는 쿠릴타이를 개최할 명분이 없었다. 코빌라이로서는 이러지도 저러지도 못하는 처지였다. 바로 그때 고려가 쿠릴타이를 개최할 수 있는 결정적인 명분을 제공했다. 사정은 이렇다.

몽케 칸이 죽은 뒤에도 코빌라이는 회군하지 않고 남송의 수도였던 지금의 우창(武昌)을 공격하는 일에 집중했다. 하지만 후계 구도를 둘러싼 상황이 그에게 점점 불리해지자, 공격을 중지하고 자신의 지휘 본부가 있는 지금의 카이펑(汴京)으로 올라왔다. 그것이 1259년 겨울이었다.

당시 고려 조정에서는 몽골에 강경한 입장을 취하던 최씨 무신 정권이 무너졌다. 그러자 왕실을 중심으로 몽골과 강화할 것을 주장하는 강화파가 부상했다. 당시 고려의 왕이었던 고종은 마침내 투항할 것을 결정하고, 태자 전(倎)을 보냈다. 그것이 1259년 5월이다. 태자 전 일행은 몽케 칸을 만나러 가는 도중 류판산 근처에서 몽케 칸의 부음을 들었다. 그들은 그곳에 머물며 몽골의 다음 대칸의 향배가 어떻게 돌아갈지 상황을 지켜보다 남송 공격을 중지하고 카이펑으로 올라가던 코빌라이와 1259년 12월에 변량(汴梁)이라는 곳에서 조우했다.

그런데 당시 고려 태자 전 일행은 코빌라이를 만났지만 고종의 친서를 전달하지 않았다. 만일 태자 전 일행이 코빌라이를 택했다면 곧바로 고종의 친서를 전달했을 것이다. 그러지 않은 것으로 미루어 귀국 길에 코빌라이 진영을 한번 둘러보고 가려 했던 것으로 추정된다.

코빌라이 측으로서는 이런 호재가 없었다. 당시 섬나라인 일본을 제외하고, 아시아에서 몽골에 복속하지 않은 나라는 남송과 고려뿐이었다. 그런데 고려 태자 전이 코빌라이를 찾아온 것이다. 그는 태자 전 일행이 코빌라이 진영의 동태를 살펴보기 위해 잠시 들른 것을 고려가 자기에게 복속하러 온 것이라고 해석했다. 코빌라이는 이 사건을 정치적으로 이용해 30년 전쟁을 통해서도 복속시키지 못했던 고려가 제 발로 코빌라이를 찾아왔다며 대대적으로 선전하기 시작했다. 그리고 이는 하늘의 뜻이 코빌라이에게 있는 것이라고 말한 뒤 독자적으로 쿠릴타이를 개최했다.

1260년 5월 자신이 개최한 쿠릴타이에서 대칸으로 추대된 코빌라이는 즉각 아리크부카를 치기 위한 원정에 나섰다. 1264년, 마침내 아리크부카를 누르고 몽골제국의 대칸이 되었다. 과정이야 어찌 되었든, 코빌라이가 몽골의 대칸이 되는 데 고려가 결정적인 역할을 한 셈이었다. 고려는 이 일로 코빌라이의 신임을 얻어 몽골제국 내에서 특별한 지위를 얻었다.

코빌라이 황제와 충렬왕이나 고려 왕들의 관계를 보면 일관되게 같은 혈족으로 대접했다는 것이 느껴진다. 몽골은 고려 외에는 그 어떤 나라에도 그런 대접을 한 적이 없었다.

코빌라이는 대칸이 되자 금나라의 수도였던 연경, 지금의 베이징에 원나라의 수도 대도(大都)를 건설했다. 그리고 남송을 정벌하여 중국을 완전히 지배하는 위업을 세웠다. 하지만 그가 집권한 이후 몽골제국은 몇 개로 쪼개졌다.

우선, 칭기즈 칸의 차남인 차가타이가 물려받은 중국의 신장 지방과 중앙아시아에서 차가타이의 아들 알루구가 1260년 '차가타이한국'을 세웠다. 페르시아와 이라크를 지배하고 있던 코빌라이의 동생 훌라구는 '일한국'을 세워 몽골제국에서 떨어져나갔다. 지금의 카자흐스탄과 러시아 남부 지방을 지배하고 있던 조치의 아들 바투 역시 '킵차크한국'을 세워 떨어져나갔다. 결국 1300년경 몽골제국은 코빌라이의 원나라를 포함해 네 개의 제국으로 분리되었다.

1294년에 코빌라이가 죽으면서 원나라 정국은 매우 불안정해졌다. 이후 10대를 더 내려가지만, 결국 원나라는 1368년 명나라의 주원장에게 밀려 중국을 포기하고 몽골고원으로 돌아갔다.

원나라는 코빌라이 사후 무너졌지만, 알루구의 차가타이한국과 훌라구의 일한국, 그리고 바투의 킵차크한국은 그 뒤에도 상당 기간 동안 존속했다. 따라서 1368년에 몽골제국이 망했다고 말하는 것은 옳지 않다. 뿐만 아니라 원나라는 몽골고원으로 돌아간 뒤 오랫동안 존속했다. 역사학자들은 중국을 지배한 원나라와 구별하기 위해 이 시기의 원나라를 '북원(北元)'이라 부른다.

몽골인들이 몽골고원으로 돌아간 뒤 동아시아의 정치 지형에는 큰 변화가 일어났다. 중국 땅에는 명나라가 들어서고, 우리나라에는 조선이 등장했다.

몽골고원으로 돌아간 북원은 1388년 명나라 군대에 패하면서 한동안 명나라의 공세에 시달렸다. 하지만 그로부터 수십 년 뒤 몽골은 명나라가 감히 넘볼 수 없는 강성한 나라로 변해 있었다. 역시 몽골 사람들은 초원에 있을 때 그 활달한 기질과 창조적 에너지를 분출했던 것이다.

참고서적

《몽골비사》
《성무친정록》
《원사》
《황금사》

그룹 그르지마일로, 《몽골과 오랑캐 유목제국사》, 김기선 외 옮김, 민속원, 2008.

김종래, 《CEO 칭기스칸》, 삼성경제연구소, 2002.

김호동, 《몽골제국과 고려》, 서울대학출판부, 2007.

_____, 《몽골제국과 세계사의 탄생》, 돌베개, 2010.

도리이 류조(鳥居龍藏), 《인류학자와 일본의 식민지 통치》, 최석영 역주, 서경문화사, 2007.

라시드 앗 딘, 《부족지―라시드 앗 딘의 집사 1》, 김호동 역주, 사계절, 2002.

_____, 《칭기즈칸기―라시드 앗 딘의 집사 2》, 김호동 역주, 사계절, 2003.

라츠네프스키, 《칭기스칸―그 생애와 업적》, 김호동 옮김, 지식산업사, 1992.

랴자노프스키, 《시베리아 유목부족의 관습법》, 오강원 역주, 서경문화사, 1994.

마사오 모리(護雅夫), 《遊牧騎馬民族國家》, 講談社, 1967.

박원길, 《몽골고대사 연구》, 혜안, 1994.

_____,《유라시아 초원제국의 역사와 민속》, 민속원, 2001.

_____,《유라시아 초원제국의 샤머니즘》, 민속원, 2001.

_____,《유라시아대륙에 피어났던 야망의 바람》, 민속원, 2003.

_____ · 김기선 · 최형원,《몽골비사의 종합적 연구》, 민속원, 2006.

스기야마 마사아키(杉山正明),《유목민이 본 세계사—민족과 국경을 넘어서》, 이진복 옮김, 학민사, 1999.

_____,《몽골 세계제국》, 임대희 외 옮김, 신서원, 1999.

시바 료타로(司馬遼太郎),《몽골의 초원》, 양억관 옮김, 고려원, 1993.

유원수,《몽골의 언어와 문화》, 소나무, 2009.

_____ 역주,《몽골비사》, 사계절, 2004.

장폴 루,《칭기즈 칸과 몽골제국》, 김소라 옮김, 시공사, 2008.

하자노프,《유목사회의 구조—역사인류학적 접근》, 김호동 옮김, 지식산업사, 1990.

札奇斯欽,《蒙古黃金史譯註》, 台北, 1979.

札奇斯欽,《蒙古秘史新譯並註釋》, 台北, 1992.

額尒登泰 · 烏云達賚,《蒙古秘史》, 呼和浩特, 1980.

余大钧 译注,《蒙古秘史》, 内蒙古大学出版社 2014.

B.Я. 블라디미르초프,《몽골 사회 제도사》, 주채혁 옮김, 대한교과서주식회사, 1990.

B.R. 조릭투이에프, 〈몽골 · 부랴트 기원에 관하여〉, 이우섭 옮김, 주류성, 2016.

D. 마이달 & N. 츄르템,《몽고문화사》, 김구산 옮김, 동문선, 1991.

René Grousset, *The Empire of the Steppes*, Rutgers Univsity Press, 1970.

John Man, *Genghis Khan: Life, Death, and Resurrection*, Thomas Dunne Books, 2004.

Timothy May, *The Mongol art of War: Chinggis Khan and the Mongol military system*, Westholme Publishing, 2007.

Marco Polo, *The Travels of Marco Polo, The Complete Yule-Cordier Edition*, Vols 1-2, Dover, 1992.

igor de Rachewiltz, *The Secret History of the Mongols*, Vols.1-2, Brill,

2006.

_____, *The Secret History of the Mongols: a Mongolian Epic Chronicle of the Thirteenth Century*, Brill, 2015.

Paul Ratchnevsky, *Genghis Kahn, His Life and Legacy*, Blackwell, 1991.

Jack Weatherford, *Genghis Khan and the Making of the Modern World*, Three Rivers, 2004.

코즈모폴리턴 칭기즈 칸

팍스몽골리카, "수레가 통하는 길이 끊기지 않게 하라"

ⓒ 서정록, 2021

초판 1쇄 발행 2021년 1월 25일

지 은 이   서정록
펴 낸 이   박해진
펴 낸 곳   도서출판 학고재
등   록   2013년 6월 18일 제2013-000186호
주   소   서울시 마포구 새창로 7(도화동) SNU장학빌딩 17층
전   화   02-745-1722(편집) 070-7404-2810(마케팅)
팩   스   02-3210-2775
전자우편   hakgojae@gmail.com
페이스북   www.facebook.com/hakgojae

ISBN   978-89-5625-421-0   03910